漢詩에로의 捷徑

漢詩作法

附錄·奎章全韻

金信炯·金銀容 共著

明文堂

序

「漢詩 同好人은 많으나 漢詩 作家는 적다」 흔히 우리들은 이런 말을 듣는다 또한 漢文을 讀解하는 사람중에도 漢詩를 지을 줄 아는 사람은 많지 않다 이러한 現象은 漢詩 自體가 가지는 隘路가 있기 때문에 선불리 손을 댈 수 없기 때문이라고 본다 平仄問題、詩의 種類에 따른 韻稿問題 詩的修辭 詩文上의 倒置등등 허다한 難題에다 漢詩다운 發想이 問題가 되어 좀처럼 作詩하게 되지 못하는 것으로 본다

이 책은 이러한 難題들을 解決해 줄 수 있는 關鍵이 되리라고 믿는다 더욱 日常 사용하는 語彙들을 가려서 平音과 直音을 분간했기 때문에 平、仄問題에 크게 도움이 될 것은 말할 것도 없고

古淡幽遠한가 하면 氣象渾厚한 深邃함이 있다 이러한 것들이 漢詩에의 魅惑이 되기도 한다。

그러나 漢詩를 吟味한다든지 짓는다는 것은 어렵다고 한다 그것은 漢詩自體가 가지는 깊이와 一定한 作法이 있음에 基因한다

그런데 이러한 漢詩의 佶屈贅牙한 面과 作法의 一定法則을 樹仁 金信炯님과 于齋 金銀容님 이 親切히 풀이하고 箋注하여 한 卷의 册子 漢詩作法考를 만든다 하기에 그 뜻을 갸륵히 생각하고 또한 努力한 痕迹을 높이 評價하여 欣然히 이에 序하는 바이다

大 淵

序

漢詩의 妙는 鏡花水月에 譬喩된다。 王弇州는「詩의 妙는 뜻이있는 듯 없는 듯、알 듯 모를 듯한 가운데 있다」詩는 神領意會할 것이지 말로는 說明할 수 없다는 것이다。 班固는「漢書」藝文誌에서「슬픈 마음과 기쁜 마음이 感動하여 노래와 소리가 나온다」「이것을 글로 表現한 것이 詩라」하였다。 至密한 感情을 精奧한 詩想을 동해 要約된 言語로 表出해야 된다는 말이다。 이것은 매우 힘든 일이다。 특히 漢詩는 表意의 그릇(文字)을 바탕으로 하여 表現한 것이므로 世界 어느나라 詩보다도 멋과 맛이 있다。 閑曠하고 奇逸하며 深婉한 것이 있는가 하면 靜而密하고 溫而緻한 데가 있으며 疾風豪蕩하여 天才縱逸한 絶大가 있다。 뿐만 아니다。

奎章全韻을 抄하여 参考케 하였으므로 四聲韻稿에 대해 소상히 알게 되리라 믿는다

漢詩의 詩趣를 알리고 作詩에 도움이 되도록 우리나라 歷代 名詩와 唐詩選중에서 珠玉篇들을 수록하여 鑑賞하도록 하였다 이 책에 收錄된 詩를 모두 暗誦할 수 있고 平·仄의 標識點을 완전히 暗記할 수만 있게 된다면 讀者 여러분은 漢詩를 짓는데 커다란 발전을 가지게 될 것이다

바라건대 漢詩가 보다 많이 普及되어 東洋的인 멋과 맛을 體得하여 生活에 살이 찌고 精神에 潤이 돌아 보람있고 豊富한 人生을 누릴 것을 祈願할 따름이다

一九七二年 十二月 日

著者 金信洞 金銀容 識

目次

漢詩의 由來……1
漢詩의 趣味……4
漢詩의 作法……8
漢詩의 種類……14
五言古詩……14
七言古詩……18
五言律詩……19
五言排律……29
七言律詩……31
五言絶句……37
七言絶句……51
漢字音의 高低(生活用語)……63
漢詩 文獻……155
漢詩 簾法……159
唐詩 五言古詩篇……165
唐詩 七言古詩篇……172
唐詩 五言律詩篇……180
唐詩 五言排律篇……188
唐詩 七言律詩篇……193
唐詩 五言絶句篇……199
唐詩 七言絶句篇……210
高句麗篇……222
新羅篇……224
高麗篇……227
李朝篇……237
現代篇……257
●附録
奎章全韻……263

漢詩의 由來

中國의 漢字詩를 우리들은 항용 漢詩라 한다。 漢代에 와서 詩가 盛行되었기 때문에 漢字詩를 통털어 漢詩라 일컫는 것도 無妨할 것이다。

詩經은 中國 최초의 詩集이다。 이 詩經은 毛詩로서 원래는 네사람(四人)의 詩가 있었으나 현재에는 毛詩 즉 詩經만이 전해지고 있다、 毛傳 以來의 通說에 의하면 그중에서 가장 오래 된 것은 周의 建國 初期라고 하나 아득히 B、C 十二世紀까지 거슬러 올라가는 셈이다、 그러나 現代 學者들의 考證에 의하면 詩篇으로 엮어 진 것은 B·C 十世紀 後半으로부터 B·C 六世紀初에 걸쳐 되었을 것이라고 한다。

예전부터 「詩三百」이라 일컬어 진 것처럼 지금 전하는 詩의 수효는 三百 五篇이고 그 밖에 篇名만 남은 것이 여섯(六篇)이 있읍니다. 六義가 그것인데 毛詩 大序에「風·賦·比·興·雅·頌」등의 글자가 보인다 周禮에는 이것을 六詩라는 말로 表現되었다. 漢書 食貨志에는「봄과 가을에 行人이 木鐸을 흔들며 거리에 돌아다니면서 그 지방의 詩를 채집하였다.」고 한다. 그 채집된 詩는 태사가 모아 音律을 붙여 天子에게 바쳤다. 天子는 그 詩에 나타난 民情을 근본으로 하여 政事를 다스렸다. 行人이 목탁을 흔들며 各地方의 詩를 모으기 전에는 地方의 依支할 데 없는 외로운 男女— 남자는 六十歲、女子는 五十歲 이상— 들이 살기 위하여 그 고장에 퍼진 民間의 詩를 모았는데 이렇게 모은 詩는 고장에서 고을로 고을에서 나라 전체에 그리고 天子 손에 들어갔

다、 이와 같이 모여진 詩가 周 末葉에는 三千篇이나 되었다、

그런데 孔子는 晩年에 책을 마련하는 일에 종사하여 이 옛、詩를 정리하여 가장 敎化에 알맞는 三百 五篇을 골라 整理하였다 이것이 곧 詩經인데 이 채집된 詩는 黃河 유역에 사는 주민들의 民謠들이라 하겠다、 그後 詩는 漢代에 와서 크게 발전되어 盛行되었으므로 漢詩라고 하게 되었다

우리나라에는 新羅 때 崔致遠 先生이 十二歲에 唐에 유학하여 十七歲 때 及第하여 벼슬을 살았다 特히 高駢의 종사관으로 黃巢의 亂에 따라가 檄文을 써서 亂을 平定하는데 공헌한 것은 재미 있는 이야기다。 新羅、高麗、李朝를 거쳐 詩는 우리 나라에서도 盛況을 이루었는데 盛況을 이룬 직접적 요인은 高麗 光宗 四年에 雙冀가 科擧制度를 輸入하게 됨으로써 박차를 가하게 된 것

이다。

漢詩의 趣味

漢詩의 맛과 멋은 漢詩를 아는 사람 만이 느낄 수 있는 詩라고 본다 사람이 사는 곳에 生活이 있고 人情이 있으며 人生이 있는 法이니 詩가 있고 노래가 있으며 춤이 있음은 말할 것도 없는 일이나 表意文字가 가지는 深奧한 맛은 表音文字에서는 찾을 수 없다고 본다 이런 意味에서 人生을 觀照하고 가장 壓縮한 言語로써 자기의 느낌과 意味를 表現했을 때 여기에는 寸鐵 폐부를 찌르는 절박한 느낌을 주지 않을 수 없는 것이다。 漢詩는 이와 같은 깊은 人生의 느낌과 意味를 전달해 주는 文字로서는 가장 알맞은 것이라 본다。

果然 古人의 名詩를 읽고 나면 자기도 모르는 사이에 感嘆이 나오게 되는 것이니 멋장이는 漢詩를 잘 하는 사람이라고 하겠다 古代史를 보면 詩로써 愛情을 和答한 것이라든지 또는 出世를 하게 되었다는 것을 우리들은 古書를 통해서 알 수 있다。 詩는 보물 가운데서도 제일의 보화라 하지 않을 수 없다。

詩로써 出世한 사람의 예를 든다면 高麗朝 英憲公 金之岱 같은 이는 父親이 病으로 出戰을 하지 못하게 되자 父親에 대신하여 出戰하였는데 大將이 주는 방패를 받고 다음과 같은 詩를 지었다。

國患臣之患 나라의 근심은 신하의 근심이요
親憂子所憂 어버이 걱정은 자식의 걱정할 바라
代親如報國 어버이에 대신하여 나라에 보답케 되면
忠孝可雙修 충효를 모두 닦게 되리라

이 글로 인하여 일개 졸병으로부터 小隊長으로 승진되고 차츰 차츰 승진하여 大將에까지 이르렀으며 金紫光祿大夫란 最高의 벼슬길에 오르게 되었다

詩는 喜怒哀樂의 感情을 表現하는 가장 적절한 것이나 깊은 마음의 거문고를 울리는 것이다。

流年那可住 세월을 어찌 머무르게 하리오

白髮不禁生 백발이 생김을 막을길 없네

人生의 虛無를 咏嘆한 것이다。 그런가 하면 다음과 같은 詩도 있다

柳自四時無雨雪 버들은 사시에 눈비를 모르고

花恒三月不秋風 꽃은 춘삼월에 피나니 추풍을 몰라라

이것은 少年의 연기방자함을 자랑한 글이다 또 하나 예를 들

자。

雲開萬國同看月 구름이 벗겨지나 모두 달을 보는구뇨

花發千山共得春 온 산에 꽃피니 봄이로구나.

이 글은 明太祖의 것인데 四百餘 中華大陸을 석권하여 萬民을 다스리겠다는 뜻으로 본다。

李太白은 詩로 이름을 天下에 떨쳤으니 詩는 百萬大軍의 힘을 가졌다 하겠다。

漢詩作法

作法에 앞서 漢詩의 詩體는 어떤 것들이 있는가를 훑어보는 것이 좋을 것이다。 明朝때 李攀龍(于鱗)이라는 사람이 編한 唐詩選을 보면 五言 七言의 古今體 四百 六十五首를 볼 수 있다。 물론 詩經의 四言律은 아주 옛 것이므로 近代에 와서는 通用되지 못하므로 五, 七言體로 漢詩의 大宗을 삼는 것이 옳다。

그런데 漢詩를 지으려면 字數가 問題가 아니라 四聲 즉 平韻 仄韻(측운)의 韻의 高低가 문제다。 글자의 높고 낮음을 안다는 것이 큰 부담을 주기 때문이다。

韻書로는 隋 때의 陸法言이 지은 廣韻 南齊 때의 周顒(주옹)의 四聲切韻、宋 때의 黃公紹의 古今韻會、明나라 때의 毛晃韻의 洪武正韻、

등 여러가지가 있는데 이 가운데서 洪武正韻은 世宗 이후 科擧를 볼 때 科試에 쓰이었다。 洪武正韻을 成三問 申叔舟 金曾 등이 번역한 洪武正韻譯訓이 있는데 이것은 너무도 巨帙이어서 보기 어려우므로 申叔舟 成三問 金壽山 등이 四聲通攷를 만들고 이어서 東國正韻을 만들었는데 이것들 역시 科擧에서 受試하게 하였다。 그러나 이 책들이 完全하지 못하다고 中宗 때 崔世珍이 四聲通解를 만들었다。 이 외에도 韻書는 많다。

四聲이란 平聲 上聲 去聲 入聲을 말하는 것인데 平聲은 낮은 소리이고 上聲은 올라가는 소리 去聲은 높은 소리이고 入聲은 내리면서 닫히는 소리이다. 이것을 그림으로 풀이하면

四聲圖解

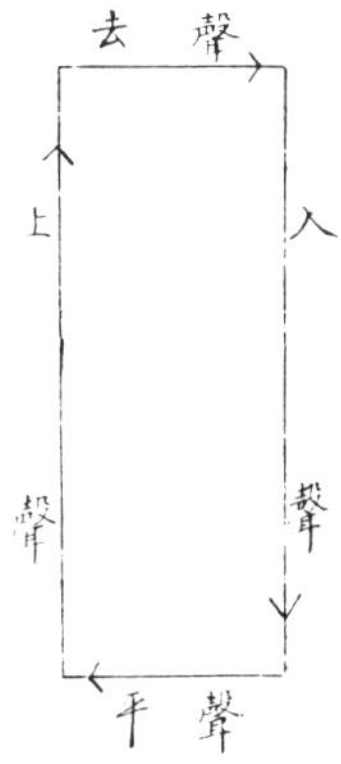

위의 그림과 같이 平聲을 빼놓은 上、去、入 등은 높은 소리이다、 이것을 다시 알기 쉽게 간추리면 漢字音에 ㄱ、ㄷ、ㄹ、ㅂ、등의 받침을 가진 소리는 절대로 높은 소리이고(直音入聲) ㄴ、ㅇ、받침을 가진 소리와 가、나、다、라、마、바、사、아、자、차、카、타、파、하、등의 소리는 대체로 낮은 소리로 보면 과히 어긋남이 없다。 이것을 平聲이라 한다。

그러나 平 上 去 入의 소리의 높고 낮음을 위의 적은「대체로」기준 삼은 것을 音의 高低의 鐵則으로 삼으면 큰 잘못이다 平音은 발음에 고저가 없다고 하나 平音에도 上平 下平이 있어서 높 낮이가 있다 높은 소리인 上 去 入 三聲은 발음상 전후에 고저가 있다。

漢字는 數萬字에 이르고 있으나 이것들은 모두 높 낮이가 있어

높고 낮음을 가르고 있다、높고 낮음을 가르는 法은 韻字의 首字인

東 冬、江 支 微 魚 虞 齊 佳 灰
眞 文 元 寒 刪 先 蕭 肴 豪 歌
麻 陽 庚 青 蒸 尤 侵 覃 鹽 咸

등 三十字의 높 낮이를 먼저 알고 이 글자에 딸린 글자를 알아야 한다。 平韻은 三十字 仄韻은 七十大字나 된다 漢字詩를 짓는데는 平 仄의 韻을 필요로 한다 平은 낮은 소리이고 仄은 높은 소리이다、 東 同 中의 東韻字에 딸린 字가 數十字나 되는데 韻字 三十字 마다 平音에 소속된 韻은 낮은 소리이다

그리고 上平、下平으로 나누는 것은 韻學에 속하는 것으로 옛 小學의 하나다。 音讀을 考正한 것으로 大別하면 今韻、古韻·等韻의 三類가 있는데 이를 아는 데는 通韻、轉韻도 알아야 하니 때문에 參考로 劉文蔚의 詩韻含英의 通韻을 여기 紹介한다。

上平聲

一、東 古通冬、轉江 韻略通冬江

二、冬 古通東、

三、江 古通陽

四、支 古通微、齊、灰 轉佳 韻略通微、齊 佳 灰

五、微 古通支、

六、魚 古通虞 韻略同

七、虞 古通魚

八、齊 古通支

九、佳 古轉支、

十、灰 古通支、

十一、眞 古通庚、青、蒸、轉文元 韻略通文、元、寒、刪先

十二、文 古轉眞、

一三、元 古轉眞

一四、寒 古轉先

下平聲

一、先 古通蕭、轉寒、刪

二、蕭 古通 韻略同 肴、豪

三、肴 古通蕭

四、豪 古通蕭

五、歌 古通麻 韻略通麻

六、麻 古轉歌

七、陽 古通江轉庚 韻略獨用

八、庚 古通眞、韻略通青蒸

九、青 古通庚、

一〇 蒸 古通眞、

一一、尤 古獨用、韻略同

一二、侵 古通眞、韻略通覃、鹽、咸

一三 覃 古通刪

一四 鹽 古通先

一五、咸 古通刪

一五 刪 古通覃、咸、轉先

이상과 같이 平聲을 다시 上平·下平을 나누는 것이다

漢詩의 種類

五言古詩

古詩란 옛날에는 樂府에 대한 古詩라는 말로서 唐 이후에는 近體詩 즉 律詩나 絶句에 대한 古風의 詩란 말로 쓰인 말이다 물론 詩經 三百 五首는 중국의 옛 詩이고 五言詩는 前漢 때의 李陵 蘇武 등이 匈奴의 땅에서 서로 이별할 때 지은 詩를 최초의 것으로 한다 이 이전에 枚乘의 雜詩九章이 있기는 하지만 古詩의 用韻法 十二格은 다음과 같다.

1. 四句마다 韻을 轉하는 格
2. 段에 따라 韻을 轉하는 格

※ 위의 1 2는 一段마다 平韻 仄韻을 서로 바꾸어 쓰는

것을 常法으로 삼는다.
段에는 長短이 있는데 四句로써 一段을 잡는 것 혹은 六句로써 혹은 八句 十二句를 각각 一段씩 잡는 것으로 一定치 않다

3. 二句마다 韻을 轉하는 格

※ 이 格의 詩는 長篇이 없다

4. 三句마다 韻을 轉하는 格

※ 文體明辯에 「促句詩」라는 것이 있는데 이것이 바로 이 格의 詩이다.

5. 換韻 句數 長短 不足格

※ 古風의 歌行의 韻法이다

6. 起二句에서 韻을 바꾸고 그 뒤의 것은 長短에 구애됨이

없이 一韻으로 잡는 格

7. 起四句에서 韻을 바꾸고 그 뒤의 것은 長短에 구애됨이 없이 몇 解이든지 一韻으로 잡는 格

※ 解란 문장에 있어서 節 또는 段이라는 것이다

8. 長短에 불구하고 처음을 一韻으로 잡고 結末二句에서 韻을 바꾸는 格

9 長短에 불구하고 처음을 一韻으로 삼고 結末四句에서 韻을 바꾸는 格

10. 詩中에 單句를 쓰고 반드시 前後와 別個의 韻을 押韻하는 格

※ 單句는 앞 중간 뒤에 두는 경우 등이 있어 一定치 않음

11. 每句用韻格

※ 全首 一韻인 것 二韻 三韻인 것이 있어서 一定치 않음

12、 一韻到底格 즉 全首 一韻을 쓰는 것으로 四句에서 뜻을 轉하는 것을 常法으로 삼는다

古詩의 韻法分類는 이것으로 흡족하지 못하나 대강 이렇게 잡아 무방하다. 자세한 것은 武元登 登庵의 古詩韻範을 보면 잘 알 수 있다.

다음에 李白의 五言古詩를 소개한다 (題 子夜吳歌 / 平聲 庚韻)

長○安○一•片•月• 한 조각 달빛이 장안을 밝혔는데
萬•戶•擣•衣○聲△ 만호의 다듬이 소리가 처량 하구나
秋○風○吹○不•盡• 가을 바람이 불어 다하지 못함은
總○是•玉•關○情△ 이것이 다 옥관의 정이라네
何○日•平○胡○虜• 어느날에 호서를 평정하고

良人罷遠征　낭군은 원정을 파하고 돌아 올거나

註＝①擣衣聲 — 다듬이 소리　②玉關 — 중국의 북쪽 땅 이름
③胡虜 — 되놈의 나라　④良人 — 낭군

七言古詩

每句 七字로 된 古詩를 말하다 七言古詩는 漢 武帝의 柏梁臺의 聯句로부터 시작된 것으로 長短句 混用體는 漢代의 樂府에서 시작되어 내려온 것으로 唐代에 와서 盛行되었다. 用韻法은 앞에 紹介한 十二格을 참조할 것이다。

그런데 七言古詩는 五言古詩와 달리 語句가 장중하고 古色 창연한 맛이 있는 것을 존중한다. 그러나 徐伯魯 같은 사람은 「樂府歌行은 抑揚頓挫한 것을 존중하고 古詩는 優柔和平한 것을 존중한다。」고 말했다 요컨대 古詩는 古風이 있으면서 高雅하고 장중한

것을 존중한다는 말이 되겠다。 예를 하나 든다。

貧交行

杜甫

飜手作雲覆手雨　손을 뒤집으면 구름이요 엎으면 비라
紛紛輕薄何須數　경박한 인정이 하나 둘이랴
君不見管鮑貧時交　그대는 보는가 관포의 청빈한 사귐을
此道今人棄如土　이제사 사람들은 이것을 흙처럼 버리는구나

〈上聲 麌韻〉

五言律詩

律詩의 律은 音律의 律、法律의 律과 같은 것으로 對句의 精緻함을 말하다. 律詩는 五言律 七言律 등 두 종류가 있는데 五言律은 五字의 句가 八句로 되었고 七言律은 七字句가 八句로 되

였다。 二句를 합해서 一聯이라 하였다。

律詩는 唐代에 시작된 것이나 尚書의 「元首明哉 股肱良哉」와 「聲依永、律和聲」 같은 것이라든지 詩經의 「覯閔旣多 受侮不少」와、같은 聲律對偶의 由來는 오래 된 일이라 하겠다 律詩의 體는 梁陳이란 사람이 처음 시도했으나 宋之問 沈佺期 같은 詩人에 의해서 더욱 法度를 엄하게 하고 聲病을 回忌하여 聲律을 정함으로써 五言律一體를 완성하였다。

第一句
第二句 ＞ 首聯〈起聯·破題·發句·開口라고도 함。〉

第三句
第四句 ＞ 頷聯〈前聯·撼聯이라고도 함〉 ＞ 中聯

第五句
第六句 ＞ 頸聯〈後聯·警聯이라고도 함〉

第七句
第八句

尾聯(미연)〈結聯 落句 末聯·結句라고 함。〉

위와 같이 頷聯과 頸聯과는 반드시 對句를 쓰지 않으면 안 된다. 冰川詩式(빙천시식)으로는 이 二聯을 합해서 中聯이라고 한다

이 作法에 대해서 詩人 玉屑(옥설)은 「第一聯은 破題라 하는데 狂風의 물결과 같이 勢는 하늘을 뒤덮을 듯한 것을 원한다。第二聯은 頷聯이라 하는데 靈龍한 구슬을 껴안고 노치지 않으려는 듯이 하는 것을 좋아 한다。撼聯(감연)이라 함은 雄渾하여 천지를 열어 젖히고 日月星辰을 흔드는 듯 하게 하는 것을 원한다。三聯은 警聯으로 천동 벼락이 산을 깨어 보는 사람으로 하여금 놀라게 하도록 함을 바란다。第四聯은 落句로서 高山의 바위가 한번 떨어져 돌아오지 못하도록 함과 같이 하는 것을 바란다。」라고 하였다。

그러나 반드시 이렇게 할 것은 아니지만 그런 마음가짐으로 지으면 된다。

五言律詩는 五言의 八句 四十字로 만든다 그 平仄의 式은 仄起와 平起가 있는데 五言絶句와 같이 仄起가 正格이고 平起는 偏(편)格(격)으로 본다。

仄起式

春望

杜甫

	首聯		頷聯	
	國破山河在	城春草木深	感時花濺淚	恨別鳥驚心
1	◑	◑	◑	◑
2	●	○	○	●
3	◑	●	○	●
4	○	●	●	○
5	●	○ 韻	●	○ 韻

國•破•山。河。在•
城。春。草•木•深△
感–時。花。濺•淚•
恨•別•鳥•驚。心△

平起式

西風

頸聯

◐●◐○●

◐○◐●○ 韻

尾聯

◐○○●●

◐●●○○ 韻

首聯〈

◐○○●●

◐●●○○ 韻

頷聯〈

◐●◐○●

◐○◐●○ 韻

烽●火●連○三○月●
家○書○抵●萬●金△
白●頭○搔○更●短●
渾○欲●不●勝○簪△

〈平聲侵韻〉 △은 韻

西○風○來○幾●日●
一●葉●已●先○飛△
薪○霽●乘○輕○屐●
初○涼○換●熟●衣△

白居易

頸聯		尾聯	
◑	◑	◑	◑
○	●	○	○
○	●	◑	◑
●	○	○	●
●	○ 韻	●	○ 韻

淺.渠。鋪。慢.水.
疎。竹.漏.斜。暉△
薄.暮.青。苔。老.
家。僮。引.鶴.歸△

〈平聲微音〉 △ 은 韻

仄起란 第一句의 第二字에 仄字를 쓰는 것을 말하는 것이고 平起란 第一句의 第二字에 平字를 쓰는 것을 말하다

表中에

○ 은 平字 ● 은 仄字

◑ 은 平仄 어느 것을 써도 좋은 것임。

또한 第一句의 第二字가 仄이면 第二句의 第二字는 반드시 平字를 쓰고 第三句의 第二字가 平字이면 第四句의 第二字는 반드시

仄字를 써야 한다 이것에 반하여 第一句의 第二字가 平字이면 第二句의 第二字는 반드시 仄字를 쓴다。 이것을 粘法이라 한다。 또한 一句 중에서 말하면 二四不同이라 하여 第二字째와 第四字째는 반드시 平仄을 달리 하여야 한다。 또한 第一字와 第三字와는 平仄法이 좀 와만하데 孤平이라 하여 仄字를 쓰기도 하고 平字를 쓰기도 한다、 그리고 下三連이라 하여 아래의 三字가 모두 平字로 된다든가 또는 仄字로 되는 것을 말하는데 아무것을 써도 좋다。

韻은 仄起 平起 모두 第二句 第四句 第六句 第八句의 第五字에 둔다。 東韻이면 東韻의 字 先韻이면 모두 先韻의 字 즉 同韻에 소속된 字를 쓴다。 혹은 第一句의 第五字에 同韻의 字를 쓰기도 하는데 이것은 變格이다、 그러나 句勢를 강하게 하기 위해서 第

一句의 末字에 仄字를 쓰는 경우는 正格으로 본다. 만약 第一句에도 韻을 붙일 경우에는 仄起式의 下三連은 ○○○이 되어야 하고 平起式 下三連에는 ◐●○이 되어야 한다.

對句作法은 說이 일정치 않기 때문에 명백히 적기 어려우나 다음에 上官儀와 朱飮山의 說을 소개하여 참고로 삼게 한다.

上官儀의 六對

正名對　乾坤、日月과 같은 것

同類對　花葉、草芽와 같은 것

連珠對　蕭蕭、赫赫과 같은 것

雙聲對　黃槐、綠柳와 같은 것

疊韻對　彷徨、放曠과 같은 것

雙擬對　春樹、秋池와 같은 것

朱飮山의 九對

〈아래의 詩趣 같은 것임〉 (여기는 내리 보라)

流水對 將余去國淚 灑子入鄕衣

句中對 江流天地外 山色有無中

分裝對 屢將心上事 相對夢中論

倒裝對 亂雲低薄暮 急雪舞迴風

反裝對 好武寧論命 封侯不計年

走馬對 野老來看客 河魚不用錢

折腰對 不寢聽金鑰 因風想玉珂

層折對 遠水兼天湧 孤城隱霧深

背面對 暴藥能無婦 應門自有兒

對句作法은 위와 같이 一定說이 없으므로 讀者 여러분이 알아서 지을 것이다. 五律詩의 例를 한首 든다.

從軍行 〈平聲庚韻〉

楊 炯

烽○火、照、西○京△
心○中○自、不、平△
牙○璋○辭○鳳、闕、
鐵、騎、繞、龍○城△
雪、暗、凋○旗○畫、
風○多○雜、鼓、聲△
寧、爲○百、夫○長、
勝○作、一、書○生△

봉화가 서경을 비추니
마음이 불안 하구나
대장군 병부를 받삽고 궁궐을 떠나
기마대로 적의 성을 포위 하였도다
눈은 흩날려 어둡고 깃발 조차 얼어 붙는데
풍설 속에 북소리만 요란 하구나
차라리 백부장이 되어 싸우니
한낱 白面書生보다 낫지 않은가

註＝ 牙璋— 將軍이 天子로부터 받는 象牙로 된 兵符
鳳闕— 天子가 거처하는 宮闕
龍城— 匈奴의 宮闕

五言排律

五言排律은 五言律詩를 여러개 포개서 합친 것과 같은 것으로 韻法 平仄法이 모두 律詩와 같다 唐代에는 排律이라 하지 않고 長律이라 하였는데 明의 高棅〈廷禮〉이 「唐詩品彙」를 撰하고 이것을 排律이라 稱하였다

排란 排하여 開한다는 뜻으로 行軍排陣의 뜻과 같은 것이다 그러므로 이 體는 起聯 尾聯의 二韻을 除하고 중간의 聯句는 모두 긴박하여 題에서 排入하려는 것을 要하다 혹은 題面에서 排하고 혹은 題位에 있어서 排하며 혹은 分排하고 혹은 古訓을 引

用하여 排하다. 排의 뜻은 약간 막연한데 排行의 排 즉 열을 짓는다는 뜻과 排闥(배달)의 排 즉 죄어 열어 놓는다는 뜻의 두가지가 있다 실제에 있어서는 律詩 八句로는 作者의 뜻을 펴기 힘들기 때문에 완전한 감정을 표현하는 형식은 되지 않는다

唐代에는 詩賦로 科場의 詩式을 삼았는데 대개는 五言六韻十二句로서 詩律로 삼아 人才를 선발 하였다 例를 하나 든다

白帝城懷古 (平聲 東韻)

陳子昂

日落滄江晩 해는 큰 강에 떨어져 어두운데

停橈問土風 삿대를 멈추고 고장 풍속을 묻노라

城臨巴子國 백제성은 파자국에 임했고

臺沒漢王宮 蜀漢의 王宮은 자취 조차 없도다

荒服仍周甸
深山尙禹功
巖懸靑壁斷
地險碧流通
古木生雲際
歸帆出霧中
川途去無限
客思坐何窮

황복과 주선의 오랑캐 들이
깊은 산을 오가게 됨은 우왕의 덕이로다
푸른 바위는 벽처럼 고추서서 끊어질 듯하고
산길은 험하고 한줄기 碧水는 흐르도다
落ㄷ 古木사이로 구름이 희끗희끗 보이고
흰 돛대 배는 아개 속에 보일락 말락
물은 흘러 흘러 강이 되어 끝이 없는데
나그네 愁心도 끝이 없구나

이것은 五言排詩의 大家인 陳子昂의 格律 높은 詩이다.

七言律詩

律詩에 관해서는 五言律詩에서 말하였으므로 약하기로 하다

七言律詩도 六朝때에 시작되었다 하나 唐의 沈佺期와 宋之問이 創始했다 해도 과언이 아니다

七言律은 五言律의 每句 위에 二字를 가하여 七、八 五十六字로 되었다. 胡應麟은 詩藪에 「七言律은 暢達悠揚 紆餘委折 함으로써 近體의 詩妙를 다했다」고 하였다

아래에 平仄式을 소개하다. 二四不同이라 하여 二字째의 字와 四字째의 字와는 平仄을 같이하지 않는다. 예컨대 한쪽이 平字이면 다른 한쪽은 仄字로 해야 할 것은 五言律、七言律이 다 같은 것이지만 七言律에 있어서는 二六對라 하여 第二字와 第六字는 반드시 平仄을 같이 하게 되었다

平起式

左遷到藍關示孫湘

韓愈

起聯		頷聯		頸聯		尾聯	
◐	◐	◐	◐	◐	◐	◐	◐
○	●	●	○	○	●	●	○
○	○	◐	○	○	●	◐	○
●	○	○	●	●	○	○	●
●	●	○	●	○	●	○	●
○	●	●	○	○	●	●	○
○	○	●	○	●	○	●	○
韻	韻		韻		韻		韻

一封朝奏九重天△
夕貶潮陽路八千△
欲爲聖明除弊事
肯將衰朽惜殘年△
雲橫秦嶺家何在
雪擁藍關馬不前△
知汝遠來應有意
好收吾骨瘴江邊△

△平聲先韻

仄起式

蜀相

杜甫

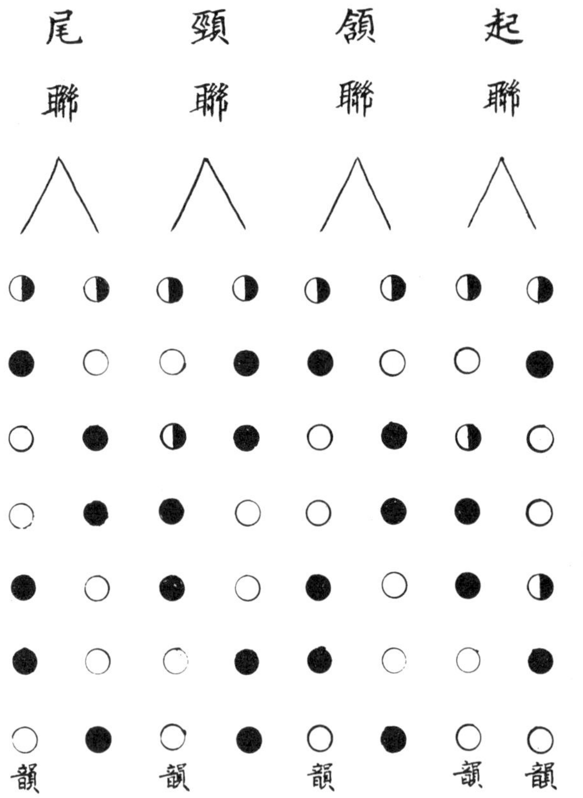

△ 平聲 侵韻

丞。相.祠。堂。何。處.尋△
錦.官。城。外.柏.森。森△
映.階。碧.草.自.春。色.
隔.葉.黄。鸝。空。好.音△
三。顧.頻。煩。天。下.計.
兩.朝。開。濟.老.臣。心△
出.師。未.捷.身。先。死.
長。使.英。雄。淚.滿.襟△

五言律은 仄起를 正格으로 하고 平起를 偏格으로 하나 七言律에서는 이것과 반대로 平起를 正格으로 하고 仄起를 偏格으로 삼는다。 또한 第一句는 押韻하는 것을 正則으로 하고 押韻하지 않는 것을 押落이라 하여 變體로 삼는다 〈押落의 경우 平起에 있어서는 第一句의 끝 三字 ●○○은 ○○●이 되고 仄起의 경우에는 第一句의 끝 三字 ◐●○는 ○●●이 된다.〉 그리고 위의 平仄式에 의하지 않은 것은 拗體(요체)라 하는데 이것은 律詩와 古詩와의 折衷體와 같은 것이다

拗體의 예를 하나 든다

龍池篇 〈平聲微韻〉

沈佺期

龍池躍龍龍已飛△ 용지에 놀던 용은 이미 뛰어 오르니
龍德先天天不違△ 용덕이 하늘에 앞서 하늘은 용을 올리도다
池開天漢分黃道 연못 銀河를 열고 黃道를 가르니
龍向天門入紫微△ 용은 天門을 향하여 紫微宮에 들더라

邸第樓臺多氣色 용지 가의 樓臺에도 氣色이 밝고
君王鳧雁有光輝△ 池中의 鳧雁도 윤기가 돌더라
爲報寰中百川水 이러나 四海가운데의 百川의 강물도
來朝此地莫東歸△ 이 땅에 흘러들어 東海로 흐르지 말지라

註‖ 。龍 ㅡ 唐 玄宗을 상징 한 것
。天漢 ㅡ 하늘의 강 (銀河)
。黃道 ㅡ 태양이 도는 길
。紫微 ㅡ 紫微宮으로 天帝의 座
。寰中 ㅡ 四海의 가운데
。邸第樓臺 ㅡ 玄宗이 諸王이던 때 살던 興慶宮
。君王鳧雁 ㅡ 군왕이 사랑하던 龍池에 살던 鳧雁

위의 詩의 뜻은 唐 玄宗이 太子로 있다가 天子의 자리에 오르게 되자 온갖 것이 生氣가 돌고 경축하다는 뜻의 글이다

五言絕句

五言絕句는 漢魏의 樂府에서 시작되었다。隱語謎辭를 短調 가운데 隱喩한 것으로 다소 해학적이고 남녀 相思의 情을 읊은 것이었다。陳의 徐陵의 玉臺新詠에 古絕句 四首가 보인다。

藁砧今何在。山上復有山。
何當大刀頭 破鏡飛上天。

(平仄이 맞지 않고 押韻도 없다)

每句마다 은어를 썼는데 짚을 자르는 것은 작도인지라 音을 따서 鈇의 夫를 연상시키고 山上의 山은 「出」字 이므로 男便이 집을 나간 것으로 意寓하였다。大刀의 머리에는 環이 있으므로 音을 따서 還의 뜻을 빌었고 破鏡은 片破月이므로 十日頃에는 돌아오리라는 뜻의 것이다。이것이 五言絕句의 첫 作品이다

平仄도 고르지 못하고 押韻도 일정치 못하였으나 唐代에 와서 五七言絕句의 體裁도 확립하게 되었다。

絕句의 명칭에 대하여서는 옛날부터 여러 가지 說이 있어서 종잡기 어려우나 六朝人의 詩集에 「五言四句의 詩를 혹은 絕句 혹은 斷句 혹은 截句라 題하다」는 말이 있는 것을 보면 絕句의 體는 漢 魏의 樂府에서 싹터서 唐代에 와서 완성한 것으로 본다。

五言絕句는 五言四句 二十字로 되고 七言絕句는 七言四句 二十八字로 되었다 第一句를 起 第二句를 承 第三句를 轉 第四句를 結句라 하는데 第一句에서 想을 일으키고 第二句는 一句의 뜻을 이어받으며 第三句는 뜻을 살짝 전화시키고 第四句에선 一、二、三句의 뜻을 종합하여 묶는다。

絶句의 詩는

1、一、二、句는 散句로써 起하고 三、四、句는 對句로써 結한 경우

〈駱賓王의 「易水送別」 따위〉

2、前二句 對句로써 起하고、後二句 散句로써 結한 경우。

〈陳子昂의 「贈喬侍御」 따위〉

3、四句 모두 對句를 쓰는 경우

〈王之渙의 「登鸛鵲樓」 따위〉

4、前後 모두 散句를 쓰는 경우

〈賀志章의 「題袁氏別」 따위〉

등의 종류가 있다 참고로 原文만 몇개 소개한다

題袁氏別業 賀 志 章

主人不相識 주인은 나와 며식도 없는 사람이데

偶·坐·爲○人○泉△ 林泉이 좋아서 마주 앉았네
莫·謾、愁○沽○酒· 함부로 술 살 돈 없다고 걱정말라
囊○中○自、有·錢△ 내 호주머니에는 술 살 돈쯤은 있네

〈平聲先韻〉

註＝① 林泉……숲과 샘 즉 자연의 경치 ② 主人……袁氏
③ 別業……별장(別莊) ④ 偶坐……마주 앉음 ⑤ 沽酒……술을 사오는 것

賀志章은 唐初의 사람으로 杜甫의 飮中八仙歌의 第一人者로 風流人이었다。 林泉과 술과 친구를 지극히 사랑했던 閑良이다。 이 詩의 韻脚의 泉 錢이 모두 「천」 이어서 調가 약간 나쁘다고나 할까。

登鸛鵲樓 王之渙

白·日·依○山○盡· 해는 멀리 서산에 지려 하고

黃◦河◦入・海◦流△ 황하는 아득히 바다에로 흐르는 구나
欲・窮◦千◦里・目● 더 멀리 千里 끝을 보려고
更・上・一・層◦樓△ 보다 높은 다락에 올랐도다

〈平聲尤韻〉

이 詩는 轉結에서부터 풀이하여 起承에로 옮겨간 詩라고 보면 뜻은 自明해질 것이다。 이 詩는 四句가 모두 對句를 쓴 것 轉結이 流水對를 쓴 것은 얼핏 對句처럼 보이지 않을 지도 모르는데 이것이 妙다。

이상과 같이 絶句의 詩는 여러가지가 있으나 이것은 모두 作家의 趣向에 따라 作詩하면 될 것이다。 五言絶句는 調의 古雅 韻의 淸高 意의 深奧함이 있는데 이런 詩情이 담기도록 함도 自然그대로라야 한다 말은 끊어졌으나 뜻은 끊어지지 않고 말은 짧으

나 뜻은 깊어야 하나 含蓄不盡의 맛이 있어야 한다
아래에 平 仄式을 예로 든다 結句도 律과 같이 仄起와 平起의 二式이 있는데 五言絶句는 五言律詩와 같이 仄起式을 正格으로 하고 平起式을 偏格으로 삼는다

仄起式

秋浦歌

李 白

起	承	轉	結
◑	◑	◑	◑
●	○	○	●
○	◑	○	●
○	●	●	○
●	○ 韻	●	○ 韻

白. 髮. 三。 千。 尺.
緣。 愁。 似. 個. 長△
不. 知。 明。 鏡. 裏.
何。 處. 得. 愁。 霜△

△平聲陽韻▽

平起式

三閭廟

起	◑	○	○	●	●	
承	◑	●	●	○	○	韻
轉	◑	●	◑	○	●	
結	◑	○	◑	●	○	韻

△平聲侵韻▽

戴叔倫

沅。湘。流。不.盡.
屈.子.怨.何。深△
日.暮.秋。風。起.
蕭。蕭。楓。樹.林△

韻法은 仄起式 平起式이든 모두 第二句 第四句의 第五字에 同韻의 字를 押韻하는 것이 正格이다 매로 第一句에도 同韻字를 押韻하는 경우가 있으나 이 때에는 仄起式에서는 第一句의 끝 三字가 ●○○이 되고 平起式에서는 第一句의 끝 三字가 ●●○이 된다 별도로 仄韻을 押韻한 때도 있는데 〈王維의 鹿柴같은 詩〉 그 때에는 第一句와 第三句의 끝은 되도록 平字를 쓰는 것을 定法으로 삼는다 絶句는 律詩와 같이 平仄을 엄하게 잡으므로 五言絶句에서는 二,四不同〈句의 第二字와 第四字는 같지 않은 것 즉 第二字가 仄字이면 第四字는 平字 달리 第二字가 平字이면 第四字는 仄字로 하는 것〉이라는 것에 주의하여야 한다

위의 平仄式 외의 詩도 많으나 그런 것은 拗體라 한다 五言絶句의 拗體인 「易水送別」「子夜春歌」등을 소개한다 拗體의 句에는 특히 平仄을 쳤으니 주의해서 음미하라 즉 轉結句 부분이다

易水送別

駱賓王

此.地.別.燕。丹。 이 땅은 太子와 이별한 곳

壯士髮衝冠 장사는 흥분하여 머리칼이 고추섰네

昔時人已沒 옛 사람은 이미 가고

今日水猶寒 이제 易水의 물만 차구나

△平聲寒韻▽

註‖ ① 燕丹……燕의 太子 丹 ② 易水……戰國時 燕의 서쪽을 흐르는 강

③ 壯士……燕의 荊軻라는 사람

이 詩는 燕의 太子 丹이 일찌기 秦에 볼모로 갔다가 돌아와 荊軻로 하여금 秦始皇을 죽여 복수하려고 秦에 보낼때 荊軻가 太子와 易水 가에서 작별하면서 지었다는 노래

「風蕭蕭兮易水寒 바람은 쌀쌀하고 물은 차데
壯士一去不復還」 장사가 한번 가드니 다시 돌아오지 않네

이 노래를 듣고 모두 적개심에 불타서 머리칼이 쭈뼛이 하늘로

치솟았다는 古事에 근거를 둔 것으로 則天武氏가 唐의 임금자리〈祚〉를 빼앗은 것을 한탄해서 지은 노래다。

子夜春歌

郭振

陌頭楊柳枝　　길거리의 수양버들은
已被春風吹　　봄바람에 나부끼는데
妾心正斷絶　　끊어질 듯 아픈 이내 마음
君懷那得知　　그대는 아는가 몰라라

△平聲支韻▽

註＝① 陌頭……길거리　② 君……남편

이 詩는 黃家鼎이 「六朝의 이런 題의 詩는 흔히 음탕한 데가 있으나 이것만은 홀로 閨情의 正을 얻었다」고 말했듯이 야하지

알고 아낙네의 남편을 생각하는 情이 잘 나타났다고 하겠다

臨高臺

王 維

相送臨高臺
川原杳何極
日暮飛鳥還
行人去不息

서로 이별하고 고대에 오르면
그대 가신 들과 강은 아득도 한데
해 저물어 새들은 보금자리로 돌아가고
벗은 돌아보지도 않고 저멀리 떠나가네

△入聲職韻▽

臨高臺는 樂府題로 漢의 樂府鼓吹鐃歌十八曲의 하나다 本集에는 「送黎拾遺昕」의 副題가 보인다 拾遺는 官名 黎昕은 이름이다 벗과 이별의 슬픔을 읊은 것인데 行人은 앞을 재촉하여 가니 멀어지는데 남아있는 사람 즉 작자 자신의 수수로운 생각이야 어

떠하랴

이 詩를 가리켜 李杜 이외에 이처럼 쓴 것을 감탄하다는 神品이다

鹿柴

王維

空山不見人 빈 산에 사람은 보이지 않는데
但聞人語響 어디가 속삭이는 사람의 소리
返景入深林 노을은 숲속 깊이 비치고
復照靑苔上 다시금 푸른 이끼 위를 반대로 비치누나

△上聲養韻▽

註∥ 返景…… 저녁놀 「日西入則返景東照」

한적한 산간을 흐르는 輞川(陝西省西安府藍田縣治에 所在함)에 배를 띄워

벗과 淸交하면서 지은 詩이다。

孟城坳

裵迪

結廬古城下 띠집을 지어 古城아래 사노라니
時登古城上 때때로 古城위에 오르기도 하네
古城非疇昔 옛 고성은 흥성거렸거니와
今人自來往 이젯 사람들 한 둘 왕래는 하네

△去聲養韻▽

註= ① 結廬…… 띠집을 지음 ② 疇昔…… 흥성거렸던 예적

이 詩는 앞에 적은 王維의 「鹿柴」에 和答한 詩다 古城이란 固有名詞로 網川二十勝地의 하나로 網川가의 옛 城이다 고유명사를 글 속에 넣었으므로 犯罪의 失格은 아니다

春曉

孟浩然

春◦眠◦不•覺•曉▲
處•處•聞•啼◦鳥▲
夜•來◦風◦雨•聲◦
花◦落•知◦多◦少▲

△上聲 篠韻▽

봄이라 잠이드니 새벽인 줄 몰라라
곳곳이 새들의 지저귀는 소리
밤사이 비바람 불어대니
꽃이 짐을 알겠노라

이 詩는 봄철 새벽 경치를 읊은 것으로 봄이 가는 것을 애닯아하는 詩다

七言絶句

絶句에 관한 것은 五言絶句에서 설명 했으므로 약한다 七言絶句는 古樂府의 「挾琴歌」 梁元帝의 「烏棲曲」 江總의 「怨詩行」 같은 것이 옛부터 있었으므로 齊、梁의 樂府에서 싹텄다고 할 수 있으나 이때는 아직 韻法이 정해지지 않았고 平仄도 어울리지 않았으나 唐代에 와서 律詩와 같이 一定한 體를 완성했다 胡應麟은 杜審言의 「渡湘江」 「贈蘇綰書記」의 二首로써 七絶의 體가 비로소 이룩된 것이라고 하였다

七言絶句는 三百年間 성행되었던 唐代의 新體詩로서 이것은 唐代文學의 精華였다 李白의 超逸한 風 王昌齡의 優婉한 맛 杜甫의 奧遠한 妙는 七絶의 神品이라 하지 않을 수 없다 그 외에도 王

維의 俊雅함과 岑參의 壯麗함이라든지 高適의 雄渾함과 李益의 硏秀함이란 어느 하나 妙品아닌 것이 없다 中唐 晩唐으로 내려오면서 기라성처럼 빛나는 별들이 많은데 作家는 全唐 二千 二百餘人이나 된다 晩唐으로 내려오면서 점차 纖巧한 면으로 흘러서 七絶의 神韻縹緲한 향기를 잃게 되었다 이런 詩風은 宋詩의 발단이 되었으나 纖纖細細한 宋詩는 唐代의 興象玲瓏 句意深婉한 맛은 자연히 사라지게 되었다

七言絶句의 作法도 五言絶句과 같이 起承二句는 散句를 쓰고 轉結二句는 對句를 써서 結하는 경우도 있다 또는 四句 모두 對句를 쓰는 경우도 있는데 四句 모두 散句를 쓰는 경우도 있는데 어떤 것을 택하느냐 하는 것은 作者의 自由다。

아래에 七言絶句의 平仄式을 소개한다 七言絶句도 五言絶句

와 같이 平起式과 仄起式의 二式이 있다 七言絶句는 七言律詩와
같아서 平起式을 正格으로 하고 仄起式을 偏格으로 삼는다

平起式

早發白帝城

李白

起	承	轉	結
◑	◑	◑	◑
○	●	●	○
◑	◑	◑	◑
●	○	○	●
●	◑	○	●
○	●	●	○
○	○	●	○
韻	韻		韻

△平聲删韻▽

朝○辭○白●帝●彩●雲○間△
千○里●江○陵○一●日●還△
兩●岸●猿○聲○啼○不●住●
輕○舟○已●過●萬●重○山△

△.... 韻

仄起式

春宮曲

起	◐	●	◐	○	●	●	○△ 韻
承	◐	○	◐	●	●	○	○△ 韻
轉	◐	○	◐	●	○	○	●
結	◐	●	◐	○	●	●	○△ 韻

△平聲豪韻▽

王昌齡

昨•夜•風°開°露•井•桃△

未•央°前°殿•月•輪°高△

平°陽°歌°舞•新°承°寵•

簾°外•春°寒°賜•錦•袍△

△……韻

七言絶句의 平仄은 五言絶句에서 말한 二、四不同 외에 二六對라는 것이 있는 것을 알아야 한다 每句 第二字와 第六字는 같이한다 즉 第二字가 平이면 第六字도 平이라야 하고 반대로 第二字가 仄이라면 第六字도 仄이라야 한다 ◐符에는 平·仄 어느 것을 써도 좋다는 것이지만 위의 平仄式에 따라 作詩할 경우 때로는 ●

●●○●●○ 式과 같은 孤平(第四字의 平이 仄과 仄 사이에 낀 것)이므로 이것은 좋지 않다 이럴 때에는 第三字를 平으로 하여 ●●○○●●○ 式으로 하든가 ●●●○○●○式으로하여 孤平을 피하는 것이 좋다 孤仄도 마찬가지로 피하는 것이 좋으나 第二字와 第六字의 孤平 孤仄은 크게 나무라지 않는다 古人의 詩에도

上.林。木.落.雁.南。飛。
雲。想.衣。裳。花。想、容。

이와 같은 예가 적지 않으므로 부득이한 경우에는 쓸 수 있으나 第四字의 孤平 孤仄은 절대로 피하여야 한다

또한 仄起式의 轉句의 밑의 三字가 孤平 즉 ●○●式이 될때는 孤仄 즉 ○●○式으로 만들어서 조절 하여야 한다

예를 들면

春○潮○帶●雨●晚●來○急●
野●渡●無○人○舟○自●橫○

韋應物

勸●君○更●盡●一●杯○酒●
西○出●陽○關○無○故●人○

王維

山○連○極●浦●鳥●飛○盡●
月●上●青○林○人○未●眠○

顧況

이상과 같은 것들이다. 우리 나라에서 孤仄 즉 ○●○을 蜂腰라 하고 孤平 즉 ●○●을 鶴膝이라 하여 蜂腰鶴膝를 避하라고 書堂에서 훈장님이 가르치셨다 蜂腰는 벌의 허리처럼 잘룩하다는 말이고 鶴膝이란 학의 다리에 마디가 있는 것처럼 불룩한 것이니 좋지 않다는 것이다 그리고 犯罪라는 말이 있다 題가「明月」일 때 四句中에 明字나 月字가 들어가는 것을 말함인데 그렇게 되면 詩로서 失格이 되다

또한 押落이라하여 七言絶句의 起句에 韻을 押하지 않는 變格이 있다 이럴때에는 平起式에 있어서는 起句를 ◐○◐●○○●式으로 하고 仄起式에 있어는 起句를 ◐●◐○○●●式으로 하는 法이 있다

예를 든다

南遊感興

賓 鞏

傷。心。欲●問●前。朝。事● 지나간 왕조의 일을 생각하면가슴만아픈데

唯●見●江。流。去●不●回△ 강물은 그저 흐르고만 있구나

日●暮●東○風○春○草●綠● 날저무는 저녁 동풍에 봄풀은 푸르른데
鷓(자)●鴣(고)○飛○上●越●王●臺○ 자고새는 월나라 왕궁을 넘나드누나

九日憶山中兄弟

王維

獨●在●異●鄉○爲○異●客● 홀로 타향에 타향손 되었으니
每●逢○佳○節●倍●思○親○ 명절을 만나 부모생각 간절하네
遙○知○兄○弟●登○高○處● 아득히 형제를 생각하고 높은 곳에 올르니
遍●揷●茱○萸○少●一●人○ 수유 가지를 꺾어 꽂은 외로운 사람이더라

이상과 같은 것들이다 그리고 拗體라는 것이 있어서 위의 平仄式대로 짓지 않는 것이 있다 예를 하나만 든다

蜀中九日

王勃

九●月●九●日●望○鄉○臺△ 九月九日 망향대에 올라

他席他鄉送客杯
人情已厭南中苦
鴻雁那從北地來

타향살이 남의 자리에서 이별주를 드네
북쪽 사람인 나는 南쪽 괴로움에 지쳤는데
기러기는 어찌타 북쪽에서 날아오는고

△平聲灰韻▽

註 = ① 望鄉臺…… 成都 북쪽에 있음 ② 他席他鄉…… 타향타석과 같음
③ 人情…… 북쪽 사람인 자기의 情을 말함
④ 已厭…… 일찌기 지치다 ⑤ 南中…… 넓은 의미에서 남쪽

이 詩는 鬪鷄의 檄 때문에 高宗의 노여움을 사서 蜀中의 나그네가 되었든 때 重陽節을 맞아 望鄉臺에 올라갔더니 그 때 臺 위에서 이별을 나누는 사람이 있어서 이별을 나누는 그들 틈에 끼어서 思鄉의 詩를 지었다 자기가 이별의 주인이 아니므로 그저 題를 蜀中九日이라 한 것이다 이 詩의 題가 蜀中九日인데 詩에 「九月九日」이라는 九字와 日字가 있어서 犯罪가 되나 節候라든가

名節에 쓰인 낱자 같은 것은 써도 무방하다

다음에 七言絕句 몇 篇을 소개한다

峨眉山月歌

李白

峨眉山月半輪秋　　아미산 달 반륜의 가을

影入平羌江水流　　달그림자는 평강강에 들어 흐르누나

夜發清溪向三峽　　밤들어 청계를 떠나 험한 삼협을 향하니

思君不見下渝州　　달 그리워 보려해도 산에 가려 보이지않고 그저 유주로 내려가도다

△平聲尤韻▽

註 1 半輪……상현달(上弦의 달)　2 渝州……지금의 四川省 重慶

3 三峽……三峽에 여러說이 있음 巫山峽 明月峽·廣澤峽도 說中의 하나임

가을 상현달이 뜬 밤 산골짜기를 흐르는 三峽을 지나자니 아름다

운 달은 산에 걸려 보이지 않는다「君」즉 달을 또 보려해도 보이지 않으니 얼마나 애석한가! 李白과 달이 연상 되다

度桑乾

賈島

客舍幷州已十霜　나그네 생활 병주에서 십년이라
歸心日夜憶咸陽　고향 생각은 밤낮을 가리지 않는데
無端更渡桑乾水　뜻하지 않게 상건강을 건느게되니
却望幷州是故鄕　가까이 보이는 병주가 고향 같구나

△平聲陽韻▽

註‖ ① 幷州……山西省 太原府의 땅 咸陽과의 거리는 七百里 ② 桑乾……江 이름
③ 無端……그칠 줄 모르는 것。 뜻이 바뀌어「문득」이라는 뜻

고향을 떠나 병주에 온지도 十年 고향 땅 함양이 그립기 그지

없는데 뜻하지 않게 상건강을 건너、더 먼 곳으로 가게 되니 아직까지 지긋지긋 하다고 생각하던 병주가 고향처럼 생각된다는 것 함양에는 길이 멀어 갈 것도 같지 않으니까 십년 타향살이 고장이던 병주가 이제는 고향처럼 느껴져 바라본다는 것이다

이 詩의 妙는 「憶」과 「望」의 쓰임이라 하겠다

漢字音의 高低 (生活用語)

平聲은 韻을 달았고 上、去 入聲은 韻字로 잘 쓰이지 않으므로 省略함。

家禮(가례) 집에서 쓰이는 예법

家 平音 낮음 (歌)

禮 平音 높음

可能(가능) 될 수 있다

可 平音 높음

能 平音 낮음 (蒸)

嘉會(가회) 아름다운 모임

嘉 平音 낮음 (麻)

會 平音 높음

歌手(가수) 노래하는것을 업으로 삼는 사람

歌 平音 낮음 (歌)

手 平音 높음

加算(가산) ①계산에 더하여 넣음 덧셈으로 가산함

加 平音 낮음 (麻)

算 平音 높음

佳橋(가교) 아름다운 다리

佳 平音 낮음 (佳)

橋 平音 낮음 (蕭)

價

價格 (가격) 값 화폐로 나타낸 물건의 교환 가치

價 平音 높음

格 即音 높음

街

街頭 (가두) 시가의 들어난 길거리

街 平音 낮음 (佳)

頭 平音 낮음 (尤)

嫁

嫁娶 (가취) 시집가고 장가드는 일

嫁 平音 높음

娶 平音 높음

各

各自 (각자) 각각 혼자、제각기

各 即音 높음

自 平音 높음

苛

苛酷 (가혹) 매우 혹독함

苛 平音 낮음 (歌)

酷 即音 높음

覺

覺醒 (각성) 깨달아 정신을 차림

覺 即音 높음

醒 平音 낮음 (青)

角

角下 (각하) 뿔 밑

角 即音 높음

下 平音 높음

艮

艮山 (간산) 동북 간방에 있는 산

艮

艮 平音 높음

山 平音 낮음 (刪)

艱

艱難(간난) 매우 고난함

艱 平音 낮음 (寒)

難 平音 낮음 (寒)

干

干上(간상) 방패 위

干 平音 낮음 (刪)

上 平音 높음

奸

奸凶(간흉) 간특하고 흉악함

奸 平音 낮음 (寒)

凶 平音 낮음 (冬)

姦

姦婦(간부) 간통한 여자

姦 平音 낮음 (刪)

婦 平音 높음

簡

簡紙(간지) 간지로 접은 정중한 편지지

簡 平音 높음

紙 平音 낮음 (齊)

看

看板(간판) 광고적으로 드러난 외곽상의 표지

看 平音 낮고 높음 (寒)(翰)

板 平音 높음

墾

墾地(간지) 개간한 땅

墾 平音 높음

地 平音 높음

澗水(간수) 골짜기에서 흐르는 물

澗 平音 높음

水 平音 높음

竭力(갈력) 있는힘을 다 함

竭 卽音 높음

力 卽音 높음

甘泉(감천) 단물 샘

甘 平音 낮음 (覃)

泉 平音 낮음 (先)

感天(감천) 하늘이 감동함

感 平音 높음

天 平音 낮음 (先)

監事(감사) 단체의 서무를 맡아보는사람
법인의 재산, 업무를 감독하는사람

監 平音 낮음 (咸)

事 平音 높음

江深(강심) 강물이 깊다

江 平音 낮음 (江)

深 平音 낮음(浸) 높음(沁)

崗山(강산) 산 등성이와 산

崗 平音 낮음 (陽)

山 平音 낮음 (刪)

疆土(강토) 그나라 국토아에 있는땅

疆 平音 낮음 (陽)

土 平音 높음

康寧(강녕) 건강하여 편안함
康 平音 낮음 (陽)
寧 平音 낮음 (青)

講習(강습) 학술 강의를받아 익힘
講 平音 높음
習 即音 높음

降雪(강설) 눈이 내림
降 平音 높음, 항복(江)
雪 即音 높음

開門(개문) 문을 열음
開 平音 낮음 (灰)
門 平音 낮음 (元)

客笻(객공) 손님의 지팡이
客 即音 높음
笻 平音 낮음 (冬)

車馬(거마) 수레와 말
車 平音 낮음 (魚)(麻)
馬 平音 높음

居室(거실) 거처하는 방
居 平音 높음, 어조사기(支)
室 即音 높음

建築(건축) 집, 다리따위를 세움
建 平音 높음
築 即音 높음

檢事(검사) 죄인을 조사하여 재판에 걸고 법률의 적용을 청구하는 사법 행정관

檢 平音 높음

事 平音 높음

堅守(견수) 굳게 지킴

堅 平音 낮음 (先)

守 平音 높음

鵑鳥(견조) 두견새

鵑 平音 낮음 (先)

鳥 平音 높음

謙讓(겸양) 겸양을 겸함

謙 平音 낮음 (鹽)

讓 平音 높음

京城(경성) 서울의 옛 이름

京 平音 낮음 (庚)

城 平音 낮음 (庚)

輕風(경풍) 살살 부는 바람

輕 平音 낮음 (庚)

風 平音 낮음 (東)

莖枝(경지) 줄기와 가지

莖 平音 낮음 (庚)

枝 平音 낮음 (支)

鯨魚(경어) 고래고기

鯨 平音 낮음 (庚)

魚 平音 낮음 (魚)

粳米 (경미) 맵쌀

粳 平音 낮음 (庚)

米 平音 낮음 높음

更新 (경신) 다시 고쳐 새롭게 함

更 平音 낮음 (庚) (敬)

新 平音 낮음 (眞)

競爭 (경쟁) 같은 목적으로 서로 다툼

競 平音 높음

爭 平音 높음 (庚)

耕田 (경전) 밭을 갊

耕 平音 낮음 (庚)

田 平音 낮음 (先)

警察 (경찰) 경계하고 살핌

警 平音 높음

察 即音 높음

鏡明 (경명) 거울이 밝음

鏡 平音 높음

明 平音 낮음 (庚)

敬老 (경로) 늙은이를 공경함

敬 平音 높음

老 平音 높음

耿燈 (경등) 등불이 반짝임

耿 平音 높음

燈 平音 낮음 (蒸)

傾危 (경위) 기우러져 위태로움

傾 平音 낮음 (庚)(梗)

危 平音 낮음 (支)

境界 (경계) 땅이 서로 이어진 어름

境 平音 높음

界 平音 높음

季節 (계절) 철

季 平音 높음

節 即音 높음

繫船 (계선) 배를 매어 놓음

繫 平音 높음

船 平音 낮음 (江)

鷄群 (계군) 닭의 무리

鷄 平音 낮음 (齊)

群 平音 낮음 (文)

溪澗 (계간) 시내와 간수

溪 平音 낮음 (齊)

澗 平音 높음

桂樹 (계수) 계수나무

桂 平音 높음

樹 平音 높음

階前 (계전) 섬돌 앞

階 平音 낮음 (佳)

前 平音 낮음 (先)

古有（고유） 옛적부터 있었음

古 平音 높음

有 平音 높음

沽酒（고주） 술을 산다

沽 平音 낮음（사고ㅡ낮음(虞) 팔고ㅡ높음(遇)）

酒 平音 높음

姑婦（고부） 시어머니와 며느리

姑 平音 낮음（虞）

婦 平音 높음

枯木（고목） 마른나무

枯 平音 낮음（虞）

木 卽音 높음

牯牛（고우） 암소

牯 平音 높음

牛 平音 낮음（尤）

故鄕（고향） 자기가 태어나 자란곳

故 平音 높음

鄕 平音 낮음（陽）

苦生（고생） 어렵게 살음

苦 平音 높음

生 平音 낮음（庚）

罟網（고망） 그물

罟 平音 높음

網 平音 낮음（陽）

告別 (고별) 이별을 고함

告 平音 높음

別 即音 높음

高山 (고산) 높은 산

高 平音 낮음 (豪)

山 平音 낮음 (刪)

考試 (고시) 시험

考 平音 높음

試 平音 높음

孤兒 (고아) 외로운 아이

孤 平音 낮음 (虞)

兒 平音 낮음 (齊)

羔羊 (고양) 어린 양

羔 平音 낮음 (豪)

羊 平音 낮음 (陽)

顧客 (고객) 찾아온 손님

顧 平音 높음

客 即音 높음

曲線 (곡선) 굽은 선

曲 即音 높음

線 平音 높음

穀皮 (곡피) 곡식의 껍질

穀 即音 높음

皮 平音 낮음 (支)

困窮(곤궁) 곤난하고 궁하다

困 平音 높음

窮 平音 낮음 (東)

昆季(곤계) 맏이와 동생

昆 平音 낮음 (元)

季 平音 높음

袞布(곤포) 곤룡포를 짓는 베(옷감)

袞 平音 높음

布 平音 높음

坤卦(곤괘) 팔괘중의 마지막괘 이름

坤 平音 낮음 (元)

卦 平音 높음

工夫(공부) 배움

工 平音 낮음 (東)

夫 平音 낮음 (虞)

功名(공명) 공을 세워 이름을 떨침

功 平音 낮음 (東)

名 平音 낮음 (庚)

攻勢(공세) 공격하는 태세

攻 平音 낮음 (東)

勢 平音 높음

笻丈(공장) 지팡의 길이

笻 平音 낮음 (冬)

丈 平音 높음

共同(공동) 한가지로 행동함

共 平音 높음(한가지공↓높음 무리공(冬)↓낮음)

同 平音 낮음(東)

恭順(공순) 공순함

恭 平音 낮음(冬)

順 平音 높음

空山(공산) 빈 산

空 平音 낮음(東)

山 平音 낮음(刪)

公言(공언) 공적으로 널리 말함

公 平音 낮음(東)

言 平音 낮음(元)

孔聖(공성) 공자의 존칭

孔 平音 높음

聖 平音 높음

怪物(괴물) 괴이한 물건

怪 平音 높음

物 即音 높음

過食(과식) 지나치게 먹음

過 平音 낮음(歌)(허물과↓높음)

食 即音 높음

菓木(과목) 과실 나무

菓 平音 높음

木 即音 높음

科擧(과거) 벼슬을 함

科 平音 낮음 (歌)

擧 平音 높음

官吏(관이) 벼슬한 사람

官 平音 낮음 (寒)

吏 平音 높음

館舍(관사) 관 집

館 平音 높음

舍 平音 높음

冠世(관세) 세상에 으뜸

冠 平音 높음 (寒)(갓관↓낮음)

世 平音 높음

觀光(관광) 경치 풍경을 구경함

觀 平音 높음

光 平音 낮음 (陽)

關門(관문) 외국을 상대로하는 큰문

關 平音 낮음 (刪)

門 平音 낮음 (元)

廣野(광야) 넓은 들

廣 平音 높음

野 平音 높음

交友(교우) 벗과 사귐

交 平音 낮음 (肴)

友 平音 높음

郊外(교외) 거리에 이접한 들관

郊 平音 낮음 (肴)

外 平音 높음

橋邊(교변) 다리 가장자리

橋 平音 낮음 (蕭)

邊 平音 낮음 (先)

敎書(교서) 국왕, 대통령이 국회에 보내는 글

敎 平音 높음 (하여금교↓낮음 肴)

書 平音 낮음 (魚)

巧手(교수) 교묘한 솜씨

巧 平音 높음

手 平音 높음

口味(구미) 입맛

口 平音 높음

味 平音 높음

久時(구시) 오랜 세월

久 平音 높음

時 平音 낮음 (支)

鳩鷰(구연) 비둘기와 제비

鳩 平音 낮음 (尤)

鷰 平音 높음

求人(구인) 사람을 구함

求 平音 낮음 (尤)

人 平音 낮음 (眞)

救出(구출) 구제해 냄

救 平音 높음

出 即音 높음

邱原(구원) 언덕과 둔덕

邱 平音 낮음 (尤)

原 平音 낮음 (元)

軍師(군사) 군대

軍 平音 낮음 (文)

師 平音 높음

君王(군왕) 임금

君 平音 낮음 (元)

王 平音 높음

弓矢(궁시) 활과 살

弓 平音 낮음 (東)

矢 平音 높음

宮城(궁성) 대궐

宮 平音 낮음 (東)

城 平音 낮음 (庚)

鬼神(귀신) 귀신 도깨비

鬼 平音 높음

神 平音 낮음 (眞)

貴賤(귀천) 귀하고 천함

貴 平音 높음

賤 平音 높음

机下 (궤하) 책상 밑
机 平音 높음
下 平音 높음

闈中 (규중) 여염집 안방속
闈 平音 낮음 (齊)
中 平音 낮음 (東) (끝맺음일 때는 높다)

均等 (균등) 고르게 등분함
均 平音 낮음 (眞)
等 平音 높음

近方 (근방) 가까운 곳
近 平音 높음
方 平音 낮음 (陽)

根莖 (근경) 뿌리와 줄기
根 平音 낮음 (元)
莖 平音 낮음 (庚)

槿花 (근화) 무궁화 꽃
槿 平音 높음
花 平音 낮음 (麻)

金銀 (금은) 금과 은
金 平音 낮음 (侵)
銀 平音 낮음 (眞)

錦繡 (금수) 비단으로 수놓음
錦 平音 높음
繡 平音 높음

琴絃(금현) 거문고 줄

琴 平音 낮음(侵)

絃 平音 낮음(先)

禁苑(금원) 임금의 동산

禁 平音 높음

苑 平音 높음

己身(기신) 내몸

己 平音 높음

身 平音 낮음(眞)

起居(기거) 묵고 있는 것

起 平音 높음

居 平音 높음(어조사일경우↓낮음)(支)

今週(금주)·이번 주일

今 平音 낮음(侵)

週 平音 낮음(尤)

衿衣(금의) 옷

衿 平音 낮음(侵)(옷고름과면 높음)

衣 平音 낮음(微)

衾枕(금침) 이불과 베개

衾 平音 낮음(侵)

枕 平音 높음

那處(나처) 어느 곳

那 平音 낮음(歌)

處 平音 높음

暖春(난춘) 따뜻한 봄

暖 平音 높음 (온유하다면 낮음 元)

春 平音 낮음 (眞)

難成(난성) 어렵게 이루어짐

難 平音 낮음 (寒)

成 平音 낮음 (庚)

南山(남산) 남쪽에 있는 산

南 平音 낮음 (覃)

山 平音 낮음 (刪)

男性(남성) 남자

男 平音 낮음 (覃)

性 平音 높음

奈何(내하) 어찌할가

奈 平音 높음

何 平音 낮음 (歌)

年歲(연세) 나이

年 平音 낮음 (先)

歲 平音 높음

念慮(염려) 생각하고 생각함

念 平音 높음

慮 平音 낮음 (魚)

農場(농장) 농업을 경영한 적당한 곳

農 平音 낮음 (冬)

場 平音 낮음 (陽)

濃陰 (농음) 짙은 그늘

濃 平音 낮음 (冬)

陰 平音 낮음 (侵)

泥田 (니전) 진흙밭

泥 平音 높음

田 平音 낮음 (先)

茶烟 (다연) 차 끓일 때의 연기

茶 平音 낮음 (麻)

烟 平音 낮음 (先)

多小 (다소) 많고 적음

多 平音 낮음 (歌)

小 平音 높음

丹青 (단청) 붉고 푸른

丹 平音 낮음 (寒)

青 平音 낮음 (青)

談話 (담화) 의견을 나타내는 말

談 平音 낮음 (覃)

話 平音 높음

淡雲 (담운) 맑은 구름

淡 平音 낮음 (覃)(싱겁다 하면 높다)

雲 平音 낮음 (文)

唐漢 (당한) 당나라 때와 한나라 때

唐 平音 낮음 (陽)

漢 平音 높음

黨權(당권) 당의 권리

黨 平音 높음

權 平音 낮음 (先)

堂下(당하) 뜰 아래

堂 平音 낮음 (陽)

下 平音 높음

當番(당번) 자기 차례에 당했다

當 平音 낮음 (陽)(전당의 당은 높다)

番 平音 높음

大和(대화) 크게 화한다

大 平音 높음

和 平音 낮음 (歌)(화답 할때의 화는 높음)

垈地(대지) 집터

垈 平音 높음

地 平音 높음

待期(대기) 시기를 기다림

待 平音 높음

期 平音 낮음 (支)

刀刃(도인) 칼날

刀 平音 낮음 (豪)

刃 平音 높음

到家(도가) 집에 다다름

到 平音 높음

家 平音 낮음 (麻)

倒影(도영) 거꾸러진 그림자

倒 平音 높음

影 平音 높음

都市(도시) 시가지를 이룬 도회

都 平音 낮음 (虞)

市 平音 높음

道路(도로) 길

道 平音 높음

路 平音 높음

桃李(도리) 복숭아와 오얏

桃 平音 낮음 (豪)

李 平音 높음

逃去(도거) 도망을 감

逃 平音 낮음

去 平音 높음

滔流(도류) 도도히 흐름

滔 平音 낮음 (豪)

流 平音 낮음 (尤)

度量(도량) 재거나 되는 것.

度 平音 높음

量 平音 낮음 (陽)(생각할 량으로 쓸때 높음)

渡江(도강) 강을 건넘

渡 平音 높음

江 平音 낮음 (江)

棹櫓(도노) 돛대와 노
棹 平音 높음
櫓 平音 높음

圖案(도안) 형체나 색채를 미적으로 배합하여 장식에 쓰는 고안
圖 平音 낮음 (虞)
案 平音 높음

敦睦(돈목) 두텁게 화목함
敦 平音 낮음 (元)
睦 即音 높음

同行(동행) 같이 감
同 平音 낮음 (東)
行 平音 낮음 (庚)

冬寒(동한) 추운 겨울
冬 平音 낮음 (冬)
寒 平音 낮음 (寒)

童僕(동복) 아이 종
童 平音 낮음 (東)
僕 即音 높음

東園(동원) 동쪽 동산
東 平音 낮음 (東)
園 平音 낮음 (元)

凍傷(동상) 얼어서 염증이 생김
凍 平音 높음
傷 平音 낮음 (陽)

棟樑 (동양) 들보

棟 平音 높음

樑 平音 낮음 (陽)

登山 (등산) 산에 오름

登 平音 낮음 (蒸)

山 平音 낮음 (刪)

燈火 (등화) 등불

燈 平音 낮음 (蒸)

火 平音 높음

等外 등수안에 들지 못함

等 平音 높음

外 平音 높음

羅衫 (나삼) 비단 적삼

羅 平音 낮음 (歌)

衫 平音 낮음 (咸)

來客 (내객) 오는 손님

來 平音 낮음 (灰)

客 卽音 높음

良心 (양심) 어진 마음

良 平音 낮음 (陽)

心 平音 낮음 (侵)

兩三 (양삼) 둘、셋

兩 平音 높음

三 平音 낮음 (覃)

凉

凉秋 (양추) 서늘한 가을

凉 平音 낮음 (陽)

秋 平音 낮음 (尤)

麗

麗水 (여수) 고운 물

麗 平音 높음 (나라이름일경우 낮음)

水 平音 높음

聯

聯珠 (연주) 이어진 구슬

聯 平音 낮음 (先)

珠 平音 낮음 (虞)

戀

戀情 (연정) 생각하는 이성간의 정

戀 平音 높음

情 平音 낮음 (庚)

蓮

蓮花 (연화) 연꽃

蓮 平音 낮음 (先)

花 平音 낮음 (麻)

連

連至 (연지) 잇달아 옴

連 平音 낮음 (先)

至 平音 높음

努

努力 (노력) 힘쓰다

努 平音 높음

力 平音 높음

電

電雷 (전뢰) 번개와 우뢰

電 平音 높음

雷 平音 낮음 (灰)

遼望(료망) 멀리 바란다

遼 平音 낮음 (蕭)

望 平音 높음

漏洩(누설) 새어 남

漏 平音 높음

洩 平音 높음

樓前(루전) 다락 앞

樓 平音 낮음 (尤)

前 平音 낮음 (先)

老松(노송) 늙은 소나무

老 平音 높음

松 平音 낮음 (冬)

露霜(로상) 이슬과 서리

露 平音 높음

霜 平音 낮음 (陽)

論議(논의) 의론하는 것

論 平音 높음

議 平音 높음

籠鳥(농조) 장속의 새

籠 平音 낮음 (東)

鳥 平音 높음

淚流(누류) 눈물이 흐름

淚 平音 높음

流 平音 낮음 (尤)

律呂(율여) 六律과 六呂 법률
律 即音 높음
呂 平音 높음

陵邱(능구) 언덕
陵 平音 낮음 (蒸)
邱 平音 낮음 (尤)

凌雪(능설) 눈을 능멸함
凌 平音 낮음 (蒸)
雪 即音 높음

林梢(림초) 숲의 마들가리
林 平音 낮음 (侵)
梢 平音 높음

霖時(림시) 장마철
霖 平音 낮음 (侵)
時 平音 낮음 (支)

臨溪(림계) 시내에 다다름
臨 平音 낮음 (侵)
溪 平音 낮음 (齊)

馬駒(마구) 말과 말새끼
馬 平音 높음
駒 平音 낮음 (虞)

磨石(마석) 돌을 갈음
磨 平音 낮음 (麻)(마석마라면 높음)
石 即音 높음

晩時(만시) 늦은 때

晩 平音 높음

時 平音 낮음 (支)

滿面(만면) 얼굴 가득이

滿 平音 높음

面 平音 높음

萬千(만천) 많은 수

萬 平音 높음

千 平音 낮음 (先)

亡身(망신) 몸을 망침

亡 平音 낮음 (陽)

身 平音 낮음 (眞)

網魚(망어) 그물과 물고기

網 平音 높음

魚 平音 낮음 (魚)

免許(면허) 허가를 얻음

免 平音 높음

許 平音 높음

綿絲(면사) 무명실

綿 平音 낮음 (先)

絲 平音 높음

棉實(면실) 목화 씨

棉 平音 낮음 (先)

實 即音 높음

眠眼(면안) 졸리는 눈

眠 平音 낮음 (先)

眼 平音 높음

明朗(명랑) 밝고 밝은

明 平音 낮음 (庚)

朗 平音 높음

名聲(명성) 널리 알려진 이름

名 平音 낮음 (庚)

聲 平音 낮음 (庚)

命令(명령)

命 平音 높음

令 平音 높음 (하여금령 하며 낮음)

毛髮(모발) 털과 털

毛 平音 낮음 (豪)

髮 即音 높음

暮烟(모연) 저녁 연기

暮 平音 높음

烟 平音 낮음 (先)

貌樣(모양) 생김새

貌 平音 높음

樣 平音 높음

蒙昧(몽매) 우매하고 어두운

蒙 平音 낮음 (東)

昧 平音 높음

夢想(몽상) 꿈같은 생각

夢 平音 낮음 (東)

想 平音 높음

妙巧(묘교) 묘하고 이상함

妙 平音 높음

巧 平音 높음

杳然(묘연) 아득하다

杳 平音 높음

然 平音 낮음 (先)

苗芽(묘아) 어린 싹

苗 平音 높음

芽 平音 낮음 (麻)

廟堂(묘당) 사당 집

廟 平音 높음

堂 平音 낮음 (陽)

墓階(묘계) 무덤앞 뜰

墓 平音 높음

階 平音 낮음 (佳)

武士(무사) 군인

武 平音 높음

士 平音 높음

無錢(무전) 돈이 없음

無 平音 낮음 (虞)

錢 平音 낮음 (先)

舞歌(무가) 노래하고 춤을 춤

舞 平音 높음

歌 平音 낮음 (歌)

茂盛(무성) 초목이 우거짐

茂 平音 높음

盛 平音 높음

巫俗(무속) 무당들의 풍속

巫 平音 낮음 (虞)

俗 即音 높음

貿易(무역) 물건과 물건의 거래

貿 平音 높음

易 即音 높음

文章(문장) 글월, 글이 뛰어난 사람

文 平音 낮음 (文)

章 平音 낮음 (陽)

門中(문중) 일가 집안

門 平音 낮음 (元)

中 平音 낮음 (東)(마친다의 뜻으로는 높음)

聞鶯(문앵) 꾀꼬리 소리를 듣는다

聞 平音 낮음 (文)

鶯 平音 낮음 (庚)

問余(문여) 나에게 물음

問 平音 높음

余 平音 낮음 (魚)(줄여→높음)

民願(민원) 국민이 원하는 것
民 平音 낮음 (眞)
願 平音 높음
方音(방음) 지방 사투리
方 平音 낮음 (陽)
音 平音 낮음 (侵)
妨害(방해) 해치고 해롭게 함
妨 平音 낮음(陽) (거리낌-은 높음)
害 平音 높음 (陽)
紡工(방공) 베짜는 공원
紡 平音 높음
工 平音 낮음 (東)

芳草(방초) 꽃다운 풀
芳 平音 낮음 (陽)
草 平音 높음
房內(방내) 방 안
房 平音 낮음 (陽)
內 平音 높음
訪人(방인) 찾아온 사람
訪 平音 높음
人 平音 낮음 (眞)
盃樽(배준) 술잔과 술동이
盃 平音 낮음 (灰)
樽 平音 낮음 (元)

倍數(배수) 배의 수

倍 平音 높음

數 平音 높음

配匹(배필) 짝과 짝

配 平音 높음

匹 即音 높음

背信(배신) 신용을 배반함

背 平音 높음

信 平音 높음

藩籬(번리) 울타리

藩 平音 낮음 (元)

籬 平音 낮음 (支)

飜覆(번복) 뒤집어 엎어짐

飜 平音 낮음 (元)

覆 即音 높음

繁榮(번영) 번성하고 영화로움

繁 平音 낮음 (元)

榮 平音 낮음 (庚)

範圍(범위) 대두리

範 平音 높음

圍 平音 낮음 (微)

汎濫(범람) 넘치고 넘침

汎 平音 높음 (뜰범 東 ↓ 낮음)

濫 平音 높음

泛舟(범주) 배를 띄움
泛 平音 높음
舟 平音 낮음 (尤)

兵營(병영) 군사의 영채
兵 平音 낮음 (庚)
營 平音 낮음 (庚)

屛畵(병화) 병풍의 그림
屛 平音 높음
畵 平音 높음

病中(병중) 앓아 누어 있음
病 平音 높음
中 平音 낮음 (東)

並合(병합) 아울러 합침
並 平音 높음
合 即音 높음

保安(보안) 편하게 보호함
保 平音 높음
安 平音 낮음 (寒)

步行(보행) 걸어감
步 平音 높음
行 平音 낮음(庚)(항열행이나 陽 낫음)

本院(본원) 본채 집
本 平音 높음
院 平音 높음

峰嶺(봉령) 봉우리와 고개

峰 平音 낮음 (冬)

嶺 平音 높음

逢龍(봉룡) 용을 만남

逢 平音 낮음 (冬)

龍 平音 낮음 (冬)

蜂蝶(봉접) 벌과 나비

蜂 平音 낮음 (東)

蝶 即音 높음

蓬萊(봉래) 쑥대

蓬 平音 낮음 (東)

萊 平音 낮음 (灰)

奉天(봉천) 하늘을 받듦

奉 平音 높음

天 平音 낮음 (先)

夫婦(부부) 남편과 아내

夫 平音 낮음 (虞)

婦 平音 높음

扶助(부조) 도와 줌

扶 平音 낮음 (虞)

助 平音 높음

芙蓉(부용) 연꽃

芙 平音 낮음 (虞)

蓉 平音 낮음 (冬)

府村(부촌) 마을과 마을
府 平音 높음
村 平音 낮음 (元)

浮雲(부운) 뜬 구름
浮 平音 낮음 (尤)
雲 平音 낮음 (文)

富資(부자) 부자(者)의 바탕
富 平音 높음
資 平音 낮음 (支)

否認(부인) 부정함
否 平音 높음
認 平音 높음

父母(부모) 아버지와 어머니
父 平音 높음
母 平音 높음

斧斤(부근) 도끼의 날
斧 平音 높음
斤 平音 높음

分店(분점) 상점을 나누다
分 平音 낮음 (文)(분수의 분: 높음)
店 平音 높음

盆梅(분매) 화분의 매화
盆 平音 낮음 (元)
梅 平音 낮음 (灰)

忿心 (분심) 분한 마음

忿 平音 높음

心 平音 낮음 (侵)

焚巢 (분소) 둥우리가 타버림

焚 平音 낮음 (文)

巢 平音 낮음 (肴)

朋友 (붕우) 벗과 벗

朋 平音 낮음 (蒸)

友 平音 높음

非行 (비행) 나쁜 행위

非 平音 낮음 (微)

行 平音 낮음 (庚) (행실이면 높음)

悲愁 (비수) 슬프고 근심이 많음

悲 平音 낮음 (支)

愁 平音 낮음 (尤)

扉閉 (비폐) 사리문을 닫음

扉 平音 낮음 (微)

閉 平音 높음

比較 (비교) 견주어 봄

比 平音 낮음 (支)

較 平音 높음

鼻頭 (비두) 코머리

鼻 平音 높음

頭 平音 낮음 (尤)

備傳(비전) 가추어 전함
備 平音 높음
傳 平音 낮음 (先)
費用(비용) 사용할 돈
費 平音 높음
用 平音 높음
秘話(비화) 숨어(감추어) 있는 말
秘 平音 높음
話 平音 높음
飛鴈(비안) 날으는 기러기
飛 平音 낮음 (微)
鴈 平音 높음

肥牛(비우) 살진 소
肥 平音 낮음 (微)
牛 平音 낮음 (尤)
鄙地(비지) 더러운 땅
鄙 平音 높음
地 平音 높음
賓主(빈주) 객과 주인
賓 平音 낮음 (眞)
主 平音 높음
貧民(빈민) 가난한 백성
貧 平音 낮음 (眞)
民 平音 낮음 (眞)

氷凍(빙동) 얼고 얼음

氷 平音 낫음 (蒸)

凍 平音 높음

司稅(사세) 조세를 맡아 열람

司 平音 낫음 (支)

稅 平音 높음

史紀(사기) 역사의 기록

史 平音 높음

紀 平音 낫음 (支)

沙漠(사막) 아득한 모래밭

沙 平音 낫음

漠 即音 높음

思想(사상) 생각

思 平音 낫음 (支) (의사의 사로 쓸때 높음)

想 平音 높음

私物(사물) 사사로운 개인의 물건

私 平音 낫음 (支)

物 即音 높음

死尸(사시) 죽은 시체

死 平音 높음

尸 平音 낫음 (支)

似如(사여) 닮은것 같다

似 平音 높다

如 平音 낫다 (魚)

寺菴 (사암) 절과 암자

寺 平音 높음

菴 平音 낮음 (覃)

邪欺 (사기) 거짓말하여 속임

邪 平音 낮음 (麻)

欺 平音 낮음 (支)

斜陽 (사양) 해질 무렵

斜 平音 낮음 (麻)

陽 平音 낮음 (陽)

產業 (산업) 생산하는 일

產 平音 높음

業 即音 높음

散在 (산재) 흐터져 있다

散 平音 높음 —

在 平音 높음

酸甘 (산감) 시고 달다

酸 平音 낮음 (寒)

甘 平音 낮음 (覃)

三五 (삼오) 셋 다섯

三 平音 낮음 (覃)

五 平音 높음

森林 (삼림) 숲

森 平音 낮음 (侵)

林 平音 낮음 (侵)

霜露 (상로) 서리와 이슬
霜 平音 낮음 (陽)
露 平音 높음

象狸 (상리) 코끼리와 삭괭이
象 平音 높음
狸 平音 낮음 (支)

商人 (상인) 장사하는 사람
商 平音 낮음 (陽)
人 平音 낮음 (眞)

傷處 (상처) 상한 곳
傷 平音 낮음 (陽)
處 平音 높음

桑麻 (상마) 뽕나무와 삼
桑 平音 낮음 (陽)
麻 平音 낮음 (麻)

灑淚 (쇄루) 눈물을 뿌린다
灑 平音 높음
淚 平音 높음

西東 (서동) 서쪽과 동쪽
西 平音 낮음 (齊)
東 平音 낮음 (東)

舒懷 (서회) 회포를 폄
舒 平音 낮음 (魚)
懷 平音 낮음 (佳)

暑涼 (서량) 더웁고 서늘함
暑 平音 높음
涼 平音 낮음 (陽)
黍禾 (서화) 기장과 벼
黍 平音 높음
禾 平音 낮음 (歌)
誓言 (서언) 맹서하는 말
誓 平音 높음
言 平音 낮음 (元)
鼠狐 (서호) 쥐와 여우
鼠 平音 높음
狐 平音 낮음 (虞)

鋤耒 (서뇌) 호미와 쟁기
鋤 平音 낮음 (魚)
耒 平音 높음
逝去 (서거) 가고 감 (죽음)
逝 平音 높음
去 平音 높음
宣惠 (선혜) 은혜를 베풀다
宣 平音 낮음 (先)
惠 平音 높음
蟬虫 (선충) 매미와 벌레
蟬 平音 낮음 (先)
虫 平音 높음

成功（성공）일을 성취함

成 平音 낮음（庚）

功 平音 낮음（東）

城下（성하）성 밑

城 平音 낮음（庚）

下 平音 높음

盛世（성세）발전하고 평화로운 세상

盛 平音 높음

世 平音 높음

醒酒（성주）술을 깸

醒 平音 낮음（靑）

酒 平音 높음

星辰（성진）별들

星 平音 높음（靑）

辰 平音 낮음（眞）（음진이 변함）

鯹魚（성어）비린내 나는 고기

鯹 平音 낮음（靑）

魚 平音 낮음（魚）

貰房（세방）세 놓은 방

貰 平音 높음

房 平音 낮음（陽）

細柳（세류）가는 버들

細 平音 높음

柳 平音 높음

洗手(세수) 손을 씻음
洗 平音 낮음 (齊)
手 平音 높음

稅金(세금) 조세의 돈
稅 平音 높음
金 平音 낮음 (侵)

少年(소년) 나이어린 사내아이
少 平音 높음
年 平音 낮음 (先)

召喚(소환) 부름
召 平音 높음
喚 平音 높음

沼塘(소당) 연못
沼 平音 높음
塘 平音 낮음 (陽)

昭光(소광) 밝게 비침
昭 平音 낮음 (蕭)
光 平音 낮음 (陽)

騷亂(소란) 시끄럽고 어지러움
騷 平音 낮음 (豪)
亂 平音 높음

掃地(소지) 땅을 쓸다
掃 平音 높음
地 平音 높음

損財(손재) 재물의 손실
損 平音 높음
財 平音 낮음 (灰)

孫子(손자) 자녀의 아들
孫 平音 낮음 (元)
子 平音 높음

松桐(송동) 소나무와 오동나무
松 平音 낮음 (冬)
桐 平音 낮음 (東)

誦詩(송시) 시를 외움
誦 平音 높음
詩 平音 낮음 (支)

修道(수도) 도를 닦음
修 平音 낮음 (尤)
道 平音 높음

須臾(수유) 잠시 잠깐
須 平音 낮음 (虞)
臾 平音 높음

垂釣(수조) 낛이를 드리움
垂 平音 낮음 (支)
釣 平音 높음

睡眠(수면) 잠을 잠
睡 平音 높음
眠 平音 낮음 (先)

瘦翁(수옹) 수척한 늙은이
瘦 平音 높음
翁 平音 낮음 (東)

獸禽(수금) 짐승과 새
獸 平音 높음
禽 平音 낮음 (侵)

順成(순성) 순조롭게 이루어짐
順 平音 높음
成 平音 낮음 (庚)

巡回(순회) 순행하여 돌아옴
巡 平音 낮음 (眞)
回 平音 낮음 (灰)

勝戰(승전) 싸움에 이김
勝 平音 낮음 (蒸)
戰 平音 높음

僧尼(승이) 중、스님
僧 平音 낮음 (蒸)
尼 平音 낮음 (支)

是非(시비) 옳고 글은 것
是 平音 높음
非 平音 낮음 (微)

腮面(시면) 뺨과 얼굴
腮 平音 낮음 (灰)
面 平音 높음

恃勢(시세) 세력을 믿음

恃 平音 높음

勢 平音 높음

始初(시초) 처음 시작

始 平音 높음

初 平音 낮음 (魚)

尋芳(심방) 꽃다운 것을 찾음

尋 平音 낮음 (侵)

芳 平音 낮음 (陽)

我吾(아오) 나

我 平音 높음

吾 平音 낮음 (虞)

安定(안정) 편안하게 자리잡힘

安 平音 낮음 (寒)

定 平音 높음

鞍馬(안마) 안장과 말

鞍 平音 낮음 (寒)

馬 平音 높음

岸邊(안변) 언덕 갓

岸 平音 높음

邊 平音 낮음 (先)

鴈鳴(안명) 기러기가 운다

鴈 平音 높음

鳴 平音 낮음 (庚)

顔耳(안이) 얼굴과 귀

顔 平音 낮음 (刪)

耳 平音 높음

仰視(앙시) 우러러 봄

仰 平音 높음

視 平音 높음

愛族(애족) 겨레를 사랑함 친척을 사랑함

愛 平音 높음

族 即音 높음

崖谷(애곡) 낭떠러지와 골짜기

崖 平音 낮음 (佳)(어애로 쓸 때에는 높음)

谷 即音 높음

涯橋(애교) 물가의 다리

涯 平音 낮음 (佳)

橋 平音 낮음 (蕭)

艾苢(애이) 쑥과 질경이

艾 平音 높음

苢 平音 높음

藹香(애향) 향기롭다

藹 平音 높음

香 平音 낮음 (陽)

夜飯(야반) 밤 밥

夜 平音 높음

飯 平音 높음

惹起(야기) 이끌어 일으킴

惹 平音 높음

起 平音 높음

野草(야초) 들풀

野 平音 높음

草 平音 높음

羊鷄(양계) 염소와 닭

羊 平音 낮음 (陽)

鷄 平音 낮음 (齊)

洋波(양파) 큰 바닷물과 물결

洋 平音 낮음 (陽)

波 平音 낮음 (歌)

陽地(양지) 볕드는 땅

陽 平音 낮음 (陽)

地 平音 높음

楊柳(양류) 버드나무

楊 平音 낮음 (陽)

柳 平音 높음

揚名(양명) 이름을 널리 떨침

揚 平音 낮음 (陽)

名 平音 낮음 (庚)

魚貝(어패) 물고기와 조개

魚 平音 낮음 (魚)

貝 平音 높음

魚船 (어선) 고기잡이 배

魚 平音 낮음 (魚)

船 平音 낮음 (先)

語譜 (어보) 언어의 계보

語 平音 높음

譜 平音 높음

御使 (어사) 임금의 전권대사

御 平音 높음

使 平音 높음

言爭 (어쟁) 말로 다툼

言 平音 낮음 (元)

爭 平音 낮음 (庚) (옳다 그르다 할때는 높음)

偃牛 (언우) 누어있는 소

偃 平音 높음

牛 平音 낮음 (尤)

嚴兄 (엄형) 엄격한 형님

嚴 平音 낮음 (鹽)

兄 平音 낮음 (庚)

然後 (연후) 그러한 뒤

然 平音 낮음 (先)

後 平音 높음

燃燒 (연소) 불사르고 태움

燃 平音 낮음 (先)

燒 平音 낮음 (蕭)

淵池 (연지) 못과 못

淵 平音 낫음 (先)

池 平音 낫음 (支) (물이름다(歌)로쓸때 낫음)

椽木 (연목) 시령가래 나무

椽 平音 낫음 (先)

木 卽音 높음

姸人 (연인) 고운사람

姸 平音 낫음 (先)

人 平音 낫음 (眞)

宴會 (연회) 자치 모임

宴 平音 높음

會 平音 높음

烟霞 (연하) 연기와 아개

烟 平音 낫음 (先)

霞 平音 낫음 (麻)

硯紙 (연지) 벼루와 종이

硯 平音 높음

紙 平音 높음

染花 (염화) 꽃을 물드림

染 平音 높음

花 平音 낫음 (麻)

永久 (영구) 길고 오래 오래

永 平音 높음

久 平音 높음

泳

泳河(영하) 강물에서 헤엄을 침

泳 平音 높음

河 平音 낮음 (歌)

咏

咏詩(영시) 시를 읊음

咏 平音 높음

詩 平音 낮음 (支)

英

英雄(영웅) 재능, 지력, 용기, 담력이 뛰어난 사람

英 平音 낮음 (庚)

雄 平音 낮음 (東)

映

映紅(영홍) 붉게 빛인다

映 平音 높음

紅 平音 낮음 (東)

榮

榮華(영화) 몸이 귀하게 되어 이름이 남

榮 平音 낮음 (庚)

華 平音 낮음 (麻)

嬰

嬰鷄(영계) 어린 닭

嬰 平音 낮음 (庚)

鷄 平音 낮음 (齊)

影

影子(영자) 그림자

影 平音 높음

子 平音 높음

瀛

瀛海(영해) 큰 바다

瀛 平音 낮음 (庚)

海 平音 높음

盈箱 (영상) 상자안에 가득 참
盈 平音 높음
箱 平音 낮음 (陽)

迎賓 (영빈) 손님을 맞이함
迎 平音 낮음 (庚)(자가 드릴 영 하면 높음)
賓 平音 낮음 (眞)

睨視 (예시) 흘겨 봄
睨 平音 높음
視 平音 높음

短笻 (단공) 짧은 지팡이
短 平音 높음
笻 平音 낮음 (冬)

濊井 (예정) 더러운 우물
濊 平音 높음
井 平音 높음

叡智 (예지) 슬기롭고 지혜롭다
叡 平音 높음
智 平音 높음

銳刀 (예도) 날카로운 칼
銳 平音 높음
刀 平音 낮음 (豪)

午鐘 (오종) 정오에 울리는 종
午 平音 높음
鐘 平音 낮음 (冬)

吾家(오가) 우리집
吾 平音 낮음(虞)
家 平音 높음

梧桃(오도) 오동과 복숭아
梧 平音 낮음(虞)
桃 平音 낮음(豪)

烏鳩(오구) 까마귀와 비둘기
烏 平音 높음
鳩 平音 낮음(尤)

奧幽(오유) 깊숙하고 깊숙하다
奧 平音 높음(號)
幽 平音 낮음(尤)

吳楚(오초) 오나라와 초나라
吳 平音 낮음(虞)
楚 平音 높음

敖雪(오설) 대수롭지 않은 눈
敖 平音 낮음(豪)
雪 即音 높음

溫煖(온난) 따스하다
溫 平音 낮음(元)
煖 平音 높음

雝鴈(옹안) 화하여 우는 기러기
雝 平音 낮음(冬)
鴈 平音 높음

外庭(외정) 밖앗 뜰

外 平音 높음

庭 平音 낮음 (青)

完全(완전) 부족함이 없음

完 平音 낮음 (寒)

全 平音 낮음 (先)

翫景(완경) 경치를 구경함

翫 平音 높음

景 平音 높음

王孫(왕손) 임금의 손자

王 平音 낮음 (陽)

孫 平音 낮음 (元)

旺運(왕운) 왕성한 운수

旺 平音 높음

運 平音 높음

堯舜(요순) 요임금과 순임금

堯 平音 낮음 (蕭)

舜 平音 높음

僥幸(요행) 뜻밖에 얻은 행복

僥 平音 낮음 (蕭)

幸 平音 높음

姚姬(요희) 예쁜 계집

姚 平音 낮음 (蕭)

姬 平音 낮음 (支)

搖枝(요지) 흔들리는 가지

搖 平音 낮음 (蕭)

枝 平音 낮음 (支)

遙遠(요원) 멀고먼

遙 平音 낮음 (蕭)

遠 平音 높음

用途(용도) 쓰이는 곳

用 平音 높음

途 平音 낮음 (虞)

勇將(용장) 용맹한, 장수

勇 平音 높음

將 平音 낮음 (陽)

聳出(용출) 솟아남

聳 平音 높음

出 平音 높음

宇宙(우주) 온 세상

宇 平音 높음

宙 平音 높음

友情(우정) 친구의 정

友 平音 높음

情 平音 낮음 (庚)

偶然(우연) 일어난 일이 뜻 밖임

偶 平音 높음

然 平音 낮음 (先)

愚夫(우부) 어리석은 사람

愚 平音 낮음 (虞)

夫 平音 낮음 (虞)

遇喜(우희) 기쁜일을 만남

遇 平音 높음

喜 平音 높음

佑天(우천) 하늘이 도움

佑 平音 높음

天 平音 낮음 (先)

寓居(우거) 붙어 삶

寓 平音 높음

居 平音 높음

雨風(우풍) 비 바람

雨 平音 높음

風 平音 낮음 (東)

優遊(우유) 넉넉히 논다

優 平音 낮음 (尤)

遊 平音 낮음 (尤)

尤甚(우심) 더욱 심하다

尤 平音 낮음 (尤)

甚 平音 높음

羽毛(우모) 깃과 털

羽 平音 높음

毛 平音 낮음 (豪)

耘耕(운경) 갈고 간다

耘 平音 낮음 (支)

耕 平音 낮음 (庚)

雲深 짙은 구름

雲 平音 낮음 (文)

深 平音 높음

雄壯(웅장) 크고도 장함

雄 平音 낮음 (東)

壯 平音 높음

熊狼(웅랑) 곰과 이리

熊 平音 낮음 (東)

狼 平音 낮음 (陽)

慰安(위안) 위로하여 펴아케함

慰 平音 높음

安 平音 낮음 (寒)

胃腸(위장) 밥통과 창자

胃 平音 높음

腸 平音 낮음 (陽)

渭涇(위경) 위수와 경수

渭 平音 낮음

涇 平音 낮음 (青)

偉功(위공) 큰 공훈

偉 平音 높음

功 平音 낮음 (東)

圍包 (위포) 에워 쌈

圍 平音 낮음 (微)

包 平音 높음

違約 (위약) 약속을 어김

違 平音 낮음 (微)

約 即音 높음

委任 (위임) 맡김

委 平音 낮음 (支)

任 平音 낮음 (侵)

權威 (권위) 위엄과 권세

權 平音 낮음 (微)

威 平音 낮음 (先)

爲公 (위공) 공공의 일을 함

爲 平音 높음

公 平音 낮음 (東)

危險 (위험) 안전하지 못함

危 平音 낮음 (支)

險 平音 높음

源流 (원류) 흐름의 근원

源 平音 낮음 (元)

流 平音 낮음 (尤)

原本 (원본) 본디의 책

原 平音 낮음 (元)

本 平音 높음

願望 (원망) 원하고 바람
願 平音 높음
望 平音 높음
元上 (원상) 으뜸이 되는
元 平音 낮음 (元)
上 平音 높음
遠征 (원정) 먼곳을 치러감
遠 平音 높음
征 平音 낮음 (庚)
猿犬 (원견) 원숭이와 개
猿 平音 낮음 (元)
犬 平音 높음

怨聲 (원성) 원망의 소리
怨 平音 낮음 (元)
聲 平音 낮음 (庚)
鴛鴦 (원앙) 원앙새
鴛 平音 낮음 (元)
鴦 平音 낮음 (陽)
有信 (유신) 신용이 있다
有 平音 높음
信 平音 높음
由此 (유차) 이로 말미아마
由 平音 낮음 (尤)
此 平音 높음

油田(유전) 기름 밭
油 平音 낮음 (尤)
田 平音 낮음 (先)

維新(유신) 오직 새롭다
維 平音 높음
新 平音 낮음 (眞)

柔純(유순) 부드럽고 순진함
柔 平音 낮음 (尤)
純 平音 낮음

幼孩(유해) 어린 아이
幼 平音 높음
孩 平音 낮음 (灰)

游魚(유어) 헤엄치는 물고기
游 平音 낮음 (尤)
魚 平音 낮음 (魚)

儒人(유인) 유학자
儒 平音 낮음 (虞)
人 平音 낮음 (眞)

允許(윤허) 진실로 허락함
允 平音 높음
許 平音 높음

融和(융화) 서로 의좋게 사귐
融 平音 낮음 (東)
和 平音 낮음 (歌)

銀金 (은금) 은과 금

銀 平音 낮음 (眞)

金 平音 낮음 (侵)

隱退 (은퇴) 물러나 숨음

隱 平音 높음

退 平音 높음

音聲 (음성) 소리

音 平音 낮음 (侵)

聲 平音 낮음 (庚)

陰陽 (음양) 그늘과 양지

陰 平音 낮음 (侵)

陽 平音 낮음 (陽)

蔭德 (음덕) 숨은 은덕

蔭 平音 높음

德 卽音 높음

應來 (응래) 응하여 옴

應 平音 낮음 (蒸)

來 平音 낮음 (灰)

衣冠 (의관) 옷과 갓(모자)

衣 平音 낮음 (微)

冠 平音 낮음 (寒)

依倚 (의의) 의지하고 의지함

依 平音 낮음 (微)

倚 平音 높음

義思(의사) 옳은 생각

義 平音 높음

思 平音 낮음 (支)

移轉(이전) 옮김

移 平音 낮음 (支)

轉 平音 높음

寅方(인방) 동쪽 방위

寅 平音 낮음 (眞)

方 平音 낮음 (陽)

仁慈(인자) 어질고 사랑스럽다

仁 平音 낮음 (眞)

慈 平音 낮음 (支)

殘花(잔화) 쇠잔한 꽃

殘 平音 낮음 (寒)

花 平音 낮음 (麻)

潺流(잔류) 잔잔하게 흐름

潺 平音 낮음 (刪)

流 平音 낮음 (尤)

棧橋(잔교) 사다리와 다리

棧 平音 높음

橋 平音 낮음 (蕭)

蠶虫(잠충) 누에

蠶 平音 낮음 (覃)

虫 平音 높음

潛在 (잠재) 잠겨 있다
潛 平音 낮음 (鹽)
在 平音 높음

暫時 (잠시) 잠간의 시간
暫 平音 높음
時 平音 낮음 (支)

岑頂 (잠정) 산 마루
岑 平音 낮음 (侵)
頂 平音 높음

丈長 (장장) 열자 길이
丈 平音 높음
長 平音 낮음 (陽)(어른장으로 쓰일때 높음)

杖鞋 (장혜) 지팡이와 신
杖 平音 높음
鞋 平音 낮음 (佳)

帳中 (장중) 장막 안
帳 平音 높음
中 平音 낮음 (東)

章句 (장구) 글 귀절
章 平音 낮음 (陽)
句 平音 낮음

障礙 (장애) 거리껴서 거치적 거림
障 平音 높음
礙 平音 높음

獐獜(장린) 노루와 기린

獐 平音 낮음 (陽)

獜 平音 낮음

腸肝(장간) 창자와 간

腸 平音 낮음 (陽)

肝 平音 낮음 (寒)

醬油(장유) 장과 기름

醬 平音 높음

油 平音 낮음 (尤)

裝行(장행) 단장하고 감

裝 平音 낮음 (陽)

行 平音 낮음 (庚)

墻垣(장원) 담과 담

墻 平音 낮음 (陽)

垣 平音 낮음 (元)

匠工(장공) 공장이

匠 平音 높음

工 平音 낮음 (東)

掌指(장지) 손바닥과 손가락

掌 平音 낮음 (庚)

指 平音 높음

藏有(장유) 감추어 둠

藏 平音 낮음 (陽)

有 平音 높음 (有)

葬棺(장관) 장사지내는 널관

葬 平音 높음

棺 平音 낮음 (寒)

再三(재삼) 또 다시

再 平音 높음

三 平音 낮음 (覃)

才士(재사) 재주있는 선비

才 平音 낮음 (灰)

士 平音 높음

財糧(재량) 재물과 양식

財 平音 낮음 (灰)

糧 平音 낮음 (陽)

栽培(재배) 심어 북돋아 기름

栽 平音 낮음 (灰)

培 平音 낮음 (灰)

栽衣(재의) 옷을 재단함

栽 平音 낮음 (灰)

衣 平音 낮음 (微)

灾災(재재) 재앙

灾 平音 낮음 (灰)

災 平音 낮음 (灰)

齋軒(재헌) 서재같은 집

齋 平音 낮음 (佳)

軒 平音 낮음 (元)

菹蔬 (저소) 김치 나물
菹 平音 낮음 (魚)
蔬 平音 낮음 (魚)

苧麻 (저마) 모시와 삼
苧 平音 높음
麻 平音 낮음 (麻)

貯錢 (저전) 저축된 돈
貯 平音 높음
錢 平音 낮음 (先)

箸匕 (저시) 저까락과 수저
箸 平音 높음
匕 平音 높음

田原 (전원) 밭 둔덕
田 平音 낮음 (先)
原 平音 낮음 (元)

箋簡 (전간) 쪽지와 편지
箋 平音 높음
簡 平音 높음

前進 (전진) 앞으로 나아감
前 平音 낮음 (先)
進 平音 높음

剪枝 (전지) 나뭇가지를 자르거나 쳐냄
剪 平音 높음
枝 平音 낮음 (支)

傳信（전신） 소식을 전함
傳 平音 낮음
信 平音 높음

輾轉（전전） 모로 누어 굴러잠
輾 平音 높음
轉 平音 높음

殿宮（전궁） 대궐 집
殿 平音 높음
宮 平音 낮음（東）

)停亭（정정） 정자에 머무름
停 平音 낮음（青）
亭 平音 낮음（青）

正政（정전） 바른 정치
正 平音 높음
政 平音 높음

貞姃（정정） 곧고 단정함
貞 平音 낮음（庚）
姃 平音 낮음（庚）

淨靜（정정） 조촐하고 고요함
淨 平音 높음
靜 平音 높음

廷庭（정정） 조정의 뜰
廷 平音 높음
庭 平音 낮음（青）（동원조정하면 높음）

偵探(정탐) 몰래 형편을 알아봄

偵 平音 높음

探 平音 낮음 (覃)

鼎竈(정조) 솥과 아궁이

鼎 平音 높음

竈 平音 높음

帝皇(제황) 임금

帝 平音 높음

皇 平音 낮음 (陽)

啼鸝(제이) 우는 꾀꼬리

啼 平音 낮음 (齊)

鸝 平音 낮음 (齊)

蹄趾(제지) 말발굽

蹄 平音 낮음 (齊)

趾 平音 높음

堤防(제방) 언덕을 쌓아 물을막음

堤 平音 낮음 (齊)

防 平音 낮음 (陽) 높음 (漾)

題詩(제시) 시의 제목

題 平音 낮음 (齊)

詩 平音 낮음 (支)

濟川(제천) 내물 건너다

濟 平音 높음 (薺)

川 平音 낮음 (先)

弟妹(제매) 동생과 누이동생

弟 平音 높음

妹 平音 높음

祭廟(묘당에 제사지냄

祭(제) 平音 높음

廟(묘) 平音 높음

除去(제거) 없애 버림

除 平音 낮음 (魚)

去 平音 높음

諸君(제군) 그대들

諸 平音 낮음 (魚)

君 平音 낮음 (文)

調味(조미) 맛을 고르다

調 平音 높음

味 平音 높음

早朝(조조) 이른 아침

早 平音 높음

朝 平音 낮음 (蕭)

嘲笑(조소) 조롱해 웃음

嘲 平音 낮음 (肴)

笑 平音 높음

潮湖(조호) 조수와 호수

潮 平音 낮음 (蕭)

湖 平音 낮음 (虞)

助力 (조력) 힘을 도움

助 平音 높음

力 仄音 높음

彫碑 (조비) 비석에 조각을함

彫 平音 낮음 (蕭)

碑 平音 낮음 (支)

祖妣 (조비) 돌아가신 할머니의 존칭

祖 平音 높음

妣 平音 높음

照紅 (조홍) 붉게 비추다

照 平音 높음

紅 平音 낮음 (東)

造器 (조기) 그릇을 만듬

造 平音 높음

器 平音 높음

釣魚 (조어) 고기를 낚음

釣 平音 높음

魚 平音 낮음 (魚)

爪牙 (조아) 손톱과 어금니

爪 平音 높음

牙 平音 낮음 (麻)

弔喪 (조상) 사람의 죽음에 대하여 위로함

弔 平音 높음

喪 平音 낮음 (陽)

宗

宗從(종종) 종족을 따름

宗 平音 낮음 (冬)

從 平音 낮음 (冬)

種

種苗(종묘) 식물의싹을심어기름

種 平音 높음

苗 平音 낮음 (蕭)

終

終了(종료) 끝을 마침

終 平音 낮음 (東)

了 平音 높음

罪

罪囚(죄수) 죄를저지르고 옥에갇힌사람

罪 平音 높음

囚 平音 낮음 (尤)

左

左右(좌우) 왼쪽 오른쪽

左 平音 높음

右 平音 높음

坐

坐看(좌간) 앉아서 봄

坐 平音 높음

看 平音 낮음 (寒)

州

州洲(주주) 고을과 물가

州 平音 낮음 (尤)

洲 平音 낮음 (尤)

駐

駐車(주차) 차가 머물러 있음

駐 平音 높음

車 平音 낮음 (魚) 낮음 (麻)

柱

柱棟(주동) 기둥

柱 平音 높음

棟 平音 높음

主

主住(주주) 주인이 머무름

主 平音 높음

住 平音 높음

注

注意(주의) 마음을 여겨씀

注 平音 높음

意 平音 높음

週

週間(주간) 한 주일 동안

週 平音 낮음 (尤)

間 平音 낮음 (刪)

周

周遊(두루 돌아 다님

周 平音 낮음 (尤)

遊 平音 낮음 (尤)

輯

輯編(집편) 모아 엮음

輯 平音 높음

編 平音 낮음 (先)

證

證券(증권) 증거가 되는 문권

證 平音 높음

券 平音 높음

至

至門(지문) 문에 당도함

至 平音 높음

門 平音 낮음 (元)

智慧(지혜) 슬기

智 平音 높음

慧 平音 높음

知止(지지) 중지할줄 안다

知 平音 낮음 (支)

止 平音 높음

志心(지심) 뜻과 마음

志 平音 높음

心 平音 낮음 (侵)

肢肩(지견) 사지와 어깨

肢 平音 낮음 (支)

肩 平音 낮음 (先)

祗神(지신) 귀신을 공경함

祗 平音 낮음 (支)

神 平音 낮음 (眞)

遲回(지회) 되돌아 옴이 더디다

遲 平音 낮음 (支)

回 平音 낮음 (灰)

芝蘭(지란) 지초와 난초

芝 平音 낮음 (支)

蘭 平音 낮음 (寒)

眞珍(진진) 참다운 보배

眞 平音 낮음 (眞)

珍 平音 낮음 (眞)

振興 (진흥) 정신을 가다듬어 일으킴

振 平音 높음

興 平音 높음

陣兵 (진병) 진을 치고 있는 군사

陣 平音 높음

兵 平音 낮음 (庚)

津船 (진선) 나루의 배

津 平音 낮음 (眞)

船 平音 낮음 (先)

震動 (진동) 몹시 흔들려 움지김

震 平音 높음

動 平音 높음

盡忠 (진충) 충성을 다함

盡 平音 높음

忠 平音 낮음 (東)

塵掃 (진소) 티끌을 쓸어 냄

塵 平音 낮음 (眞)

掃 平音 높음

徵收 (징수) 모아 거두어 들임

徵 平音 낮음 (蒸)

收 平音 낮음 (尤)

澄淡 (징담) 맑고 맑음

澄 平音 낮음 (蒸)

淡 平音 낮음 (咸)

且差 (차차) 또 어긋남
且 平音 낮음 (支)
差 平音 낮음 (支)
贊纂 (찬찬) 도와서 모음
贊 平音 높음
纂 平音 높음
燦爛 (찬란) 빛나고 빛남
燦 平音 높음
爛 平音 높음
譖參 (참참) 참소하는데에 참여함
譖 平音 높음
參 平音 낮음 (咸)

慘狀 (참상) 슬픈 형상
慘 平音 높음
狀 平音 높음
慙形 (참형) 부끄러운 형상
慙 平音 낮음 (覃)
形 平音 낮음 (青)
昌彰 (창창) 빛나고 빛나다
昌 平音 낮음 (陽)
彰 平音 낮음 (陽)
倡唱 (창창) 창녀가 노래를 부름
倡 平音 낮음 (陽)
唱 平音 높음

娼妓(창기) 노래 부르는 기생
娼 平音 낮음 (陽)
妓 平音 높음

倉庫(창고) 곳집
倉 平音 낮음 (陽)
庫 平音 높음

蒼波(창파) 푸른 물결
蒼 平音 낮음 (陽)
波 平音 낮음 (歌)

窓紙(창지) 창에 바르는 종이
窓 平音 낮음 (江)
紙 平音 높음

彩布(채포) 색채가 있는 베
彩 平音 높음
布 平音 높음

菜薑(채강) 나물과 생강
菜 平音 높음
薑 平音 낮음 (陽)

債金(채금) 빚 빌려 쓴 돈
債 平音 높음
金 平音 낮음 (侵)

妻奴(처노) 처와 종
妻 平音 낮음 (齊)
奴 平音 낮음 (虞)

悽慘(처참) 슬프고 참혹함

悽 平音 낮음 (齊)

慘 平音 높음

凄冷(처냉) 차고 써늘하다

凄 平音 낮음 (齊)

冷 平音 높음

踐淺(천천) 얕은곳을 밟음

踐 平音 높음

淺 平音 높음

薦擧(천거) 사람을소개하여 쓰게함

薦 平音 높음

擧 平音 높음

尖針(첨침) 뾰족한 바늘

尖 平音 낮음 (咸)

針 平音 낮음 (侵)

添線(첨선) 첨부한선

添 平音 낮음 (塩)

線 平音 높음

請問(청문) 청하여 물음

請 平音 높음

問 平音 높음

聽蟬(청선) 매미소리를 들음

聽 平音 낮음 (青)

蟬 平音 낮음 (先)

廳舍(청사) 관청의 집
廳 平音 높음
舍 平音 높음

滯旅(체여) 여관에 머무르다
滯 平音 높음
旅 平音 높음

蕉梢(초소) 파초의 가지
蕉 平音 높음 (蕭)
梢 平音 낮음 (肴)

超迢(초초) 멀리 뛰어남
超 平音 낮음 (蕭)
迢 平音 낮음 (蕭)

初旬(초순) 초열흘
初 平音 낮음 (魚)
旬 平音 낮음 (眞)

最宜(최의) 가장 마땅함
最 平音 높음
宜 平音 낮음 (支)

炊烟(취연) 밥짓는 연기
炊 平音 낮음 (支)
烟 平音 낮음 (先)

聚稿(취고) 글을 모으다
聚 平音 높음
稿 平音 높음

致辭(치사) 이름 말

致 平音 높음

辭 平音 낮음 (支)

稚雉(치치) 꿩 새끼

稚 平音 높음

雉 平音 높음

幟旗(치기) 깃대의 기

幟 平音 높음

旗 平音 낮음 (支)

侈奢(치사) 분수에 넘치는 걷치레

侈 平音 높음

奢 平音 낮음 (麻)

親善(친선) 서로 친하여 사이가 좋음

親 平音 낮음 (眞)

善 平音 높음

侵晨(침신) 새벽에 침입함

侵 平音 낮음 (侵)

晨 平音 낮음 (眞)

浸沒(침몰) 물속에 가라 앉음

浸 平音 높음

沒 即音 높음

枕具(침구) 잠자리 기구

枕 平音 높음

具 平音 높음

朶蘂 (타예) 꽃송이와 꽃뿌리

朶 平音 높음

蘂 平音 높음

惰眠 (타면) 게으르게 졸고 있다

惰 平音 높음

眠 平音 낮음 (先)

彈琴 (탄금) 거문고 연주 함

彈 平音 낮음 (寒)

琴 平音 낮음 (侵)

炭鑛 (탄광) 석탄을 파내는 광산

炭 平音 높음

鑛 平音 높음

呑嘆 (탄탄) 삼키며 탄식하다

呑 平音 낮음 (寒)

嘆 平音 낮음 (寒、높)

灘沙 (탄사) 여울의 모래

灘 平音 낮음 (寒)

沙 平音 낮음 (麻)

坦誕 (탄탄) 평탄한 화경에서 태어남

坦 平音 낮음 (寒)

誕 平音 높음

貪探 (탐탐) 탐내어 정탐하다

貪 平音 낮음 (覃)

探 平音 높음

苔巖(태암) 이끼 낀 바위
苔 平音 낮음 (佳)
巖 平音 낮음 (咸)

台星(태성) 삼태별
台 平音 낮음 (佳)
星 平音 낮음 (青)

怠殆(태태) 게을러 위태함
怠 平音 높음
殆 平音 높음

笞刑(태형) 매를 때려 형벌함
笞 平音 낮음 (支)
刑 平音 낮음 (青)

泰平(태평) 근심거정없이 평안함
泰 平音 높음
平 平音 낮음 (庚)

態形(태형) 모양
態 平音 높음
形 平音 낮음 (青)

太初(태초) 맨 처음
太 平音 높음
初 平音 낮음 (魚)

撑石(탱석) 고임 돌
撑 平音 높음
石 即音 높음

兎鳶(토연) 토끼와 소리개

兎 平音 높음

鳶 平音 높음

堆頹(퇴퇴) 퇴패한 것이 쌓임

堆 平音 낮음 (佳)

頹 平音 낮음 (灰)

妬投(투투) 질투하여 던짐

妬 平音 높음

投 平音 낮음 (虞)

統洞(통동) 동리를 통솔함

統 平音 높음

洞 平音 높음

把破(파파) 잡아 파하다

把 平音 높음

破 平音 높음

芭坡(파파) 파초 언덕

芭 平音 낮음 (麻)

坡 平音 낮음 (歌)

波濤(파도) 물결

波 平音 낮음 (歌)

濤 平音 낮음 (豪)

派遣(파견) 사람을 보냄

派 平音 높음

遣 平音 높음

怕

畏(파외) 무섭고 두렵다

怕 平音 높음

畏 平音 높음

坂

岸(판안) 언덕과 낭떠러지

坂 平音 높음

岸 平音 높음

販

賣(판매) 팔고 파다

販 平音 높음

賣 平音 높음

板

軒(판헌) 판자로 된 집

板 平音 높음

軒 平音 낮음 (元)

敗

亡(패망) 패하여 망한

敗 平音 높음

亡 平音 낮음 (陽)

敗

北(패배) 경쟁이나 싸움에서 짐

背 平音 높음

北 平音 높음

烹

煮(팽자) 삶고 다림

烹 平音 낮음(庚)

煮 平音 높음

便

乘(편승) 곁들여 탐

便 平音 높음

乘 平音 낮음 (蒸)

片

片紙 (편지) 멀리 떨어진 사람에게 자기의 의사, 안부를 전하는 글

片 平音 높음

紙 平音 높음

偏

偏見 (편견) 한쪽에 치우쳐봄

偏 平音 낮음 (先)

見 平音 높음

篇

篇編 (편편) 책을 엮음

篇 平音 낮음 (支)

編 平音 높음

遍

遍野 (편야) 들을 둘렀다

遍 平音 높음

野 平音 높음

平

平和 (평화) 다툼이 없고 조화된 것

平 平音 낮음 (庚)

和 平音 낮음 (歌)

坪

坪沼 (평소) 작은 연못

坪 平音 낮음 (庚)

沼 平音 높음

苹

苹萍 (평평) 대쑥과 말풀

苹 平音 낮음 (庚)

萍 平音 낮음 (青)

評

評價 (평가) 가치를 평하다

評 平音 낮음 (庚)

價 平音 높음

廢閉(폐폐) 폐하여 닫음

廢 平音 높음

閉 平音 높음

吠尨(폐방) 짓는 삽살개

吠 平音 높음

尨 平音 낮음 (江)

葡圃(포포) 포도밭

葡 平音 낮음 (豪)

圃 平音 높음

怖恐(포공) 두렵고 무섭다

怖 平音 높음

恐 平音 높음

布包(포포) 베로 싸다

布 平音 높음

包 平音 높음

浦泡(포포) 갯가의 거품

浦 平音 높음

泡 平音 높음

抱砲(포포) 총을 안음

抱 平音 높음

砲 平音 높음

捕盜(포도) 도적을 붙잡음

捕 平音 높음

盜 平音 높음

蒲莞(포완) 부들과 왕골

蒲 平音 낮음 (豪)

莞 平音 높음

表示(표시) 나타내어 보임

表 平音 높음

示 平音 높음

漂泛(표범) 물에 떠서 표류함

漂 平音 높음

泛 平音 높음

瓢瓜(표과) 표주박

瓢 平音 낮음 (蕭)

瓜 平音 낮음 (麻)

豹狗(표구) 표범과 개

豹 平音 높음

狗 平音 높음

楓桑(풍상) 신나무와 뽕나무

楓 平音 낮음 (東)

桑 平音 낮음 (陽)

避身(피신) 몸을 피함

避 平音 높음

身 平音 낮음 (眞)

皮肉(피육) 가죽과 살

皮 平音 낮음 (支)

肉 即音 높음

被褐(피화) 화를 입음

被 平音 낮음 (支)

褐 平音 높음

荷鋤(하서)

荷 平音 낮음 (歌)

鋤 平音 낮음 (魚)

限恨(한한) 한정있는 한

限 平音 높음

恨 平音 높음

漢韓(한한) 한나라와 한나라

漢 平音 높음

韓 平音 낮음(寒)

含情(함정) 정을 머금고

含 平音 낮음 (咸)

情 平音 낮음 (庚)

喊聲(함성) 외치는 소리

喊 平音 높음

聲 平音 낮음 (庚)

緘口(함구) 입을 다무름

緘 平音 낮음 (咸)

口 平音 높음

陷穽(함정) 짐승을 잡기 위하여 파 놓은 구덩이

陷 平音 높음

穽 平音 높음

醎鹽(함염) 짠 소금

醎 平音 낮음 (咸)

鹽 平音 낮음 (鹽)

巷港(항항) 항구의 거리

巷 平音 높음

港 平音 높음

偕解(해해)

偕 平音 낮음 (齊)

解 平音 높음

咳嗽(해수) 기침

咳 平音 높음

嗽 平音 높음

杏香(행향) 살구의 향기

杏 平音 높음

香 平音 낮음 (陽),

虛向(허향) 빈곳을 향하여

虛 平音 낮음 (魚)

向 平音 높음

號呼(호호) 호를 부름

號 平音 높음

呼 平音 낮음 (虞)

祜户(호호) 복있는 집

祜 平音 낮음 (虞)

户 平音 높음

好豪 (호호) 좋고 호걸스럽다

好 平音 높음

豪 平音 낮음 (豪)

弧矢 (호시) 활과 살

弧 平音 낮음 (虞)

矢 平音 높음

號名 (호명) 이름을 부름

號 平音 낮음 (豪)

名 平音 낮음 (庚)

浩皓 (호호) 넓고 희다

浩 平音 높음

皓 平音 높음

互慰 (호위) 서로 위로함

互 平音 높음

慰 平音 높음

護婚 (호혼) 혼인을 두호한다

護 平音 높음

婚 平音 낮음 (元)

昏暮 (혼모) 어둡고 저물다

昏 平音 낮음 (元)

暮 平音 높음

弘濟 (홍제) 크게 건져 줌

弘 平音 낮음 (蒸)

濟 平音 높음

洪淮 (홍회)
洪 平音 낮음 (東)
淮 平音 낮음 佳
虹橋 (홍교) 무지개 다리
虹 平音 낮음 (東)
橋 平音 낮음 (蕭)
會晦 (회회) 그믐에 모임
會 平音 높음
晦 平音 높음
歡喚 (환환) 기쁘게 부름
歡 平音 낮음 (寒)
喚 平音 높음

還患 (환환) 근심이 돌아옴
還 平音 낮음 (刪)
患 平音 높음
環丸 (환환) 둥근 고리
環 平音 낮음 (刪)
丸 平音 낮음 (寒)
孝訓 (효훈) 효도함을 가르침
孝 平音 높음
訓 平音 높음
君勳 (훈훈) 드높은 공훈
君 平音 낮음 (文)
勳 平音 낮음 (陽)

效教 (효교) 본받아 가르침

效 平音 높음

教 平音 높음 (하여금교, 로 읽으면 (肴) 낮음)

梟鳥 (효오) 올빼미와 까마귀

梟 平音 낮음 (蕭)

烏 平音 낮음 (虞)

逅候 (후후) 우연한 기후

逅 平音 높음

候 平音 높음

徽輝 (휘휘) 아름답고 빛난다

徽 平音 낮음 (微)

輝 平音 낮음 (微)

痕浪 (흔랑) 흔적나는 물결

痕 平音 낮음 (元)

浪 平音 낮음 (陽)

希禧 (희희) 복을 바란다

希 平音 낮음 (微)

禧 平音 낮음 (支)

喜姬 (희희) 기뻐하는 계집

喜 平音 높음

姬 平音 낮음 (支)

戱弄 (희롱) 실없이 놀리는 것

戱 平音 낮음 (支)

弄 平音 높음

噫稀(희희) 아주 드물다

噫 平音 높음

稀 平音 낮음 (微)

漢詩 문헌

漢詩에 관한 책 중 이름 있는 것은 다음과 같다. 이것을 歷代 唐 宋·金、元、明、清의 순으로 책을 소개한다

三體唐詩	六卷〈三體詩라고도 함〉	宋、周弼 撰
唐詩鼓吹	十卷〈七言律詩만 엮음〉	金、元好問 撰
聯珠詩格	二十卷	元、于濟 撰
唐詩品彙	九十卷 拾遺 十卷	明 高棅 撰
唐詩正聲	二十三卷	明、高棅 撰
唐詩鏡	五十四卷	明、陸時雍 撰
唐詩選	七卷	明、李攀龍 撰
唐詩紀	一百十卷	明、方一元 撰

唐詩所　四十七卷　明、臧懋循 撰
唐詩解　五十卷　明、唐汝詢 撰
全唐詩錄　百卷　〈全唐詩鈔本〉　清、徐倬 撰
唐賢三昧集　三卷　〈盛唐作品〉　清　王士禛 撰
唐詩別裁集　清、沈德潛 撰
唐詩三百首　六卷　清　蘅塘退士 撰、

등은 選集의 逸品들로서 우리 나라에서는 三體唐詩 聯珠詩格 唐詩選 등이 많이 읽혀졌다。 三體唐詩는 五言律 七言律 七言絕句의 三體 뿐인데

卷一은 七言絕句體를 實接 虛接 用事 前對 後對 拗體 側體 등의 七體

卷二는 七言律體를 四實 四虛 前虛 後虛 前實後虛 結句 詠物 등

의 六體로

卷三은 五言律體를 四實 四虛 前虛後實 前實後虛 一意 起句 結句 詠物 등의 八體로 나누었다。

三體唐詩는 詩의 體製를 연구하는데는 良書라 하겠다

聯珠詩格은 唐 宋人의 七言絕句만을 수록한 것인데 卷一의 四句全對格에서 卷二十 用後身字格에 이르기까지 三百二十餘格으로 分類한 것이다。 그러나 七絕만을 취급했기 때문에 唐詩의 全體모습을 알기 힘든 흠이 있다。

唐詩選은 五言古詩 五言律詩 五言排律 七言律詩 五言絕句 七言絕句등 古今體를 망라했을 뿐만아니라 初、盛、中、晩唐에 이르는 全唐의 작품이라할 만큼 뛰어난 작가 一百 二十八人의 이름이 기라성처럼 빛나고 있는 것을 보아 唐詩選은 漢詩의 白眉라 할 수 있겠다。 本書 漢詩作法에 소개된 作品들은 唐詩選에서 뽑은 것인바 이것은 漢詩 연구에 더할 수 없는 作品들이기 때문에 唐詩選을 선택한 것이다。

漢詩 簾法

漢詩를 지으려면 韻에 의한 平仄에 해당한 글자를 골라 쓸 줄 알아야 한다 염법은 詩의 형태에 따라 다른데 이것은 漢詩作法의 난에서 설명하였다

그러나 平 上 去 入의 各聲의 韻을 먼저 알아야 하는데 平聲韻 三十韻에 대해서는 이미 말했으나 上 去 入聲韻은 말하지 않았다 上聲 二十九韻 去聲 三十韻 入聲 十七韻 계 七十六韻이 仄韻에 해당되니 이 七十六韻이 平韻 三十韻과 계통적 관련을 가졌기 때문에 平韻 三十韻만 알아 대충 추측해서 詩의 押韻을 알게 된다 미심할 때에는 이 책 뒷편에 발췌해 실린 奎章全韻部目에 소속된 글자를 찾든지 옥편 자전 한한사전 등을 찾아보면 자

연 알게 된다。

아래에 平、上、去 入聲에 소속된 韻을 싣고 또한 各韻이 통용하는 通韻을 ( ) 안에 묶어서 표시하여 독자의 연구에 맡긴다。

平聲	上聲	去聲	入聲
東(冬·江)	董(腫·講)	送(宋·絳)	屋(沃 覺)
冬(東·江)	腫(董·講)	宋(送·絳)	沃(屋 覺)
江(東·冬)	講(董·腫)	絳(送·宋)	覺(屋 沃)
支(微·齊·佳·灰)	紙(尾·薺·蟹·賄)	寘(未·霽·泰·卦·隊)	
微(支·齊·佳·灰)	尾(紙·薺·蟹·賄)	未(寘·霽·泰·卦·隊)	
魚(虞)	語(麌)	御(遇)	
虞(魚)	麌(語)	遇(御)	

齊（支、微、佳、灰）
佳（支、微、齊、灰）
灰（支、微、齊、佳）

眞（文、元、寒、删、先）
文（眞、元、寒、删、先）
元（眞、文、寒、删、先）
寒（眞、文、元、删、先）
删（眞、文、元、寒、先）
先（眞、文、元、寒、删）
蕭（肴、豪）
肴（蕭、豪）

薺（紙、尾、蟹、賄）
蟹（紙、尾、薺、賄）
賄（紙、尾、薺、蟹）

軫（吻、阮、旱、潸、銑）
吻（軫、阮、旱、潸、銑）
阮（軫、吻、旱、潸、銑）
旱（軫、吻、阮、潸、銑）
潸（軫、吻、阮、旱、銑）
銑（軫、吻、阮、旱、潸）
篠（巧、晧）
巧（篠、晧）

霽（寘、未、泰、卦、隊）
泰（寘、未、霽、卦、隊）
卦（寘、未、霽、泰、隊）
隊（寘、未、霽、泰、卦）
震（問、願、翰、諫、霰）
問（震、願、翰、諫、霰）
願（震、問、翰、諫、霰）
翰（震、問、願、諫、霰）
諫（震、問、願、翰、霰）
霰（震、問、願、翰、諫）
嘯（効、号）
効（嘯、号）

質（物、月、曷、黠、屑）
物（質、月、曷、黠、屑）
月（質、物、曷、黠、屑）
曷（質、物、月、黠、屑）
黠（質、物、月、曷、屑）
屑（質、物、月、曷、黠）

鹽 (侵覃咸)	覃 (侵鹽咸)	侵 (覃鹽咸)	尤 (없음)	蒸 (庚青)	青 (庚蒸)	庚 (青蒸)	陽 (없음)	麻 (歌)	歌 (麻)	豪 (蕭豪)
琰 (寢感豏)	感 (寢琰豏)	寢 (感琰豏)	有 (없음)		迥 (梗)	梗 (迥)	養 (없음)	馬 (哿)	哿 (馬)	皓 (篠巧)
豔 (沁勘陷)	勘 (沁豔陷)	沁 (勘豔陷)	宥 (없음)		徑 (敬)	敬 (徑)	漾 (없음)	禡 (箇)	箇 (禡)	号 (嘯効)
葉 (緝合洽)	合 (緝葉洽)	緝 (合葉洽)		職 (陌錫)	錫 (陌職)	陌 (錫職)	藥 (없음)			

咸 (侵覃鹽)
豏 (侵, 感, 琰)
陷 (沁, 勘, 豔)
洽 (緝, 合, 葉)

四聲의 韻은 이상과 같은데 규장전운에는 총 一萬 三千 三百 四十五字가 위의 각 韻에 배속되었다

이렇게 소속된 글자를 하나하나 무슨 운에 소속된 글자인가를 찾아서 공부하면 서툰 공부라 하겠다 詩를 짓기를 원한다면

첫째 詩를 많이 읽는다

둘째 詩에 표한 염표에 눈을 익힌다

세째 詩 百首 정도 암송한다

다음에 소개하는 詩는 漢詩이지라 중국 唐詩를 앞에 두었다

우리나라 詩는 歷代朝 연대순에 따라 싣기로 하다

참고로 말해 두고 싶은 것은 詩는 行文과 달라서 押韻을 필요

로 하기 때문에 문자의 용법이 자주자재라는 것이다. 예로 든다면 王勃의 「滕王閣」에 나오는 글귀 「佩玉鳴鑾罷歌舞」의 경우 「罷」는 佩玉鳴鑾歌舞가 모두 罷해졌다는 뜻인데 佩玉鳴鑾歌舞罷하게 되면 押韻이 맞지 않게 된다 「舞」字는 上聲麌韻이고 「罷」는 去聲禡韻〈동사로 쓰일 때〉 또는 平聲 麻韻 〈형용사ㅡ 느르하다, 고달프다〉로 쓰일 때가 있다. 여기서는 파한다, 끝마쳤다,는 뜻으로 쓰인 동사이므로 原則으로는 「歌舞罷」로 돼야 하는데 押韻上 글자를 뒤바꾸어 罷歌舞라 하였다 이처럼 詩에는 문자용법이 자유롭기 때문에 뜻을 잘못 잡기 쉽다. 주의할 점이다.

唐詩 五言古詩篇

送別

王維

下馬飮君酒 말에서 내려 술을 권하노라
問君何所之 어찌타 그대는 가야 하는가
君言不得意 세상사 여의치 않아
歸臥南山陲 종남산 기슭에서 은거생활 하겠노라
但去莫復向 다만 떠나 버리게 물을 것 없네
白雲無盡時 흰 구름은 그치는 적이 없으니……

△平聲 支韻

왕유는 太原人、 아홉살 때 벌써 詩文을 하였다 六代 玄宗이 蒙塵하였을 때 왕유는 安祿山에게 잡혀 給事中이란 벼슬을 받았으나 약을 먹고 거짓으로 벙어리인 체 하였다 난이 평정되어 하옥 되었으나 왕유의 재간을 아끼는 선비들의 탄원으로 肅宗은 사죄해 주었다 尙書右丞에 까지 올랐다

幽居

韋應物

貴賤雖異等
出門皆有營
獨無外物牽
遂此幽居情
微雨夜來過
不知春艸生
青山忽已曙

귀천은 등급이 같지 않으나
각기 경영하는 것 있네
그러나 나는 명리에 끌리지 않고
유폐 생활을 달래며 살아가네
가랑비는 밤 사이에 지나갔구나
나는 봄이 옴을 알지 못하네
적은듯 청산에 날이 밝으면

鳥。雀.繞.舍.鳴.　커꾸석 가에서 새들은 지저귀네

時。與。道.人。偶.　때로는 산책 길에서 도사를 만나고

或.隨。樵。者.行△　혹은 초동을 따라 가기도 하네

自.當。安。蹇.劣.　스스로 둔재임을 깨달아 즐길 것이지

誰。謂.薄.世.榮△　뉘라서 세상 영화의 경박을 말하는가

△ 平聲 庚韻

註 ① 幽居 — 유폐 생활　② 外物 — 세상의 명예와 이익

③ 遂 — 완수한다의 뜻　④ 蹇劣 — 蹇은 절뚝발이 열등하고 둔하다는 뜻

위응물은 長安京兆人 大曆十四年 벼슬자리에 올라 御史大夫까지 지냈으며 九十여세나 살았다。 청렴결백하고 고결한 성품을 지녔다

詩風은 陶淵明의 閑澹簡遠한 맛이 있다

感遇

孤鴻海上來
池潢不敢顧
側見雙翠鳥
巢在三珠樹
矯矯珍木顚
得無金丸懼
美服患人指
高明逼神惡
今我遊冥冥
弋者何所慕

張九齡

한마리 큰 기러기 바다 위를 날아 온다
어찌 연못 따위를 돌볼 것인가
곁에 두 마리 푸른 빛 취조를 보네
보금자리는 삼주수에 있구나
높으나 높은 진귀한 나무 끝에 있으니
총알 받아 두려움이 없다 하겠는가
아름다운 옷은 뭇사람의 지탄을 사거니
고대광실은 귀신의 미워함도 심하리
이제, 나는 높고도 먼 하늘에 노나니
활 가진 사냥군이 무서울 것 있겠는가

△ 去聲 遇韻

註 ① 鴻―(기러기홍) 기러기의 큰것 여기서는 장구령 자신을 가리킴

② 池潢―潢(은하수황· 물모인 늪황) 늪

③ 雙翠鳥― 李林、甫牛 두 사람을 가리킴

④ 三珠樹― 진귀한 나무、卓氏藻林에 「生少室山一年三花」라 하였다 여기서는 三公의 位에 있는 李林、甫牛 二人을 비유함

⑤ 金丸―황금의 탄환

⑥ 惡―(미워할도、어찌오、악할악、) 여기서는 미워할도

⑦ 高明句―高明之室、으리으리한 좋은 집、

⑧ 弋者―화살에 새끼를 매어 쏘는 사람、사냥군

장구령은 韶州 曲江人、字는 子壽 七歲에 글을 잘 지었는데 남들이 그를 文場元帥라 하였다 玄宗 때 中書侍郎이 되어 朝政에

참여하였다。

이 詩는 「鴻」과 「翠鳥」를 비교했고 장구령이 海南人이었으므로 「海上來」라 하였다 池潢은 官位를 비유하고 「珍木巓」은 나무끝이 누구나 볼 수 있는 자리이니 「金丸懼」 총알받이가 두렵다는 뜻 자기는 유유자적함을 표현하였다 詩의 大義(賦、比、興、風、雅頌)로 보면 比體다。

宋中

高適

梁王昔全盛
賓客復多才
悠悠一千年
陳迹惟高臺
寂寞向秋艸
悲風千里來

양나라 효왕 전성시절에는
빈객과 재사들 모여 들었다
유유히 세월은 흘러 일천년
이제는 옛 자취 높은 고대뿐
쓸쓸히 가을풀 앞에 서면
비풍이 천리밖에서 불어온다

△ 平聲 灰韻

註
① 一千年－梁王에서 唐에 이르는 동안
② 陳迹－陳은 舊와 같음. 옛자취
③ 高臺－梁 孝王이 증축한 臺 一名 平臺

고적은 滄州人 字는 達夫 代宗때 刑部侍郎 나중에 禮部尙書 五十歲에 詩를 배움 詩品은 氣骨이 있고 精巧함。

唐詩 七言古詩篇

城傍曲

王昌齡

秋。風。鳴。桑。條。

草.白.狐。兔.驕△

邯。鄲。飮。來。酒.未.消△

城。北.原。平。掣.皁.鵰△

射.殺.空。營。兩.騰。虎.

迴。身。卻.月.佩.弓。弰△

가을 바람 뽕나무 가지를 울리고

시들은 풀 사이로 토끼 한 마리 뛴다

한단에서 마신 술 아직도 깨기 전에

성북 평원에 검은 보라매를 날린다

살기 등등한 호랑이 두 마리 쏴 죽였네

몸을 돌이켜 활을 비껴 차고 돌아오네

△ 平聲 蕭韻

註 ① 邯鄲 ― 지명 戰國시대의 趙의 수도

② 皁鵰 ― 皁(검은빛 조) 鵰(보라매 조) ③ 空營 ― 텅빈 옛 병영

④ 郤月 ― 郤(선극·빌극) 달이 서산에 져서 半形을 나타낸 상태의 달, 활을 형용한 것

이 詩는 五言과 七言이 혼용된 古詩다.

滕王閣

王勃

滕王高閣臨江渚
佩玉鳴鸞罷歌舞
畫棟朝飛南浦雲
珠簾暮捲西山雨
閒雲潭影日悠悠
物換星移幾度秋

등왕각 높은 누각은 강가에 섰는데
패물찬 귀인들의 가무는 끊기었네
아침이면 단청한 들보에 구름이 날고
저녁이면 주렴 드리운 안쪽 비는 몰아치다
뜬 구름 푸르른 여못 옛과 다름 없는데
세상은 바뀌고 세월은 흘러

閣.中。帝子.今。何。在. 누각의 주인 등왕은 지금 어디 있는가

檻。外.長。江。空。自.流。 난간 밖의 긴 강은 그저 흘러만 가네

△ 第一解 〈滕王以下四句〉 上聲 麌韻

△ 第二解 〈閒雲以下四句〉 平聲 尤韻

註 ① 滕王閣 ― 唐 高祖의 末子인 元嬰이 洪州 刺史로 있을 때 지었다. 후에 이 지방의 滕王으로 封해졌음

② 佩玉 ― (패옥) 옥을 거는 것 ③ 罷歌舞 ― 歌舞罷의 뜻

④ 鸞 ― (난새 난 수레방울소리 난) 귀인들의 수레에 난새형의 방울을 달았다

⑤ 帝子 ― 등왕을 말함

왕발은 高宗 때 사람 字는 子安

왕발은 天才라는 말을 들었음

詩風은 장중하면서도 細巧가 있다

烏夜啼

李白

黃雲城邊烏欲棲
歸飛啞啞枝上啼
機中織錦秦川女
碧沙如烟隔牕語
停梭悵然憶遠人
獨宿空房淚如雨

황혼이 어린 성가에 까마귀 찾아들어
까옥까옥 나뭇가지 위로 넘나든다
베짜는 진천 여인
비단은 연기같고 창너머 애타는 소리
북잡은 손 멈칫 구슬픈 임생각이라
독숙공방에 눈물은 비와 같도다

△ 第一解〈黃雲以下二句〉平聲 齊韻
第二解〈機中以下四句〉平聲 語韻

註 ① 秦川女 ― 晋나라 秦川의 竇滔의 妻 蘇氏는 남편이 소실과 살면서
돌아오지 않으므로 廻文의 詩를 지어 보냈더니 詩의 妙技에

느낀바 있어 집으로 돌아왔다는 故事

② 遠 人 — 멀리 싸움터에 나간 낭군

이백의 字는 太白、 호는 青蓮居士、 蜀의 綿州人、 六代 玄宗의 사랑을 받음、 장경성(태백성)을 꿈꾼 후 태백을 잉태하였다하여 생후 이름을 태백이라 하였다、 李絕 杜律이란 말이 있드시 李白은 絕句 杜甫는 律詩에 더욱 장했다

그의 詩風은 天才縱逸하다、 또한 술을 좋아 하였다 杜甫의 飮中八仙歌에 「天子呼來不上船 自稱臣是酒中仙」 라는 말이 있듯이 酒中仙이었다、 이 詩는 古樂府의 題로 清商曲에 속하는 것이다

飮中八仙歌

杜 甫

知章騎馬似乘船

지장은 말을 탔으나 배탄 듯 흔들리고

眼花落井水底眠
汝陽三斗始朝天
道逢麴車口流涎
恨不移封向酒泉
左相日興費萬錢
飲如長鯨吸百川
銜杯樂聖稱避賢
宗之蕭灑美少年
舉觴白眼望青天
皎如玉樹臨風前
蘇晉長齋繡佛前
醉中往往愛逃禪

게금츠레한 눈 우물 속에 빠져서도 자리라
여양왕은 술 서말 마시고 조례에 들어가고
길에서 누룩 수레 만나면 침이 질질 돈다
주천왕에 봉하지 못함을 한하노라
좌승상이적지의 하루 유흥비 만량이라
고래가 온 강물 마시듯 마시니
잔 잡고 성인의 도 인양 즐기는 도다
최종지는 새틋한 미소년
잔 들어 예쁜눈 푸른 하늘 바라보니
옥같은 모습 바람 앞에 선 듯 날렵하다
소진은 부처님 앞에 치성을 하여
취하면 좌선하다 평게하고 곧잘 도망친다

李白一斗詩百篇
長安市上酒家眠
天子呼來不上船
自稱臣是酒中仙
張旭三杯艸聖傳
脫帽露頂王公前
揮毫落紙如雲烟
焦遂五斗方卓然
高談雄辯驚四筵

이백은 술 한 말에 시 백편이라
장안 거리 술집에서 잠도 자고
임금님 부르심에 배에 오르지도 않고
자칭 주중선이라 하다
장욱은 석잔 술에 초서 명필이라
왕족 앞에서도 민머리 바람
일단 붓을 잡으면 휘호를 하네
초수는 닷말 술이라야 도도해져
활개치는 언변 좌석을 놀라게 하네

△ 平聲 先韻

△ 第一解 〈知章以下二句〉 知章에 관한일

第二解 〈汝陽以下三句〉 汝陽王에 관한일

第三解〈左相以下三句〉李適之에 관한일

第四解〈宗之以下三句〉崔宗之에 관한일

第五解〈蘇晉以下二句〉蘇晉에 관한일

第六解〈李白以下四句〉李白에 관한일

第七解〈張旭以下三句〉張旭에 관한일

第八解〈焦遂以下二句〉焦遂에 관한일

두보는 玄宗 때 襄陽人 字는 子美 호는 少陵、進士 시험에
낙제 天寶 十年 三大禮賦를 올려 京兆府 兵曹參軍이 됨 五十九歲
에 죽음 晩唐 때 杜牧을 小牧이라 하고 杜甫를 老甫라 한다

詩風은 氣象渾厚하다

唐詩 五言律詩篇

破山寺後禪院

常建

清晨入古寺
初日照高林
曲經通幽處
禪房花木深
山光悅鳥性
潭影空人心
萬籟此俱寂
惟聞鍾磬音

△ 平聲 侵韻

맑은새벽 옛절로 들어가다
아침해는 숲을 비추다
산모롱 오솔길을 지난 곳
절간은 꽃이며 나무가 무성하구나
산색이 아름다워 새들은 지저귀고
연못 맑은물 이마음 씻어 주네
삼라만상 그저 조용하고
다만 들리느니 종소리 돌경 소리

註 ① 破山寺ㅣ蘇州府常熟縣虞山의 興福寺의 別名 禪院은 興福寺 別院
② 萬籟ㅣ만물의 음향 ③ 鍾磬ㅣ악기명 磬은 돌로 마른 악기
상건은 開元十五年에 進士가 되다 詩品은 超凡하다 景과 情이 잘 어울렸다 이 詩는 三四句 對가 되지 못하고 그대로가 一體가 되었다 古詩와 律詩와의 중간형식의 작품이다

幸蜀西至劍門

玄宗皇帝

劍閣橫雲峻
鑾輿出狩回
翠屛千仞合
丹嶂五丁開
灌木縈旗轉

검각산은 준엄한 산 구름 속에 빗겼고
난여로 사냥나가 돌고 돌아 산을 오르네
푸른 병풍같은 천길산은 마주 합쳐져
붉은 봉우리 장정들로 길을 트게 하도다
깃발은 수목을 감돌아 돌고

仙。雲。拂.馬.來△ 산구름은 말머리를 거슬려 지나간다
乘。時。方。在.德. 시운을 타 나라 다스림은 덕에 있나니
嗟。爾.勒.銘。才△ 검문에 새긴 글에 새삼 감탄 하노라

△ 平聲 灰韻

註 ① 鑾輿—(난여) 임금님이 타는 가마 ② 出狩—(출수) 사냥나감
③ 翠屛—(취병) 푸른 병풍 ④ 丹嶂—(단장) 붉은색 봉우리
⑤ 五丁—丁은 장정 다섯장정
⑥ 嗟爾—嗟(슬플차) 爾(너이, 어조사이) 어조사로 쓰였음 嗟는 감탄하다의 뜻
⑦ 勒銘才—晉의 張載가 劍閣을 지날때 이곳 蜀人이 험준한 지형을 믿고 亂을 자주 일으키는 것을 보고 銘을 지어 「興實在德 險亦難恃」라 한 것을 말함

玄宗은 唐 第六世의 皇帝, 諱는 隆基 睿宗의 次子 皇后韋

氏 中宗을 살해하는 변이 일자 이것을 토벌하여 이 공으로 平王이 되고 드디어 太子가 되어 마침내 임금이 되었다 盛唐을 만든 大帝 李 杜를 신임하고 楊貴妃를 총애하여 마침내 安祿山의 亂이 터짐 天寶十四年 安祿山은 京師를 함락하자 七月 蜀에 몽진함 元을 고치기 세번 先天 開元 天寶라 하였다 七十八歲에 죽음

詩는 임금의 풍모를 나타내는 일면과 文才 뛰어남이 엿보인다

和康五望月有懷

杜審言

明月高秋迥 달밝은 가을 하늘 아득도 하다

愁人獨夜看 수수로운 나그네 홀로 보노라

暫將弓竝曲 한동안 달은 활처럼 둥글어섰다가

翻。與。扇．俱。圓△
露．濯．清。輝。苦．
風。飄．素．影．寒△
羅。衣。一．此．鑒．
頓．便．別．離。難△

△平聲 寒韻

언뜻 부채처럼 둥글어 졌구나
이슬은 달빛에 씻겨 빛나기만 한데
쌀랑 바람이 부니 달그림자 차갑기만 하다
그도 그럴것이 적삼한벌 뿐이니
문득 부부이별 어려움을 알게한다

註 ① 康五－康은 성 五는 이름　② 獨夜－밤 혼자 쓸쓸히 있음
③ 苦 －뿐이다 냉철의 뜻　④ 羅衣－여름옷
⑤ 風飄－바람 쌀쌀한 것

두심언은 襄陽人 杜甫의 조부 字는 必簡 五言詩에 능했다
이 詩의 題意는 「강오가 달을 보며 감회가 있어함에 화답한다」는
뜻인데 康五가 고향의 처 생각을 하고 지은 시에 화답하는것

「苦」와 「寒」은 起句의 「高秋」를 나타내고 있다 재치 있는 詩다。

次北固山下

王灣

客路青山外
行舟綠水前
潮平兩岸闊
風正一帆懸
海日生殘夜
江春入舊年
鄉書何處達
歸雁洛陽邊

△ 平聲 先韻

나그네길 청산 밖
배를 달려 녹수 앞에 이르렀도다
밀물은 가득차 양쪽 언덕 넓어보이고
순풍에 돛단 배 한 척
바다의 해는 밤 끝에서 돋아나고
강의 봄은 지난 해에서 들어온다
고향편지 어디로 해서 보낸가
돌아가는 기러기 낙양가를 날고 있구나

註 ① 次北固山下 ㅣ 북고산 아래에 머문다 「次」머무다 ② 青山 ㅣ 북고산 ③ 綠水 ㅣ 여기서는 揚子江 ④ 潮平 ㅣ 조수 가득참 ⑤ 風正 ㅣ 바른 방향의 바람 위치、순풍 ⑥ 一帆懸 ㅣ 외로운 배

왕만은 洛陽人 玄宗 때 進士가 됨 開元初에 滎陽王의 主簿가 됨

이 詩의 시귀중 「海日生殘夜 江春入舊年」은 杜審言의 「雲霞出海曙 梅柳度江春」이란 句와 더불어 千古의 名句로 삼는 것이다

幽州夜飮

張說

涼風吹夜雨 싸늘한 바람 밤비를 몰아 불고

蕭瑟動寒林 소슬한 소리 나엽진 숲을 움직이네

正有高堂宴 덩긋한 높은 집에 연회를 배풀어

能●忘○遲○暮●心△ 노쇠해 가는 이 마음 달래다
軍○中○宜○劍●舞● 군인이니 의당 검무도 하리라
塞●上●重○笳○音△ 변방이니 날나리 소리도 거중 하구나
不●作●邊○城○將● 변방성 장군이 아니었던들
誰○知○恩○遇●深△ 뉘라서 임금님 은혜 깊음을 알리오

△ 平聲 侵韻

註 ① 涼風ㅣ가을 싸늘한 바람 ② 蕭瑟ㅣ 소슬 바람·비·등의 쓸쓸한소리
③ 寒林ㅣ 나엽이 져 차갑게 보이는숲 ④ 遲暮心ㅣ 노쇠해짐을 슬퍼하는마음

장열은 洛陽人 玄宗 中宗 睿宗朝에 사관 하였다 文官인 작가가 벼라간 유주지방 변방장이 되어 군무에 종사하면서 지은 詩이다

詩風은 敦厚 莊重하다

唐詩 五言排律篇

白帝城懷古

陳子昂

日落滄江晩
停橈問土風
城臨巴子國
臺没漢王宮
荒服仍周甸
深山尙禹功
巖懸青壁斷
地險碧流通
古木生雲際

해는 떨어지누나 창강의 저녁
노를 멈추고 이 지방 풍토를 묻노라
백제성은 파자국에 임하고 있는데
화려했던 한왕궁은 자취조차 없다
오랑캐인 황복이 사는 곳에 가까운 이 곳
산은 깊으나 개척한 공은 대우의 공이라
절벽은 가까운 깎아지른 듯하고
산길은 험하고 한줄기 강물이 흘러
고목은 아아라히 구름 사이에서 무성하고

歸。帆。生。務。中△ 돛을 단 배 안개 속에서 어렴풋이 나타나다

川。途。去。無。限。 강물은 흘러 아득히 뻗쳐 있는데

客。思。坐。何。窮△ 나그네 시름 또한 끝이 없구나

△ 平聲 東韻

註 ① 荒服—戎狄(융적) 戎은 서쪽 오랑캐 狄은 북쪽 오랑캐

② 周甸—주나라 때 오랑캐 甸服(전복)을 말함

③ 漢王宮—蜀漢의 선주 유비가 吳를 치다가 陸遜에게 패하고 돌아오는 길에 白帝城에 이르러 魚腹을 개수하고 「永安宮」이라 명명

진자앙은 梓州射洪人 부호집 자제로 十八歲까지 책을 읽지 않았다 후회하고 黃老易象을 탐독하여 마침내 文章家가 되었다 聖曆의 初 부친이 縣令인 段簡에 의해 욕을 입어 죽게 되자 자앙은 벼슬을 그만두고 집으로 돌아왔다 현령 은간은 탐욕의 小

人이라 자앙의 재산을 탐내서 뇌물 二十萬緡을 빼았고 나중엔 두옥하여 옥사하게 만들었다 四十三歲에 분사하다。

詩는 회고의 정과 나그네의 시름을 잘 나타냈다 진자공은 古詩를 진작하여 開元의 正派를 이룬 사람

送儲邕之武昌

李 白

黃鶴西樓月
長江萬里情
春風三十度
空憶武昌城
送爾難爲別
啣杯惜未傾

황학서루에 앉아 달을 읊노라
장강 만리의 아름다운 풍경이여
봄바람은 이미 三十도
헛되이 무창에서 놀던 것을 생각하노라
그대 보내며 이별하기 어려워
애석한 정 잔을 기울여 넘기지 못하네

湖。連。張。樂。地。
山。逐。泛。舟。行△
諾。謂。楚。人。重。
詩。傳。謝。朓。清△
滄。浪。吾。有。曲。
寄。入。櫂。歌。聲△

△ 平聲 庚韻

동정호는 물 가득 동정평야에 잇닿고
첩첩한 산은 뱃길을 따라가는 듯 하다
초나라 사람 한번 허락을 중히 여겼고
사조의 시는 맑고 깨끗하였다 하네
나의 「창랑의 노래」 드리오니
뱃노래에 곁들여 부르게 해 주게

註 ① 儲邕—저옹. 사람의 이름

② 張樂地—洞庭湖를 말함 黃帝가 咸地의 音樂을 洞庭의 平原에 베푼 故事

③ 諾—(낙) 然諾 한번 허락하는 것 漢의 季布는 일단 허락하면 그대로 하였다

④ 謝朓—(사조) 楚人 그의 詩는 清妙하다

⑤ 櫂歌 ㅣ 뱃노래

이 詩는 楚人 중에는 훌륭한 사람이 많은데 季布、謝脁같은 사람처럼 친구인 儲邕이 武昌에 가서 이름을 떨쳐달라는 간곡한 이별의 시이다、「寄入櫂歌聲」은 「山逐泛舟行」에 응한 것으로 舟行하고 있음을 나타낸 것이다

唐詩 七言律詩篇

黃鶴樓

崔顥

昔人已乘黃鶴去
此地空餘黃鶴樓
黃鶴一去不復返
白雲千載空悠悠
晴川歷歷漢陽樹
芳艸萋萋鸚鵡洲
日暮鄕關何處是
烟波江上使人愁

옛사람이 이미 황학을 타고 갔으니
이 땅에 텅빈 황학루만 남아 있다
황학 한번 갔고 다시 돌아오지 않는데
백운은 유유히 떠 변하지 않는구나
맑게 갠 장강 저쪽에는 한양나무가 늘어서고
강 가운데 앵무주에는 풀들이 무성하다
해는 저물었는데 고향은 어디이가
연파가 나로 하여금 수수롭게 하누나

△ 平聲 尤韻

최호는 汴州人 開元十一年 進士、 벼슬은 司勳員外郞、 俊才였으나 品行이 좋지 않았다、 嗜飮을 즐겼으며 아내는 미인만 구하고 싫으면 곧 버렸다、 四、五번 장가들었다、 古人들이 이詩를 가리켜 千載의 絶調로 삼는다 李白도 이 詩를 보고 크게 감탄하여 黃鶴樓에 올라갔으나 詩는 짓지 않았다、

九日登望仙臺呈劉明府

崔 曙

漢·文。皇。帝。有·高。臺△
한나라 문황제의 높은 망선대

此·日·登。臨。曙·色。開△
오늘 올라가 바라보느라니 새벽 동이트네

三。晉·雲。山。皆。北·向·
삼진 세나라의 구름낀 산은 북쪽으로 벋었고

二·陵。風。雨·自·東。來△
이릉의 바람 비는 동녘으로부터 온다

關門令尹誰能識
河上仙翁去不回
且欲近尋彭澤宰
陶然共醉菊花杯

△ 平聲 灰韻

관문의 윤령은 누가 잘 아는가
하상 선옹은 가고 돌아오지 않네
다시 가까운 날에 팽택의 주인을 찾아
그대와 더불어 기꺼이 국화주에 취하고 싶네

註
① 望仙臺 ㅣ 文帝가 仙人을 望祭하기 爲하여 세운 집 河南省 陝州城 서남쪽에 있음
② 三晉 ㅣ 韓、魏、趙의 세 나라
③ 二陵 ㅣ 南陵은 夏后皐의 墓、北陵은 文帝가 風雨를 피한 곳
④ 關門令尹 ㅣ 函谷關令의 尹喜 老子로부터 道德經을 받고 長壽法을 배웠다 함
⑤ 河上仙翁 ㅣ 河上公을 말함 장수의 비결을 가졌음
⑥ 彭澤宰 ㅣ 陶淵明이 彭澤縣令을 지냈음 여기서는 劉明府를 뜻함

⑦ 陶然ㅡ기꺼히(副詞) 도연명의 詩의「陶然自樂」의「陶然」임

이 詩는 故事를 인용하여 上下의 文脈이 배쳤으나 結語가 맥이 빠졌다

奉和庫部盧四兄曹長元日朝迴

韓 愈

天仗宵嚴建羽旄
春雲送色曉雞號
金爐香動螭頭暗
玉佩聲來雉尾高
戎服上趨承北極
儒冠列侍映東曹
太平時節身難遇

정월초하루 천장의식은 삼엄도 하여라
동녘하늘 밝아오고 닭이우는 소리
금로엔 향불 움직고 나간은 아직 어두운데
옥패소리 들려오고 임금님 거동 하시네
무관은 북쪽에서 호위해 모시고
문관은 동쪽에서 예배 드리네
태평시절에는 좀처럼 뵙기 어려운일

백발에 벼슬살이 우서울 것 못되네

郎。署.何。須。笑.二.毛△

△ 平聲 豪韻、

註 ① 題意—庫部에 근무하는 盧汀이 元旦의식에 참석하고 돌아와 지은 글에 화답하다는 뜻

② 庫部—무기를 다루는 부서

③ 四—排行、친한 친구끼리 첫째、둘째、세째、네째 할때의 네째

④ 兄—존칭으로 부르는 말 ⑤ 曹長—동료친구끼리 상호 존칭하는 말

⑥ 天仗—임금님의 정월초하루의 의식

⑦ 宵嚴—밤새도록 경계가 삼엄한 것 ⑧ 羽旌—(우정) 새털 깃발

⑨ 金爐—황금 향로

⑩ 螭頭—임금님 다니는 난간、螭(도룡리) 난간에 도룡의 부녀가 새겨진 난간 머리

⑪ 佩聲來 | 임금님이 나오심 ⑫ 戎服 | 군복

⑬ 承北極 | 北極은 朝廷을 비유함 무관은 북쪽에 도열하여 임금님을 받들어 모신다 ⑭ 儒冠 | 예복입은 문관

⑮ 映東曹 | 문관은 동쪽에 섬, 翰林은 그 다음에 섬 그러므로 映이라 함

⑯ 郞署 | 郞署의 관원, 한유는 比部郞中이었음

한유는 南陽人 字는 退之, 호는 昌黎 代宗 大曆三年에 낳음 二歲에 부모를 여의고 七歲에 책을 읽고 하루에 수천자를 썼다 함 마침내 六經百家에 通하여 古文復興을 꾀했다 李 杜 이후 별도로 一派를 이루어 학자들간 그를 泰山北斗로 받들리었다 詩보다 文에 능하다

唐詩 五言絶句篇

江雪

柳宗元

千。山。鳥．飛。絶▲ 천산의 산마다 나는 새 자취도 없고
萬．徑．人。蹤。滅▲ 만갈래 길엔 인적이 끊기었네
孤。舟。蓑。笠．翁。 외로운 배엔 도롱이 쓴 하나비
獨．釣．寒。江。雪▲ 홀로 눈 맞으며 차가운 강에서 낚고 있네

△ 入聲 屑韻

註 蓑笠ㅡ蓑(도롱이사) 笠(삿갓립)

유종원은 河東人 精敏絶倫하여 어려서부터 文名이 높았다 字는 子厚 文에 능해서 韓愈와 더불어 韓柳라 竝稱한다 詩 또한 훌륭해서 韋應物과 더불어 韋柳라 稱하다、 詩風은 溫麗淸深하다

登柳州蛾山

柳宗元

荒山秋日午
獨上意悠悠
如何望鄉處
西北是融州△

황산에 가을이 들어 따스한 한낮
홀로 산상에 오르니 회포도 깊구나
고향을 그리워하는 마음 어떠한가
서북쪽 저곳은 융주로구나

△平聲 尤體 拗體

註 ① 荒山―蛾山 ② 融州―柳州北方 三十里에 있는 地名
유종원의 고향은 河東 柳州에서는 萬里도 넘는 西北쪽 이
詩의 妙는 고향땅이 보이지 않을 것을 짐짓 알면서도 바라보인 듯
「西北是融州」라는데 있다 轉、結句의 平仄으로 拗體가 됨
또한 起句의 「午」는 上聲 麌韻임

秋夜寄兵二十二員外

韋應物

懷君屬秋夜　그대 그리며 가을밤에 무치네

散步詠涼天　서글픈 하늘을 읊으며 거니는 마음

山空松子落　산은 고요하고 솔방울 지는 소리

幽人應未眠　그대는 아직 잠 못 이루고 있으리

△ 平聲 先韻

이 詩는 가을밤 한적한 景情을 그린 것이다 沈德潛은 평하여 「幽絶」이라 하였다 蔣一葵는 「고요하고도 깊다 이것은 蘇州(應物)의 本色이다」고 말하였다

제목의 뜻은 「가을밤 丘二十二員外에 부친다」는 것 二十二는 排行 즉 尙書大曹에 소속되는 관서의 동료들을 兄弟처럼 차례를

매겨 스물 두째 됴씨라는 뜻 員外는 벼슬 員外郎

宮中題

文宗皇帝

輦路生秋艸
上林花滿枝
憑高何限意
無復侍臣知

△ 平聲 支韻

행차길엔 가을풀도 무성하다
상림에는 꽃도 만발 한데
고대에 올라 바라보니 하없는 시름
나의 뜻 아는 시신도 없음이여

註 ① 輦路 — 임금님 행차하는 길 ② 秋艸 — 가을 풀
③ 上林 — 임금님의 동산 숲 ④ 何限 — 無限한 것
文宗의 諱는 涵 나중에 昂으로 고침 在位十五年 三十二세에
崩 開元二 또는 天曆 至順 등으로 年號를 고침

찌기 가도를 미행하여 法乾寺에서 가도의 詩를 보았다。이때 가도는 주먹을 불끈쥐고 「그대 어찌 이것을 알겠는가」라고 임금에게 말했다、하루는 가도가 나귀를 타고 가면서 詩語 선택에 몰두하여 韓愈 行列에 부딪쳤다 「鳥宿池邊樹、月下僧推門」이 詩句중 推(밀퇴)와 敲(두드릴고) 어느 글자를 써야 좋을지 몰라서 정신없이 한유의 행렬에 부딪쳤다 韓愈는 「敲」가 좋다고 했다 하다

答人

太上隱者

偶來松樹下
高枕石頭眠
山中無曆日
寒盡不知年

가끔 소나무 밑에 와서
벼개를 높여 돌머리에 자노라
산중에는 달력이 없는지라
추위가 가셨으나 해 바뀌인것 몰라라

이 詩는 임금만이 느끼는 심정을 잘 읊었다 「행차길에 추초가 무성하다」는 것은 행차하는 길은 가다 가다 행차하는 길이라 궁성 정원처럼 손질이 되지 않았기 때문에 이렇게 표현한 것.

尋隱者不遇

賈 島

松下問童子　소나무 아래 동자에게 물어보니
言師採藥去　스승이 약 캐러 갔다 하더라
只在此山中　다만 이 산중에 있으련마는
雲深不知處　구름이 깊어 있는 곳을 모르겠네

△ 上聲 語韻

가도는 范陽人 字는 浪仙、文場(科擧)에 낙제 韓退之에게 배워 進士가 됨 大中 年間 長江의 主簿가 되었다 宣宗이 일

△ 平聲 先韻

太上隱者는 은자인지라 이름을 알 수 없다 「太」는 「泰」에 통하는 만큼 泰山 산마루에 사는 은자라는 설도 있다 이 詩人의 인품은 四皓 이상의 고귀한 것이 있음을 엿볼 수 있다

勸酒

于武陵

勸君金屈巵　그대에게 한잔 술을 권하노니
滿酌不須辭　잔 가득 만잔이라 사양치 마소
花發多風雨　꽃 피면 풍우도 많은 것이거니
人生足別離　인생은 그저 이별 이라네

△ 平聲 支韻

우무릉은 杜曲사람, 大中年間에 進士가 됨, 晩唐의 詩人으로 細巧한 면이 있음, 古來로 이 詩의 第三句「花發多風雨」는 名句로 人口에 膾炙되었다

關山月

儲光羲

一.雁.過.連。營△ 외기러기 잇달은 막사 위를 날아가고
繁。霜。覆.古.城△ 싣은 서리는 옛성 위에 내린다
胡。笳。在.何。處. 날나리 소리는 어디서 들리는가
半.夜.起.邊。聲△ 한 밤중 변방 오랑캐 소리 속삭이고

△平聲 庚韻

저광희는 魯國人 開元十四年 進士、詩는 평범하나 반복해 읽으면 맛이 진지하다 소박한 詩다

少年行

崔國輔

遺。郤.珊。瑚。鞭。 산호채찍 놓아두고 잊어버리니

白、馬。騎。不。行△　백마는 까불고 말을 듣지 않는다

章。臺。折。楊。柳。　장대의 버들가지 꺾어 매를 대니

春。日。路。傍。情△　따스한 봄날 길가의 야릇한 정이여

△平聲 庚韻　拗體

註 ① 遺却 — 놓아두어 잊어버리는 것、却는 助字

② 白馬騎 — 驕(방자할교) 소년이 방자한데 비유한 것

③ 章臺 — 長安거리의 번화가 이름、花柳街임

최국보는 吳郡人 集賢殿 直學士를 지냄 盛唐 때 詩人으로 詩風은 眞率함

和張僕射塞下曲

盧 綸

月。黑。雁。飛。高△　달빛 어둡고 기러기 높이 날아가는데

單。于。遠.遁.逃△
欲.將。輕。騎。逐.
大.雪.滿.弓。刀△

△ 平聲 豪韻

오랑캐 선우가 멀리 도망치네
날샌 기마병 쫓아가 잡고 싶은데
눈이 활이며 칼에 가득 싸였네

註 ① 僕射ㅣ尙書省 벼슬이름

② 單于ㅣ(선우) 오랑캐 흉노의 두목 이름

노륜은 河中浦사람 大曆 초엽 進士가 됨 德宗의 사랑을 받았다. 中唐의 詩의 통폐인 卑弱性을 벗어난 것이 좋다

이 詩는 悲壯하고 雄健하다

제목의 뜻은 「張이라는 僕射벼슬이 塞下曲을 지은데 대해 화답한다」는 뜻

古別離

孟郊

欲別牽郎衣
郎今到何處
不恨歸來遲
莫向臨卬去

이별을 해야 하는가 임의 옷깃 당기노라
임은 이제 어디로 가시나이가
늦게 돌아옴은 결코 한탄치 않으리니
「임앙」으로는 가지 말아 주세요

△ 上聲 語韻

註 臨卬―(임앙) 成都의 지명, 미인이 많은 곳
맹호는 湖州武康人, 字는 東野, 어려서 嵩山에 은거해 살았다
五十에 進士·溧陽尉가 됨 시호는 貞曜先生
詩는 처참할 만큼 이별의 아픔을 그렸다

唐詩 七言絶句篇

秋夕

杜牧

銀燭秋光冷畫屛
가을밤 은촉불 켜고 그림병풍 밑에서

輕羅小扇撲流螢
가벼운 비단부채로 흐르는 반딧불 잡는다

天階夜色涼如水
서늘한 밤하늘은 물과 같은데

臥看牽牛織女星
누워서 견우 직녀성을 바라보노라

△平聲 青韻

註 ① 輕羅 ─ 가벼운 비단
② 天階 ─ 하늘

두목은 晩唐의 詩人 小杜라고도 함
晩唐의 詩風을 대표하는 듯 섬세하고 기교가 넘친다

早發白帝城

李 白

朝辭白帝彩雲間
千里江陵一日還
兩岸猿聲啼不住
輕舟已過萬重山

오색 구름 속에 싸인 백제성을 아침에 떠나
천릿길 강릉 하루만에 닿았네
강두에는 원숭이 소리 울어 마지않는데
가벼운 배는 이미 겹겹이 싸인 산을 지나 버렸네

△ 平聲 刪韻

이 詩는 猿聲으로 舟行의 신속을 형용한데에 묘미가 있다 그리고 轉結의 二句로서 起承 二句를 설명한 것이 특이하다 또한 起承의 「白」 「彩」 「千」이라든지 結의 「萬」 같은 것은 수식의 묘를 다한 것이라 하겠다

出塞（涼州詞）

王之渙

黃河遠上白雲間 황하수 멀고 먼 하늘 백운사이에
一片孤城萬仞山 만길이나 되는 높은산 한조각 외로운성
羌笛何須怨楊柳 오랑캐 피리소리 버드나무도 원망하는지
春風不度玉門關 봄바람 옥문관을 넘지 못하네

△平聲 刪韻

왕지환은 幷州人 王昌齡、高適 崔國輔등과 唱和하여 詩名을 떨쳤다 盛唐 때 사람 이 詩는 七絶 중 白眉라는 것이다

「黃」「白」「一」「萬」등은 수식의 妙를 다한 것이다

從軍行

王昌齡

秦時明月漢時關 진나라 명월 한나라 관은 변함 없건만

萬里長征人未還 만리 장정한 사람 아직 돌아오지 않네

但使龍城飛將在 다만 비장같은이 용성가에 머물고 있다면

不教胡馬度陰山 오랑캐들 음산을 넘어오지 못할 것을

△ 平聲 刪韻

註 ① 龍城—匈奴(흉노)의 두목이 있는 城

② 飛將—匈奴가 漢의 李廣을 두려워하여 飛將軍이라 했음

③ 教—「使」와「教」의 뜻으로는 仄字 助辭일 때는 平字 여기서는 「使」의 뜻

왕창령은 長安京兆人、開元十五年에 進士、安祿山의 亂 때 고향에 피신하였다가 刺史 閭丘曉에게 살해됨 詩品은 聲俊하다

唐詩選을 편찬한 李于鱗은 「唐人의 絶句는 마땅히 「秦時明月漢時關」으로써 压卷으로 할 것이다」라고 했다 從軍行 七首中 한수만 소개하다

涼州詞

王翰

葡。萄。美·酒·夜·光。杯△
欲·飮·琵。琶。馬·上·催△
醉·臥·沙。場·君。莫·笑·
古·來。征。戰·幾·人。回△

△ 平聲 灰韻

야광배 가득 감미로운 포도주 마시노라면
마상에서 비파를 키는 듯 황홀하다
취해서 쓸어졌다고 그대 웃지 마소
자고로 싸움에서 돌아온이 몇몇이더가

註 ① 葡萄美酒ㅣ 서역에서 빚어 만든 술 포도주
② 夜光杯ㅣ 서역에서 白玉으로 만든 술잔
왕한은 晉陽人 字는 子羽 성품은 호탕했고 재주를 믿어 술을 잘 했다 開元中 駕府員外郎이 되다 王敬美는 「王翰과 王之渙의 涼酒詞 二詞는 七言絶句의 压卷이다」 하였다

涼酒詞는 樂府題로 開元中에 西涼府 都督 郭知運이 採進한 것이 다 涼州는 唐代에는 隴右道에 속했다

解悶

杜甫

一。辭。故.國.十.經。秋。 고국을 떠난지 십년
每。見.秋。瓜。憶.故.丘。 가을 참외를 볼적마다 고향 그리워
今。日.南。湖。采.薇。蕨. 오늘 남호에서 고사리를 뜯나니
何。人。爲.覓.鄭.瓜。州。 뉘라서 정과주를 찾아 줄이 없는가

△ 平聲 尤韻

註 ① 薇蕨－薇(고비미) 蕨(고사리궐)
② 故丘－故山 고향산천 韻字관계로 「丘」로 했다
③ 覓 －찾을멱 覔은 略字

④ 秋瓜ㅡ 秦의 東陵侯、 邵平이 秦이 망한 후 長安 東門에서 참
외를 팔아 生活하던 故事를 인용해 고향생각과 연결함

이 詩는「故」字「秋」字「瓜」字 두개씩을 썼기 때문에 變格이지
만 교묘하게 말을 돌려 써서 눈에 띄지 않는 것이 묘하다

酒泉太守席上醉後作

岑參

酒泉太守能劍舞　주천태수 검무도 잘 하고
高堂置酒夜擊鼓　밤들이 흥겨워 북을 치는데
胡笳一曲斷人腸　어디서 한가락 날나리 소리 남의 애를 끊나니
坐客相看淚如雨　좌객 서로가 보며 눈물 짓노라

△ 上聲 麌韻　拗體

잠참은 南陽人 天寶三年에 급제 侍御使까지 되다

이 詩는 拗體로 平仄이 무너졌으나 一仄韻을 써서 지은 것이므로 七言短古라 봄이 옳겠다. 잠참은 邊塞의 詩에서는 獨步의 경지에 있는데 이 詩는 그 중 걸작이라 한다

除夜作

高 適

旅館寒燈獨不眠 여관방 차다란 등불아래 잠 못드노라
客心何事轉凄然 나그네 마음 그저 서글프고 고나
故鄕今夜思千里 오늘밤 고향에서는 천리밖 나를 생각하리
霜鬂明朝又一年 내일 아침이면 또 한해, 수염만 희어가리

△平聲 先韻

註 霜鬂—「鬂」은 「鬢」의 略字 鬢(살적빈) 불에 나는 털 흰 수염

선달 그믐의 나그네 심정이 잘 나타났다

특히 寒燈의 「寒」과 獨不眠의 「獨」이 더욱 싸늘한 분위기를 준다

九日

崔國輔

江邊楓落菊花黃
少長登高一望鄉
九日陶家雖載酒
三年楚客已霑裳

△平聲 陽韻

강변 단풍은 지고 국화는 누렇게 피었다
젊은이 늙은이 높은데 올라 망향에 젖는다
중양절 도서집에는 술이 실려왔다 하나
삼년 나그네 살이 눈물은 옷을 적시네

註 ① 江邊楓 — 양자강가에는 단풍이 많다 고로 강변풍
② 少長 — 젊은이 늙은이
③ 陶家 — 도연명 九월九日 중양절에 도연명 집엔 無酒라 淵明은
동쪽 울타리에서 국화를 따고 있을 때 江州刺史 王弘이

술을 보내왔었다는 故事、 작가는 삼년 귀양살이를 하였다

이 詩는 얼핏 완만한 듯하나 글뜻 가슴에 유박함이 있다 轉結 二句는 실로 교묘한 對句로 소위 流水體· 鍾伯敬은 「一字도 바꿀수 없다」 고 하였다

寒食

韓翃

春城無處不飛花
춘성 도처에 꽃은 낙화로다

寒食東風御柳斜
한식 동풍에 왕궁의 버들도 휘날리네

日暮漢宮傳蠟燭
날이 저물어 궁성에서 촛불을 하사하니

青烟散入五候家
푸른 연기 사라진 불 오후가에 가더라

△ 平聲 麻韻

註 ① 御柳—(어류) 왕성의 버들

② 傳蠟燭ㅡ 後漢書 禮儀志에「淸明騎士傳火也」라 하였다 寒食에는 궁중에서 새 불씨를 주었다

③ 靑烟ㅡ 一本에는「輕烟」이라 적혔다 靑烟은 파란불 일산화탄소가 타는 불, 이 불을 받은 사람이 임금으로 부터 사랑을 가장 많이 받는 신하다

④ 五侯ㅡ 後漢의 桓帝가 宦者 單超、徐璜、貝瑗、左悺、唐衡 등 五人을 말함

한굉은 南陽人、字는 君平、天寶十三年 進士가 되다、大曆十才子의 하나

이 詩는 寒食이라 새 불씨를 받는데 功臣보다 宦者를 더 중히 여긴 漢宮을 풍자한 것이다、德宗은 知制誥자리가 공석이 되자 宰相에게 韓翃을 쓰라 하였다 당시 韓翃은 두 사람 이었는데

한 사람은 刺史였다 宰相은 「누구를 대하오리까」하고 상주하니
임금은 春城無處不飛花의 二十八字를 쓰고 批点을 찍어 「이 글의
詩人을 쓰라」하였다고 한다
詩의 가르침은 말하는 사람에게 죄가 있는 것이 아니라 듣는
사람으로 하여금 경계하게 함에 있다는 것은 이 詩로써 실증되다
王宮을 諷刺한 詩人이 登用되었으니 말이다

黃鳥歌

琉璃王

翩。翩。黃。鳥.
雌。雄。相。依△
念.我.之。獨.
誰。其。如。歸△

훨훨 나는 황꾀꼬리
암 숫이 같이 사는데
나만은 외롭구나
누구와 함께 살거나

△平聲 微韻

유리왕은 高句麗 二代王 諱는 類利 朱蒙의 아들 朱蒙의 뒤를 이어 즉위 하였다

이 詩는 우리나라 漢詩의 첫 作品. 繼妃에 禾姬와 雉姬가 있었는데 雉姬는 禾姬의 질투에 못이겨 친정에 갔다 치희가 돌오지 않으므

로 그 심정을 읊은 것 雉姬은 中國女子였다

遺隋將 于仲文

乙支文德

神。策.究.天。文。
妙.算.窮。地.理▲
戰.勝。功。旣.高。
知。足.願.言。止▲

신기한 계책은 천문을 통하고
묘한 술책 지리까지 아는구나
전승의 공이 이미 높으니
만족을 알고 그만 그쳐 주구려

△上聲 紙韻

을지문덕 장군이 단신으로 적진ㅣ수나라 진지에 들어가 거짓 항복을 하면서 수나라 장수 우중문에게 써준 詩이다

평양성 三○리까지 유인하여 지치게 하고 회군하는 수나라 군대를 살수에서 크게 이겼다

新羅篇

憤怨詩

王居仁

燕丹泣血虹穿日
鄒衍含悲夏落霜
今我失途還似舊
皇天何事不垂祥

연단이 피눈물 흘리니 무지개는 해를 둘렀고
추연이 슬퍼 하늘에 호소하니 여름에 서리 내렸네
이제 나는 길 잃어 그와 같은데
하늘은 어찌하여 돕지 않은가

△平聲 陽韻

註 ① 王居仁—신라 진성왕 때의 隱士 ② 燕丹—연나라 태자
③ 鄒衍—齊의 음양학자로 음양에 통달하여 五、六월에도 하늘을 보고 곡하면 서리가 내린다고 함 ④ 皇天—하늘을 주제하는 신

이 詩는 眞聖女王이 왕거인을 죄주었을 때 결백을 호소한 글

秋夜雨中

崔致遠

秋風惟苦吟
世路少知音
窓外三更雨
燈前萬里心

△平聲 侵韻

가을 바람에 애달히 읊조려도
세상에는 알아줄 이 적도다
창밖은 깊은밤 삼경인데 비는 내리고
등불 앞에서 마음은 천만리를 생각하다

최치원은 新羅 말기의 학자 字는 孤雲 시호 文昌侯 十二세에 당나라에 가서 급제하여 한림학사가 되었는데 격문을 써서 황소의 난을 평정하는데 큰 도움이 되게 했다고 함
저서에 桂苑筆耕集이 있음

甘露寺次韻

金富軾

俗•客•不•來•處○
登○臨○意•思•清△
山○形○秋○更•好•
江○色•夜•猶•明△
白•鳥•高○飛○盡•
孤○帆○獨•去•輕△
自•慚•蝸•角•上•
半•世•覓•功○名△

△ 平聲 庚韻

속세의 사람들이 오지 못한 곳
나만이 오른 기분 상쾌도 하다
산모습은 가을이 더 좋고
강풍경은 밤들어 더욱 좋구나
백조는 끝없이 높이 나는데
흰 돛대 외로배 가물가물 홀로 떠가네
하찮은 세상살이 부끄러워
반생을 공명 찾다 말았네

金富軾은 高麗 仁宗때 史家 字는 立之 호는 雷川 三國史記를 찬함

高麗篇

絶句

崔冲

滿庭月色無煙燭
人座山光不速賓
更有松絃彈譜外
只堪珍重未傳人

뜰 가득 달빛은 환한데
산경치 좋아서 떠나지 못하네
게다가 솔바람은 가락밖의 풍악이라
나 홀로 아끼고 아끼리

△平聲 眞韻

최충은 高麗 文宗 때 사람 문하시중을 지냄 海州人 우리
나라 사립학교 창시자 해동공자라 일컬음

大同江別章

鄭知常

雨歇長堤草生多
送君南浦動悲歌
大同江水何時盡
別淚年年添綠波

△平聲 歌韻、

비 개인 강둑엔 봄빛이 짙고
남포로 임을 보내며 슬픔도 많다
대동강 물은 언제나 다하리
이별의 눈물 해마다 강물 보태네

정지상은 高麗 仁宗 때 사람 호는 南湖、 司諫을 지냈다
妙清의 亂에 가담했다 하여 金富軾에 의해 참살 되다、 저서에
山齋記、 鄭司諫集 등이 있음 晩唐의 詩風이 돋다

百花軒

李兆年

爲報栽花更莫加
數盈於百不須過

꽃을 심되 더는 심지 마라
백 가지 종류를 넘을 것 없네

雪.梅。霜。菊.情。標.外. 백화와 오상국화는 예외의 것
浪.紫.浮。紅。也.謾。多△ 울긋 불긋 여느 꽃 부질 없이 많네

△平聲 歌韻

註 過 — 上聲 箇韻으로 쓰일 때는 「넘을과」 平聲 歌韻으로 쓰일 때는 「지날과」 여기서는 「지나다」의 뜻

이조년은 高麗 忠惠王 때의 충신 字는 元老 시호는 文烈

이 詩는 격조가 높다

映湖樓

禹 倬

嶺.南。遊。蕩.閱.年。多△ 영남에서 여러해 호탕히 노는데
最.愛.湖。山。景.氣.佳。△ 산과 호수의 경치 사랑스럽다
芳。草.渡.頭。分。客.路. 고운 풀 돋은 나룻터엔 나그넷길 갈리고

綠楊堤畔有農家
風恬鏡面橫烟黛
歲久墻頭長土花
雨歇四郊歌擊壤
坐看林杪漲寒槎

△ 平聲 麻韻

버들이 늘어선 둑 가엔 농갓집이 있다
바람 자고 물 잔잔 연기는 눈섭처럼 빗기고
해묵은 담장에는 버섯이 피어 났네
비 그친 들밖엔 격양가가 한창이고
앉아 보니 나무 끝에 물방울이 어렸도다

註 ① 多ㅣ平聲歌韻이나 麻韻과 通韻
② 黛ㅣ(눈섭대) 去聲 隊韻
③ 佳ㅣ平聲 佳韻

우탁은 高麗 二十七代 忠惠王 때의 학자 字는 丹陽
程子學을 처음으로 해득 하였다 易學 卜筮에 통달 했다
易東先生이라 일커름

江上月夜望舟客

李奎報

官○人○閒○念●笛●横○吹△
蒲○席●凌○風○去●似●飛△
天○上●月●輪○天○下●共●
自●疑○私○載●一●船○歸△

벼슬아치 한가히 읊다가 피리도 분다
부들자리에 바람이 거세니 날아가는듯하다
하늘 높이 솟은 달은 천하의 것이어늘
나 혼자 배 가득 달빛 싣고 가는 것 같네

△ 平聲 微韻

이규보는 고려 高宗 때 문장가 九歲부터 詩文에 능했다 字는 春卿 호는 白雲山人 四十餘韻의 「孔雀」이란 詩를 썼음

선유를 하면서 패자의 기분을 잘 나타냈음

詩 거문고 술을 좋아하여 三酷好 先生이라 한다

厭髑舍人廟

大覺國師

千○里●歸○來○問●舍●人△
青○山○獨●立●幾●經○春△
若●逢○末●世●難○行○法●
我●亦●如○君○不●惜●身△

△ 平聲 眞韻

천리길 돌아와 임의 안부 물었더니
청산에 홀로 계시지 몇해나 되었다는구려
만일 말세를 만나 부처님 도를 행하지 못하다면
나 역시 임처럼 목숨 아끼지 않으리

대각국사의 본명은 義天 고려 文宗의 아들 본명은 煦(후) 唐에 건너가 불도를 닦았음 天台宗 中興의 始祖

放舟向峨嵋山

李齊賢

錦●江○江○上●白●雲○秋△

금강의 가을은 흰 구름 가을

唱。撤。驪。駒。下。酒。樓。
一。片。紅。旗。風。閃。閃。
數。聲。柔。櫓。水。悠。悠。
雨。催。寒。犢。歸。漁。店。
波。送。輕。鷗。近。客。舟。
孰。謂。書。生。多。不。遇。
每。因。王。事。飽。淸。遊。

△平聲 尤韻

李齊賢은 고려 충렬왕 때 사람

登全州望京臺

鄭夢周

千。仞。岡。頭。石。徑。橫。

이랴! 나귀를 몰아 술집으로 찾아드니
주막집 깃발은 펄렁바람에 나부끼고
어기여차 노 저으니 물결은 흠신
비 몰아치니 송아지 바삐 몰아 가는데
갈매기 물결치며 뱃전에 날아드네
그 누가 서생더러 짬 없다 하느냐
공무로 오고갈 때 이처럼 청유도
하는데

저서에 益齊亂藁、櫟翁稗說 등이 있음

천길 벼랑 메뿌리 비스듬한 돌산에

登臨使我不勝情
青山隱約扶餘國
黃葉繽紛百濟城
九月高風愁客子
十年豪氣語書生
天涯日沒浮雲合
翹首無由望玉京

올라가 바라보니 감회도 깊고나
청산은 은은하여 부여국을 뜻하는데
단풍은 어지러이 백제성을 연상케 하다
구월 높은 바람은 나그네의 수심이요
십년의 호기는 서생들을 말 하누나
하늘가에 지는 해는 뜬 구름을 모으는데
머리를 들어 시름 없이 서울만 바라 보다

△ 平聲 庚韻

정몽주는 고려 恭愍王 때 학자、 忠臣 字는 達可、 호는 圃隱、 樞密院 知奏事、 저서는 圃隱集 詩는 豪放하다、

征歸怨

鄭夢周

一別年多消息稀
寒垣存沒有誰知
今朝始寄寒衣去
泣送歸時在腹兒

△平聲 支韻

註 ① 寒衣ㅡ핫옷(綿衣) ② 寒垣ㅡ수자리

헤어진지 몇해인가 소식조차 드물었소
수자리 계신 임의 안부 누구사 알리오
오늘 비로소 핫옷 부쳐 보내오며
눈물지며 이별할 때 태중이던 것이 생각나오

瀟湘夜雨

李仁老

一帶蒼波兩岸秋
風吹細雨灑歸舟
夜來泊近江邊竹
葉葉寒聲摠是愁

푸른물 양쪽 강둑에는 가을이 깊어 가고
바람은 보슬비 몰아 배위에 뿌리네
밤 들어 강가 대숲에 배를 대니
잎잎이 싸늘한 댓잎 소리는 모두가 시름이구나

△ 平聲 尤韻

李仁老 字는 眉叟、호는 雙明齊、고려 明宗 때 사람、저서에
銀臺集 二十卷 破閑集이 있음、 선이 가는 南宋의 詩風이다

李朝篇

登白雲峰

李成桂

引・手・攀○蘿○上・碧・峰△
一・庵○高○臥・白・雲○中△
若・將○眼・界・爲○吾○土・
楚・越・江○南○豈・不・容△

덩뎅이 넌쿨 휘어잡고 상봉에 오르니
암자 한채 구름속에 서 있네
눈에 미치는 곳 모두 내 땅 된다면
초월강남인들 수중에 넣지 못할 소냐

△平聲 冬韻

註=中ㅡ平聲東韻 또는 去聲送韻 「東」韻은 「冬」韻과 通韻

李朝 太祖인 이성계는 도량이 크고 야심이 있었던 분이다

이 詩로도 웅대한 야망을 촌도할 수 있다

聞寧越凶報

讓寧大君

龍御歸何處
愁雲起越中
空山十月夜
痛哭訴蒼穹

△平聲 東韻

임은 어디로 가시었는가
구름도 애닯이 영월을 감도는데
가을도 쓸쓸한 시월의 밤
통곡하며 호소하는 이 마음

註=龍御ㅣ임금 여기서는 端宗

양녕대군은 李朝 太宗의 맏아들 世宗의 형 이름은 禔 字는 厚伯、 세자에 책봉 되었으나 실수가 많아 폐위되고 양녕대군이 되다、 詩와 風流를 즐겨 流浪하였다

이 詩는 너무도 애절하다

春日城南即事

權 近

春。風。忽。已。近。清。明△
細。雨。霏。霏。成。晩。晴△
屋。角。杏。花。開。欲。遍。
數。枝。含。露。向。人。傾△

봄 바람 건듯 불어 청명이 가까우이
보슬 보슬 가랑비 늦게 개었다
집 모퉁이 살구꽃 꽃을 피우려고
한 두 가지 이슬 머금고 갸우뚱 기울었네

△平聲 庚韻

권근은 李朝 초기의 명신、학자、字는 可遠 호는 陽村 저서에
陽村集、霜臺別曲등이 있음、권근은 특히 詩로 이름이 높았다
이 詩 또한 예민한 감수성을 엿볼 수 있다

寧越郡樓作

端 宗

一自寃禽出帝宮
孤身隻影碧山中
假眠夜夜眠無假
窮恨年年恨不窮
聲斷曉岑殘月白
血流春谷落花紅
天聾尚未聞哀訴
何奈愁人耳獨聰

△ 平聲 東韻

註 ‖ 假 ― 四聲모두 갖춤、 平聲 麻韻 上聲 馬韻 去聲 禡韻 入聲 陌韻

만고원한 품은 채 궁궐을 물러나와
심심산골 외로운 몸이 되었네
밤마다 잠을 이루지 못하고
끝없는 한탄는 해마다 끝이 없네
두견새 소리 끊긴 새벽 어덕에 진 달 희고
피 토해 흐르는 골짜기에 낙화도 붉다
하늘마저 귀어두워 하소연을 못하는가
어찌타 시름하는 나 홀로 귀만 밝은가

단종은 李朝六代 임금 八歲에 王世孫 十歲에 世子에 책봉되고
十二歲에 王位에 올랐다가 十七歲에 영월에서 운명 하셨다 樓는

梅竹樓임
단종의 作品 중 「聲斷」이란 子規 저 중국의 蜀나라 望帝의
故事를 인용한 것임 단종은 달리 子規詞를 지었음

懷端宗而作詩詞

王邦衍

千。里.遠.遠.道.
美.人。別.離。秋△
此.心。未.所.着.
下.馬.臨。川。流△
川。流。亦.如。我。
嗚。咽.去.不.休△

△ 平聲尤韻

천만리 머나먼 길에
어여쁜 님 이별하고
이 마음 둘데 없어
냇가에 앉았더니
저 물도 내 안과 같아서
울어서 밤길을 가더라

왕방연은 義禁府 都使로서 端宗을 영월로 호송하고 돌아오면서 昭陽江 가에서 슬픈 심정을 읊은 것이다

이 詩는 詩調를 漢詩로 고친 것이다 五言短古같으나 短古는 아니다!

受刑時

成三問

擊鼓催人命 북을치며 인명을 재촉하는데
回頭日欲斜 돌아 보니 해는 서산에 지려한다
黃泉無一店 황천 가는 길엔 집 한 채 없다는데
今夜宿誰家 오늘 밤 나는 뉘 집에서 자고 가나

△ 平聲 麻韻

李朝 端宗 때 충신 字는 謹甫 호는 梅竹軒

端宗 復位를 위해 죽은 계층은 三宗臣 四相臣 死大臣등이 있다 王家系에서 세분 重臣級에서는 白村 金文起를 위시해서 세분 死大臣은 현재 局 課長級이었음 詩는 처절 그대로다

謝人贈蓑衣

河 緯池

男兒得失古猶今 사나이 행할 일이 고금이 같으니
頭上分明白日臨 머리 위에 밝은 해가 떠 있다
持贈蓑衣應有意 도롱이 보내오심 응당 뜻이 있으니
五湖煙雨好相尋 오호연우에 배 띄워 놀자는 게지요

△ 平聲 侵韻

하위지는 李朝 端宗 때 死大臣의 한 사람 字는 天章 호는 丹溪 시호는 忠烈 詩는 江湖에서 인간미 넘치는 생활의 한 모

슴이 잘 나타났다

爲咸吉道節度使作

兪應孚

將。軍。持。節•鎭•戎。邊△
沙。塞•塵。晴。士•卒•眠△
駿•馬•五•千。嘶。柳•下•
豪。鷹。三。百•坐•樓。前△

장군병부를 가지고 오랑캐를 진압하니
전쟁의 티끌 멎어 병사들 낮잠을 자다
날랜 말 오천이 버드나무 아래에서 울고
사냥매 三백이나 다락 앞에 앉았네

△平聲 先韻、

유응부는 李朝 端宗 때 死六臣의 한 사람、字는 信之 호는 碧梁、 문무를 겸전한 사람

단종 복위 음모시 雲劍을 맡기로 되었었다 詩는 咸吉道節度使로 부임하여 女眞族과 싸울 때의 군영을 叙景한 것。

懶甚

李詹

平○生○志●願●己●蹉○跎△
爭○奈●衰○慵○十●倍●多△
午●枕●覺●來○花○影●轉●
暫●擕○稺○子●看●新○荷△

△平聲 歌韻

평생 소원 실패로 돌아갔는데
어찌타 게으름만 부쩍 늘었느냐
낮잠 깨고나니 꽃그늘 이미 기울었구나
어린아이 데리고 새로운 연꽃이나 구경하자

이첨은 高麗 禑王 때 문장가、字는 中叔、호는 雙梅堂、책을 손에서 떼지 않았다 하며 글씨도 잘 썼다、저서에 楮生傳이 있다

書懷

金宏弼

處獨居閒絶往還　홀로 한가히 사니 오가는 이 없고

只呼明月照孤寒　다만 명월만이 쓸쓸한 이곳을 비추네

憑君莫問生涯事　그대는 내 생애를 묻지 마오

萬頃煙波數疊山　앞에는 강물이요 뒤에는 첩첩한 산뿐이네

△ 平聲 刪韻

김굉필은 李朝 燕山君 때의 性理學者 字는 大猷、 호는 寒暄堂
또는 蓑翁、 시호는 文敬、 戊午사화 때 熙川에 유배 되었다가
甲子사화 때 처형 되었다 저서는 家範、 景賢錄 등이다
枯淡한 詩風이다

綾城謫中　趙光祖

誰憐身似傷弓鳥　누가 내 신세 활맞은 새같다 슬퍼할까

自●笑●心○同○失●馬●翁△
우습다 말을 잃은 늙은이와같구나

猿○鶴●定●嗔○吾○不●返●
원숭이 두루미노 내가 돌아가지않음을 꾸짖으나

豈●知○難○出●覆●盆○中△
어찌 한번 엎어진 물 다시 담기 어려움을 알꺼나

△平聲 東韻

조광조는 李朝中宗 때 性理學者、字는 孝直、호는 靜菴 시호는 文正 士林派의 영수인 그는 왕도정치를 외쳤으나 훈구파의 모함에 의해 綾州에 유배되었다가 賜死되었다

詩는 유배 중의 신세를 적은 것이다

落花岩

洪春卿

國●破●山○河○異●昔●時△
나라가 망하나 산과 강이 옛날과 다르구나

獨●留○江○月●幾●盈○虧△
홀로 머문 달은 몇번이나 차고 기울었나

落•花○岩○畔•花○猶○在•
風○雨•當•年○不•盡•吹△

△平聲 支韻

낙화암 기슭의 꽃 아직 남았으니
당시의 비바람 못다 분 때문이가

홍춘경은 李朝 中宗 때 사람, 호는 石壁, 중종의 誌文을 지었으며 글씨는 金生體를 잘 썼음. 감수성이 예민하여 詩 또한 잘 지었다.

無爲

李彥迪

萬•物•變•遷○無○定•態•
一•身○閑○適•自•隨○時△
年○來○漸○省•經○營○力•
長○對•青○山○不•賦•詩△

만물의 변천이 종잡을 수 없으니
이 한 몸 한가하니 스스로 때를 따르리
이제껏 세상사에 관여하다 보니
청산과 마주 앉아 시 한 수 짓지 못했오

△ 平聲 支韻

註 = 賦 - 詩大義라 하였는데 賦는 詩의 표현 형식의 하나, 六言詩 또는 蘇東坡의 赤壁賦 같은 散文,

이언적은 李朝 中宗 때의 賢臣 字는 復古, 호는 晦齊, 김굉필, 정여창, 조광조와 더불어 東方四賢이라 일컫는다, 저서는 많은데 문예집으로는 晦齊集이 있다 詩風은 道學者다운 면이 있다

次友人韻

李 滉

性.癖.常○耽○靜○
성질이 항상 고요함을 즐기는데

形○骸○實●怕●寒△
내 몸은 실로 추위를 무서워 하네

松○風○關○院●聽●
뒷산 솔바람은 내 집에서 듣고

梅○雪●擁●爐○看△
설매화는 화로를 끼고 앉아서 보네

世味衰年別
人生末路難
悟來成一笑
曾是夢槐安

△ 平聲寒韻

세상 재미는 늙은이 쓸데 없고
인생의 말로는 정말 어려워
깨달으면 모두가 우스운 것을
내 일찌기 허망한 꿈만 꾸었네

註‖難ㅡ 平聲寒韻일 땐 근심난, 去聲翰韻일 땐 어려울난, 平聲歌韻일 땐 성할나(盛)

이황은 李朝 明宗 때 학자, 字는 景浩, 호는 退溪 栗谷 李珥와 더불어 性理學의 쌍벽, 作品에 退溪集이 있음

詩風은 격조가 높다

陣中

李舜臣

水.國.秋。光。暮.　섬나라에 가을이 깊어

驚。寒。雁.陣。高.　추위에 놀란 기러기 떼 높이 날아간다

憂。心。輾.輾.夜。　수심에 잠 못 이루는 밤에

霜。月.照.弓。刀。　싸늘한 달빛 활과 칼 비추는 구나

△ 押韻 無

註 ① 暮ㅡ去聲遇韻 ② 陣ㅡ去聲震韻 ③ 刀ㅡ平聲豪韻

④ 夜ㅡ(밤야) 때는 去聲禡韻、(고을이름액) 때는 入聲陌韻、

⑤ 輾輾ㅡ모로 누었다가 돌아누었다 하는 것

이순신은 李朝 宣祖 때의 聖將 字는 汝諧、시호는 忠武、임진왜란의 名將、저서에 亂中日記、詩는 나라걱정하는 순정의 詩이다

被禍詩

南 怡

白頭山石磨刀盡
豆滿江水飮馬無
男兒二十未平國
後世誰稱大丈夫

백두산 돌은 칼 갈아 닳아져 버렸고
두만강수는 말 마실 물도 없구나
남아 이십에 나라를 평정하지 못하면
후세에 누가 대장부라고 하랴

△ 平聲 虞韻

남이는 睿宗 때 武官 宜山君 暉의 아들、左議政 權擥(권남)의 사위. 李施愛의 亂을 토벌하고 二十七歲에 병조판서가 됨

이 詩는 이시애의 난 때 변경에서 지은 것이데 이 詩가 간접적인 원인이 되어 柳子光의 모함으로 참형을 받았다

餞春　　林悌

鼎冠撑石小溪邊

시냇가에 돌을 모아 솥을 얹고

白.粉.清。油。煮.杜.鵑△ 두견화로 화전을 만드노라

雙。箸.挾.來。香。滿.口. 입 가득 향긋한 내음이며

一.年。春。色.腹.中。傳△ 멋 있는 한 해 봄이 뱃속에 전하는구나

△ 平聲 先韻

임제는 李朝 宣祖 때 문인、字는 子順、호는 白湖 宣祖十年에 大科에 及第 東西 黨爭을 개탄하며 名山大刹을 찾아 다녔다

大科를 본 것은 黃眞伊와 함께 詩를 나누기 위해서였다 하다

우리나라 임금은 「王」이라 하고 「皇帝」라고 부르지 못하는 동분을 유언에 남긴 天才였다!

詠 月

黃 眞 伊

誰。斷.崑.崙。玉. 누가 곤륜의 옥을 깨어

裁•成○織•女•梳△
牽○牛○一•去•後•
愁○擲•碧•空○虛△

직녀의 빗을 만들었는가
견우 한 번 간 후
허허로운 벽공에 쓸쓸한 달조각을 던졌더가

△ 平聲 魚韻

황진이는 李朝 宣祖때의 開城의 名妓 詩文에 더욱 뛰어난 재능이 있었다 진이는 「내가 죽으면 개성 서문 밖 세가름 길 길섶에 묻어 달라」고 유언 하였다 절세의 낭만적인 명기였다

大同江

申光洙

大•同○江○水•碧•於○藍△
白•鳥•分○明○見•兩•三△
撓○櫓•一•聲○飛○去•盡•

대동강수 푸르러 쪽빛 같으니
흰 새가 두 세마리 보이도다
노 젓는 소리에 날아가 버리니

夕陽山色滿空潭 석양의 산그림자가 강물에 잠겼도다

△ 平聲 覃韻

신광수는 李朝 英祖 때 문인 字는 聖淵, 號는 石北, 다섯 살 때 詩文을 안 天才, 저서로는 禁府都事로 耽羅(탐라)에 갔을 때 풍토 산천 동물 향행들을 조사한 浮海錄과 石北集이 있다

詩는 재주가 번득이는 浪漫의 詩이다

書堂請客

金笠

許多韻字何呼覓 허다한 운자에 어찌 「멱」자를 부르는고

彼覓有難況此覓 저 「멱」자도 어려운데 또 「멱」자 인가

一夜宿寢懸於覓 하룻밤을 자면서 「멱」자로 씨름하게되니

山村訓長但知覓 산촌 훈장은 다만 「멱」자만 아는가

△ 入聲 錫韻

金笠의 본명은 炳淵, 字는 性深, 호는 蘭皐 김립은 俗稱 宣川人 祖父 金益淳이 宣川府使로 왔다가 洪景來亂 때 사로잡혔다가 놓여 나왔으나 나라에서 사형하였다 破門된 家門에 태어난 金笠은 放浪詩人이 되었다

이 詩는 멱〈覓〉字로 韻을 붙이는데 중점을 두고 平仄은 變格이다。 그저 뜻을 중히 하고 平仄法은 볼 것이 아니다

現代篇

嘲朴班長

十餘家戶一人携
雀躍誇張獨步梯
天幸得爲無復爵
地靈傑出有誰蹄
輒對班員回目視
望觀上司脫頭低
昧識只聞官報至
不時傳達走東西

△平聲 齊韻

鄭坰光

십여집을 한 사람이 이끌고 나가게 되니
기뻐 날뛰며 자기혼자 벼슬길에 오른듯 자랑하누나
천행으로 얻은 것이 다시없는 벼슬이었는데
땅 정기로 낳았으니 어느누구가 나와 같이 오를 것인가
문득 반원을 대하면 눈을 치떠보고
상사를 바라만 보아도 모자를벗고 굽신거린다
아는것도 없거니와 다만 공문이 왔다는 말만 들어도
불시에 전달하려고 동서로 다름질 친다

정경태는 전북 부안 사람 현재 大韓弘益報社 社長 호는 石菴
漢詩에 능하며 時調에 있어서는 권위자다
詩는 시국을 풍자한 재미있는 詩이다.

輓白凡金九先生

自由中國總統 蔣介石

樞星一夜落江山
天動地悲水自鳴
血淚溱溱滄海潤
憤心疊疊泰山輕
堂堂義氣生前業
烈烈精神死後名
千秋寃恨憑誰問

추성이 하룻밤에 떨어지니
하늘과 땅은 놀라고 슬퍼하며 물도 우는도다
가신님 생각에 눈물도 많고 많고
분한 마음 쌓이고 쌓여 태산도 가벼우이
당당한 의기는 생전의 일
열렬한 정신은 사후에 이름을 더하네
천추의 원한을 누구에게 물어 볼까

寂.寞.皇。陵。白.日.明△ 적막한 황능에 백일만 밝았더라

△ 平聲 庚韻

註 ① 樞星 - 중추전 인물을 가르침 가장 중요한 인물

② 溱溱 - 많고 많다는 뜻

③ 皇陵 - 대인(큰 인물)의 묘지를 가리켜 말함

白凡 金九 先生이 安斗熙에게 살해 되었다는 소식을 듣고 蔣介石總統이 지어 보낸 輓詞다 의연했던 선생을, 진정 가까와서 울부의 충정을 읊은 글이다.

書塾

樹仁 金信炯

鳴。城。山。下.向.南。臺△ 명성산 아래 남쪽을 향한 곳에

佳。節.仲.春。一.塾.開△ 중춘 가절에 한 서숙을 열었더라

聖往千年儒道復
世難今日古風來
欲爲成器能磨玉
却忘思鄉又擧杯
歲月如流何是急
諸生可惜寸陰催

△ 平聲 灰韻

성인 가신지 천년 유도는 다시 나
어지러운 세상에 옛 바람이 오도다
그릇을 만들고자 옥을 갈고 닦는데
문득 고향생각에 또 잔을 드노라
세월은 여류하여 이다지도 급하가
젊은이 들은 시간을 아껴 재촉할지라

金信炯
서울大學校 師範大學 卒業
慶北敎育會 副會長
서울特別市中等敎育會 副會長
輔仁中商業高等學校 在職

道義精神昂揚

于齋 金銀容

儒。道.精。神。發.我.東△
因。於。怪.習.漸.衰。中△
弟.兄。主.利.情。多。弛.
子.父.傷。倫。意.不.通△
敬.老.慈。幼。承。美.俗.
施。仁。布.德.振.淳。風△
綱。常。正.義.從。玆。復.
去.去.新。新。宣.有.窮△

유도정신 우리 동방에서 비롯했는데
괴상한 풍습으로 점점 쇠해지고 있네
형제는 이익을 주로하고 정리는 해이하여
부자간 인륜은 상해 뜻은 통하지 않네
경로사상과 어린이 사랑하는 미풍을 이르키려면
인과 덕을 베풀어 순풍을 이르켜야 되리라
법과 정의 이에 다시 따르면
미풍양속은 가도가도 새로와 무궁하리라

△ 平聲 東韻

金銀容은 전북 고창 사람 현재 大韓弘益報 發行人이며 圖書出版 五行閣 代表 號는 于齋 易學에 正統하며 저로 는 萬歲

曆을 비롯하여 四柱大觀등. 易學에관한 十八餘種

翫月世界

權伯哲

地球公轉返斜明
宇宙船人一路行
岩石沙間生物絕
珍珠塊上釆旗橫
求寶之中初巨擘
開天以後最長程
擧世歡聲迎接裡
南洋安着大功成

지구를 반사하여 밝게 만드니
우주선인들이 올라가게 되네
암. 석. 사 간에는 생물이 없고
진터미와 진주 위에 기를 꽂았네
보배는 처음으로 큰 것을 얻고
개천이래에 가장먼 길 일네
온세상이 환성으로 영접 하는데
남양에 안착 하므로 큰공 이루었네

●附録

奎章全韻

御定奎章全韻義例

我東韻書之彙以三韻別置入聲有非韻本四聲之義故以平上去入比類諧音增爲四格此奎章全韻之所命[illegible]也編字次第倣古韻書字母爲次之法以諺書反切按序排定而一字之諸韻互見者同字而音義各殊者華音東音之逐字異讀者標以傍識之匡以圈加之諺註以分析之皆依華東正音之舊而尤致詳焉一字互見四聲者平聲標○上聲標●去聲標◐入聲標◗一字互見他韻者註部首字加匡一韻而字同音義異者註以諺音加匡東音則同而華音母義異者標以小圈訓則別義而書華音加匡華音則遵正音之字母叶通辨之譯訓東音則辨以[illegible]律以字母各字之下以

諺書分註華東亦各加匡韻法自六經始兩漢諸儒莫不用韻太玄易林是也至沈約拘以四聲古韻失其傳而叶音之稱昉於吳棫韻補朱子取之以釋毛詩離騷令署爲抄附至於通韻之辨有若聚訟而證之古樂府杜韓詩最有可據以次附于各韻之下東冬江相通支微齊佳灰相通魚虞相通眞文元寒刪先相通蕭肴豪相通歌麻相通庚青蒸相通侵覃鹽咸相通上去入倣此自今科試許押入聲增韻而又有新定玉篇以生生字整理字印頒甲寅取字典本木刻三十二萬字藏于內閣是謂生生字丙辰編整理通攷以生生字本範鑄三十萬字是謂整理字

御定奎章全韻部目

平聲共三十○附通韻	上聲共二十九○附通韻	去聲共三十○附通韻	入聲共十七○附通韻
東一○冬江	董一○腫講	送一○宋絳	屋一○沃覺
冬二○東江	腫二○董講	宋二○送絳	沃二○屋覺
江三○東冬	講三○董腫	絳三○送宋	覺三○屋沃
支四○微齊佳灰	紙四○尾薺蟹賄	寘四○未霽泰卦隊	
微五○支齊佳灰	尾五○紙薺蟹賄	未五○寘霽泰卦隊	
魚六○虞	語六○麌	御六○遇	
虞七○魚	麌七○語	遇七○御	
齊八○支微佳灰	薺八○紙尾蟹賄	霽八○寘未泰卦隊	

佳 九○支 微齊灰	蟹 九○紙 尾薺賄	泰 九○寘未 霽卦隊	
灰 十○支 微齊佳	賄 十○紙 尾薺蟹	卦 十○寘未 霽泰隊	
		隊 十一○寘 未霽泰卦	
眞 十一○文 元寒刪先	軫 十一○吻 阮旱潸銑	震 十二○問 願翰諫霰	質 四○物月 曷黠屑
文 十二○眞 元寒刪先	吻 十二○軫 阮旱潸銑	問 十三○震 願翰諫霰	物 五○質月 曷黠屑
元 十三○眞 文寒刪先	阮 十三○軫 吻旱潸銑	願 十四○震 問翰諫霰	月 六○質物 曷黠屑
寒 十四○眞 文元刪先	旱 十四○軫 吻阮潸銑	翰 十五○震 問願諫霰	曷 七○質物 月黠屑
刪 十五○眞 文元寒先	潸 十五○軫 吻阮旱銑	諫 十六○震 問願翰霰	黠 八○質物 月曷屑
先 十六○眞 文元寒刪	銑 十六○軫 吻阮旱潸	霰 十七○震 問願翰諫	屑 九○質物 月曷黠
蕭 十七○ 肴豪	篠 十七○ 巧晧	嘯 十八○ 效号	

肴 十八○ 蕭豪　巧 十八○ 篠晧　效 十九○ 嘯号

豪 十九○ 蕭肴　晧 十九○ 篠巧　号 二十○ 嘯效

歌 二十 ○麻　哿 二十 ○馬　箇 二十一 ○禡

麻 二十一 ○歌　馬 二十一 ○哿　禡 二十二 ○箇

陽 二十二 ○無　養 二十二 ○無　漾 二十三 ○無　藥 十○ 無

庚 二十三 ○青蒸　梗 二十三 ○迥　敬 二十四 ○徑　陌 十一○ 錫職

青 二十四、 ○庚蒸　迥 二十四 ○梗　徑 二十五 ○敬　錫 十二○ 陌職

蒸 二十五 ○庚青　職 十三○ 陌錫

尤 二十六 ○無　有 二十五 ○無　宥 二十六 ○無

侵 二十七○ 覃鹽咸　寢 二十六○ 感琰豏　沁 二十七○ 勘豔陷　緝 十四○ 合葉洽

覃二十八○ 侵鹽咸　感二十七○ 寢琰豏　勘二十八○ 沁豔陷　合十五○ 緝葉洽

鹽二十九○ 侵覃咸　琰二十八○ 寢感豏　豔二十九○ 沁勘陷　葉十六○ 緝合洽

咸三十○ 侵覃鹽　豏二十九○ 寢感琰　陷三十○ 沁勘豔　洽十七○ 緝合葉

原增叶文總一萬三千三百四十五

原一萬九百六十四

增二千一百二

叶二百七十九

敬之至者不以文爲美如祭天而服黑以素衰尚質素折旋揖讓之礼容所以施於外實見文族黨自當質素爲礼大圭
天子所搢者不琢不爲鐫刻文理也大羹太古之羹肉汁無鹽梅之和後王存古礼故設之亦尚玄酒之意大路殷祭天
之車朴素無飾以蒲越爲席犧樽刻爲犧牛之形畫爲鳳羽婆娑然也此尊以粗疏之布爲覆冪樿白
木之有文理者杓沃盥之具也

御定奎章全韻部目

御定奎章全韻 上

平聲 東一

(東) 文一百五十三
公 無私 官也 (공)[공]
工 巧也 匠也
功 績也
紅 仝女 |(홍)
空 虛也 (콩)
崆 岷州山名 |峒
箜 瑟類 |篌
悾 |愨也 (江)
東 日出方 (동)[동]
涷 暴雨
蝀 虹也 蝃|
同 共也 (동)
仝 古
侗 無知 倥| (통)
銅 赤金
峒 岷州山名 崆|
桐 梧也 琴材
酮 馬酪
鮦 鱧也
童 幼也
僮 僕也 |竦兒
曈 日出 |曨
瞳 目珠

上聲 董二

(董) 文三十四
空 穴也 (공)[공]
孔 甚也 仝
悾 失意 |惚 (江)
倥 不暇 |傯
董 正也 督也 (동)[동]
懂 心亂 懵|
鼞 鼓鳴 ||
蝀 虹也 蝃|
動 作也 搖也 (동)
挏 推引
攏 持也 掠也 (롱)[롱]
籠 箱也
蠓 醯雞 蠛| (몽)[몽]
懞 麥茂 ||
懵 心亂 |懂

去聲 送一

(送) 文四十八
貢 獻也 (공)[공]
贛 賜也 仝上 仝下
灨 豫章水名 (勘)
湏 仝
[土貢] 地名
[貢鳥] 鳥讓食
[犭工] 飛至
虹 泗州縣名 (絳)
鞚 馬勒 (공)
倥 不暇 |傯
控 引也 告也
採制勒 止(講)
空 窮也 鼓也 |之
涷 冰壯 (동)[동]
棟 屋脊

入聲 屋一

(屋) 文二百
轂 車輻所湊
|薦人推 (子)[곡]
韇 仝
穀 禾稼總名 善也 祿也 生也 (有)
糓 仝
榖 俗
穀 楮也皮可爲紙 姓也 |梁
㱿 仝
瑴 二玉相合 (覺)
𧸘 仝
珏 仝 (覺)
谷 山閒水道 窮也 養也 (욕)(沃)

東

罿 鳥網 (冬) 犝 無角牛 羶 無角羊
穜 木名 ㅣ稑 (冬) 潼 廣漢水名 櫳 檻也 (룡)[롱]
龔 竈也 仝 竉 包舉 鳥檻 曨 日出 曈ㅣ
朧 月出 朦ㅣ 聾 耳聾 無聞 礱 磨也
嚨 喉也 瓏 明皃 玉聲 玲ㅣ 蒙 檬也 覆也 (몽)[몽]
冡 仝 濛 微雨 溟ㅣ 矇 有瞳無見
幪 覆也 帡ㅣ 幏 仝 饛 器滿
朦 月出 ㅣ朧 罞 麋罟 (肴) 雺 地不應天 (宋)
霿 仝 夢 不明 ㅣㅣ 瞢 目不明 (徑)
懜 慚也 無知 (徑) 懵 仝 蓬 蒿也 (봉)[봉]

董

琫 刀飾 (봉)[봉] 鞛 仝
菶 草茂 ㅣㅣ [illegible] 瓜多實
唪 大笑 仝 蓊 草木盛ㅣ
[롱] 礲 (옹) 滃 雲起
嵸 山高 巃ㅣ (종)[종] 總 統也 皆也 (총)[총]
揔 仝 摠 俗
憁 仝 傯 不暇 倥ㅣ
憁 失意 悾ㅣ 捅 引也 (통)[통]
桶 木器 受六升 (腫) 澒 水銀 元氣
末分 濛ㅣ (뭉)[뭉] 鴻 直馳 ㅣ絧 仝

送

恫 不得志 ㅣ憁 (통) 洞 疾流 閒徹 幽窔
弄 玩也 侮也 (롱)[롱] 哢 鳥吟 哢ㅣ
霿 地不應天 (몽)[몽] 夢 寐中 神遊 春ㅣ (무)
寢 仝 瞢 目不明 (徑)
懵 惽也 仝 賵 贈死 物別 (봉)
鳳 神鳥 (봉) 送 遣也 (송)[송]
[illegible] 齅也 (홍)[홍] 齆 仝
甕 仝 糉 角黍 蘆葉
裹米 (종)[종] 粽 俗
傯 不暇 倥ㅣ (총)[총] 謥 急言 ㅣ詷 (충)

屋

哭 哀聲 (곡) 禿 無髮 (독)[독]
鵚 禿頭 鳥ㅣ 鶖 牘 書版 樂器
櫝 函也
匵 仝 殰 殤胎
讀 誦書 (宥) 瓄 圭名
黷 濁也 黝皃 瀆 溝也 仝
犢 牛子 讟 痛怨 而謗
獨 單也 髑 項骨 ㅣ髏
韣 弓衣 祿 麋也 穀也
福也 (녹)[록] 錄 循衆 ㅣㅣ (御)(沃)

奎章全韻／上　東　董　送　二　屋

蓬 編竹覆舟 篷 仝 逢 ㅣㅣ鼓聲 (冬)
韸 仝 鬔 髮亂ㅣ鬆 芃 草盛ㅣㅣ
翁 老稱 嵡 馮翊山名九ㅣ峯聚
鬷 釜屬衆也 艐 船著沙國名三ㅣ
椶 蒲葵ㅣ櫚 棕 仝 騣 馬鬣
鬉 仝 豵 一歲豕 崈 高也尊也
宗 仝 悤 遽也ㅣㅣ 怱 仝
怱 俗 匆 仝 蔥 葷菜青也
佳氣ㅣㅣ 聰 耳徹 驄 馬青白
叢 聚也 䕺 仝 蕠 俗

汞 水銀澒 增 文十一
曈 日出ㅣ曨 洞 ㅣㅣ孝敬
相通 鴻ㅣ 鸗 鳥屬
曨 日出曈ㅣ 竉 穴也窟ㅣ
濛 元氣未分ㅣ澒
轇 車輪 蓯 草皃菶ㅣ (冬)
稯 禾聚束 縱 急遽ㅣㅣ (冬)(宋)
嗊 歌曲囉ㅣ 叶 文四
降 戶孔切郭璞贊 徃 尹竦切七諫
茌 乳勇切樂錄 任 乳勇切張翰詩

愡 不得志ㅣ恫 痛 病也傷也
慟 哀過 烘 火燎
哄 唱聲 鬨 鬪聲 (絳)
誇 多言 躬 曲船
僼 小兒 仝 諷 誦也微刺
風 仝 中 當也的也
應也ㅣ興 衆 多也三人
仲 次也 衷 斷其中折
ㅣ 增 文十二
𪆿 小杯 齈 多涕

碌 多石 仝 (沃) 琭 玉皃ㅣㅣ
睩 視皃曼ㅣ 簶 箭室胡ㅣ
盝 去水 漉 滲也 仝
淥 仝 (沃) 鹿 麋屬牡有角
簏 竹篋書ㅣ 𦌰 小罟
麓 山足 樚 汲水器ㅣ櫨
轆 車桊 仝 䮉 野馬
角 四皓ㅣ里 (覺) 甪 俗非
本 東方之行質樸ㅣ訥不柔ㅣ彊
沐 濯髮治也潤澤霢雨溟ㅣ

東

叢 草叢生
潨 水會 (冬)
通 達也 (통)[퉁]
恫 痛也
痌 仝
筒 竹名 射丨 (퉁)
筩 截竹 仝(腫)
烘 火乾 (홍)[훙]
洚 水不遵道 (훙)(絳)
洪 大也 仝
紅 帛赤白 (훙)
葒 水草馬蓼
葓 仝
訌 訟言相陷潰也
虹 螮蝀 仝(絳)
鴻 隨陽大鳥也
終 竟也 (즁)[즁]
螽 蝗類 阜丨
弓 弧也 (궁)[궁]
躳 身也
躬 仝
匑 恭皃
宮 室也 中聲 腐刑
穹 高也 天也 (궁)
芎 香草 丨藭
窮 翌國 (궁)
竆 極也 究也 仝
藭 香草 芎丨
雄 牡也 (웅)[웅]
熊 似豕 冬蟄

董

通 韻二
腫 二上
講 三上
涷 暴雨 (동)[동]
蝀 螮丨 虹也
湩 乳汁 (腫)
詷 急言 謥丨 (동)
峒 山穴
衕 通街
動 丨之
礱 磑也 (롱)[롱]
緵 百囊罟 (종)[종]
洚 水無涯丨 洞 (홍)[홍](絳)
叶 無

送

通 韻二
宋 二去
絳 三去

屋

霂 小雨 霢丨
鞪 車轅皮束歷錄
鶩 舒皃
目 眼也
苜 連枝草 丨蓿
睦 親也
毣 毛溼 丨丨 思皃
牧 養也 治也 郊外
穆 敬也 和也 序也
繆 仝 惡諡 (宥)(左)
卜 灼龜 予也 (복)[복]
濮 東郡水名
樸 叢木 丨樕 (覺)
扑 小擊 (푸)
擈 仝
撲 拂著 踣也 (覺)
醭 酒上白
僕 給事者 (沃)(뵉)
福 祐也 德也 (뵥)
幅 布廣 (職)
輻 輪轑 (宥)
蝠 仙鼠 蝙丨
楅 牛角橫木 丨衡 (職)
葍 惡菜 蕾也
腹 肚也
馥 香氣
複 重衣 (宥)
復 反也 荅也 白也 仝上 仝下 (宥)
覆 反也 審也 敗也 倒也 (宥)
蝮 毒蛇
伏 藏也 跧也
偪也強也 (뿍)(宥)
茯 松脂入地 丨苓
栿 梁也
服 衣也 車右騎 習也 用也 從也
鵩 似鴞不祥鳥

風 大塊噓氣牝牡相誘(풍)[풍] 飌 古
凬 古 楓 欇也 豐 豆屬大也盛也
酆 周都仝 灃 咸陽水名 渢 大聲｜｜(풍)(咸)
馮 馬行疾依也牆堅聲｜｜(蒸) 隆 豐大物之
中高(륭)[륭] 窿 天形穹｜ 霳 雲師豐｜
癃 罷病 嵩 中岳｜山(숭)[숭] 崧 山高｜仝
菘 白菜 ⿰鳥戎 似鷹而小 ⿱戎鳥 仝
娀 國名有｜ 融 和也明也(융)[융] 瀜 水深沖｜
彤 商祭名 ⿰火彤 火氣 ⿰扌戎 助也(융)
戎 兵也大也汝也西夷仝 茙 蜀葵厚皃｜｜

箙 盛矢器 ⿰王服 仝 菔 菜名蘆｜(職) 匐 伏地匍｜(職) 虙 虎皃帝號｜犧 宓 仝(복)沃
速 疾也召也(속)[속] 餗 鼎實 涑 河東水名(수)(宥)(沃) 觫 懼皃觳｜ 樕 小木樸｜
蔌 菜茹總名陋也｜｜(有) 遬 謙愨齊｜ 藗 茅屬 謖 起也峻挺｜｜ 屋 舍也具也(옥)[옥]
剭 誅也(覺) 蔟 聚也(족)[족](宥) 簇 仝小竹 鏃 矢末金 族 聚也宗｜(졸) 曝 日乾(호)(쏙)[폭]
㬥 仝顯示(호) ⿰氵㬥 飛泉(호) 熇 炎氣｜｜[혹](蕭)(沃)(藥)(학) 斛 量名受十斗(곡) 觳 盡也懼皃
｜鯟 仝(覺) 槲 樕類｜樕 縠 綴紗 匊 物滿手(국)[국] 掬 撮也仝 鞫 窮治
鞠 養也告也曲也仝上仝下 菊 黃華 蘜 仝 鵴 布穀鳲｜ 麴 酒母(국)
麯 俗 郁 文盛｜｜氣厚醲｜(육)[욱] 彧 有文章 稶 黍稷盛皃 薁 葡萄類蘡｜
燠 熱也(혹)(호) 澳 水隈(호) 隩 仝(호) 墺 仝(호) 昱 日光(유) 煜 耀也(緝)
朒 月見東方不伸縮｜(뉵)[뉵] 恧 慙也 忸 仝(有) 衄 鼻血挫也敗也 衂 仝

駥 馬八尺
絨 練熟絲細布
中 半也內也成也 (중)[즁]
忠 盡心不欺 (충)[츙]
衷 中也誠也褻衣斷其中折丨
充 滿也美也 (충)
珫 珥玉
㤝 心動
茺 藥名丨蔚
忡 憂也丨丨
沖 和也湥也鑿聲丨丨
翀 上飛
冲 仝上仝下
种 稺也
盅 器虛 (충)
爞 旱熱丨丨
蟲 動類總名 仝
增 文五十二
蚣 毒蟲蜈丨 (공)[공](冬)
㓚 銍刈
攻 擊也 (冬)
釭 車轂鐵 (江)
玒 玉名 (江)
倥 無知丨侗 (공)
椌 器物朴 (江)
涳 微雨丨濛

衂 俗
六 老陰數 (륙)[륙]
陸 高平
稑 禾名種丨
穋 仝
[虫+坴] 圓蛤
勠 併力 (宥)
戮 殺也辱也 仝
僇 仝
蓼 草長丨丨 (蓼)
肅 敬也 (숙)[슉]
䎘 羽聲丨丨
鱐 魚腊 (尤)
宿 止也素也守也大也 (수)(宥)
蓿 連枝草苜丨
夙 早也
縮 斂也 (수)
蹜 足迫
莤 灌鬯酒
尗 豆也 (수)
菽 仝
叔 拾也季父 仝
琡 大璋
婌 女官
淑 清也善也 仝
俶 始也善也作也甚也 (錫)
倐 急疾丨忽
儵 仝
孰 誰也 (숙)
熟 食飪稔也
塾 門側堂
璹 玉器
育 養也 (육)[육]
毓 仝
堉 地肥
囿 苑也 (宥)
鬻 賣也
粥 仝 (육)
儥 仝
肉 肥也 (육)(宥)
粥 糜也 (쥭)(죽)[쥭]
竹 冬生草
顣 不悅丨頞 (축)[츅]
蹙 迫也 仝
蹴 踏也 仝
縬 縮也
[虫+就] 尺蠖
踧 行敬丨踖謹 (錫)
祝 贊主饗神織也斷也始也 (축)(宥)
竺 西域天丨 (沃)
筑 樂器似箏
築 擣也
柷 樂器節音 (축)
蓫 羊蹄草
矗 聳上丨丨
閦 衆也
蓄 積也

絧 布名 (동)[동] 戙 繫舟杙 朣 月出 ㅣ朧

艟 戰船 艨ㅣ (冬) ⿰舟同 仝 橦 木名 花可績 (江)

氃 㲣毛 氋ㅣ 巃 山高 ㅣ嵸 (롱)[롱] 龐 充實 ㅣㅣ (江)

蘢 葒草 (冬) 曚 日未明ㅣ 曨 (롱)[롱]

艨 戰船 ㅣ艟 ⿰馬蒙 驢子 氋 㲣毛 ㅣ氃

菶 草茂 ㅣㅣ (봉)[봉] 汎 浮也 (봉)(陷) ⿰丰鳥 鳥頸毛 [홍](홍)

螉 細腰 ㅣ蠭蠮 緵 布縷 (종)[종] 鬉 髮亂

葼 木細枝 鯼 石首魚 猣 犬生三子

稯 禾束 嵸 山高 巃ㅣ 嵷 仝 (腫) 潀 水聲 ㅣㅣ (종) 總 縫也 (종)[종] 璁 石似玉 囪 竈突 (총)(江) ⿱竹悤 取魚器 (총) 蓪 藥名 ㅣ草 (통)[통]

侗 大皃 (통) 鉷 弩牙 (홍)[홍] 谾 谷空 ㅣㅣ (江) 鼨 豹文鼠 (종)[종] 蘴 蕪菁 (풍)[풍] 葑 仝 (宋)(冬) 豐 雲師 ㅣ隆 麷 熬麥 ⿰壴隆 鼓音 ㅣㅣ (륭)[륭]

稸 仝 畜 仝止也 (휵)[휵](츅)(宥) 逐 追也 斥也 (츅)(錫) 軸 轂也 柚 織具受經 (宥) 舳 船尾

畜 養也 (휵)[휵] (츅)(宥)(宥) 慉 起也 仝 增 文二十六 誘 狡猾 ㅣ詆 (육)[육] 嬻 媟慢 (독)

韇 盛弓矢器 盝 㖩也 書匣 (록)[록] 谷 ㅣ蠡 王名 (곡)(沃) 摝 振也 轐 車軸縛 (복)[복] 墣 塊也 (복)(覺)

副 剖也 (복)(宥)(職) 輹 車下縛 鍑 釜也 袱 帊也 (복) 垘 壅也 澓 伏流

洑 仝 阿 孰也 ㅣ誰 (옥)[옥](歌) 瘯 疥癬 (족)[족] 趜 迷也 ㅣ蹴 (국)[국] 踘 仝

隩 曲岸 水外 椈 柏也 驌 良馬 ㅣ驦 (숙)[숙] 鷫 神鳥 ㅣ鷞 妯 兄弟妻相呼 ㅣ娌 (츅)[츅](尤)

鱁 鹽魚腸 ㅣ鮧 搐 牽制 (휵)[휵] 叶 文六 國 古錄切 史記贊 答 都木切 易林 圉 于六切 九歎

活 乎酷切 詩毛 家 古錄切 詩毛 孝 許六切 詩毛 通 韻二 沃 二入二 覺 三八

四

屋

華東正音 東

懜 了慧 惺丨 (몽)(몽) 獴 猴屬毛可爲布 (몽)(몽) 衆 藥名 貫丨 (중)(중) 霿 小雨 叶 文十六 龕 渠容切 林易 調 徒紅切 詩毛 分 膚容切 啓七

尊 祖賓切 太玄 潀 書容切 易 應 於容切 易 陰 於容切 詩毛 弘 火宮切 詩毛 明 莫紅切 易林 虞 五紅切 詩毛 牙 五紅切 詩毛 家 各空切 詩毛

章 之戎切 書 堂 七公切 九歌 諶 市隆切 詩毛 國 古紅切 老子

通 韻二 冬 二平 江 三平

平聲 冬二

冬 文九十八 攻 治也 (공)(공)(東) 恭 敬也 (공)
共 河內城名堯官名丨工法也 仝 供 給也 設也
龔 給也 姓也 銎 斧孔 (공) 邛 勞也 病也 蜀地臨丨 (공)
筇 竹名可爲杖 茾 莫莢實
蛬 蟋蟀 蛩 獸名丨丨 仝 農 關土殖穀 (농)(농)
儂 我也 䨶 露多 膿 腫血

上聲 腫二

腫 文四十四 拱 手抱斂手 (공)(공)
珙 璧也 栱 杙也 柱頭丨枓
鞏 韋東 固也 䂬 水邊石 (공)
恐 懼也 湩 乳汁 (동)(동)(送)
隴 大阪 (롱)(롱) 捧 手承 (봉)(봉)
壅 覆也 泛 仝 (洽)(陷)

去聲 宋二

宋 文二十五 供 設也 具也 (공)(공)
恐 慮也 (공) 共 同也 (공)
霿 地不應天 (몽)(몽)(東)
葑 菰根 (봉)(봉)(東) 俸 秩祿 (봉)
縫 衣會 𢣇 巾也 款書
宋 微子所封 (송)(송) 雍 州名 蔽也 (옹)(옹)

入聲 沃二

沃 文八十二 告 請也 示也 (곡)(곡)
(곡) 梏 手械
牿 牛馬牢 酷 虐也 甚也 (혹)
鵠 鵠的 (혹) 嚳 急告 高辛氏號
曲 不直 懷抱 (곡) 篤 馬行頓遲
固也 厚也 (독)(독) 竺 仝 (屋)

醲 厚酒 濃 厚也 穠 華多
襛 衣厚 冬 四時 終(동)[동] 彤 丹飾(동)
浵 水深 汪｜ 佟 姓也 鼕 鼓聲｜｜
憹 憂也｜｜ 丰 美好(봉)[봉] 夆 掣也
峯 山耑 鋒 刀劍 鋩 烽 烟火 警邊
熢 仝 蠭 螫人 飛蟲 蜂 仝
封 聚土大也 緘也(豐) 葑 蔓菁(東)
逢 迎也(봉)(東) 縫 以鍼紩衣 漨 水名 出單狐山
顒 仰也 大也 溫皃｜｜(옹)[옹] 喁 魚口噞｜
衆口向上｜｜(有) 邕 塞也 和也(옹) 嗈 鳥和鳴｜｜

奉 獻也 尊也 承也(봉)
擁 抱也(옹)[옹] 壅 障也 培也
竦 敬也(송)[송] 悚 怖也
聳 高也 勇 銳也(용)[용]
埇 巷道 甬 草皃｜｜ 仝
涌 水溢 湧 俗
慂 勸也 慫｜ 臾 仝(寘)(寘)(寘)
蛹 繭蟲 踊 跳也 騰也
踴 仝 悀 心喜
俑 木人 宂 雜也 怂也(용)

壅 塞也 培也 灉 曹州水名
鞚 靴鞚 鞚 襪鞚
綜 機縷(종)[종] 稯 牡豕
統 總也 紀也(통)[통] 頌 告功之詩
誦 諷也 讀也 (송)[송] 誦也
訟 爭也 用 任也 以也(용)[용]
縱 緩也 亂也 放也 雖也(종)[종](董)
從 隨行 僕｜侍｜同宗(종)
種 蓺也(종) 重 再也 厚也
(鷟)之(종)[종] 增 文三

督 察也 勸也 中也 裻 背縫 偏衣
毒 化育亭｜〇 害也 憎也(독)
蝳 蜘蛛 纛 羽葆 幢(号)
綠 間色 靑黃(亨)[록] 錄 記也 齒也(御)(屋)
淥 水淸(屋) 醁 美酒 醽｜
碌 綠石(屋) 騄 駿馬 ｜駬
籙 籍也 濼 濟南水名(藥)(藥)
僕 隸也(卑)[복](屋) 幞 帕也 常服 幅削
襆 仝 宊 姓也(寘)(목)(屋)
涑 澣也(속)[속](尤)(宥)(屋)

冬

嚨 仝 灉 曹州水名 癰 疽也

廱 學名 辟ㅣ 雝 和也 ㅣㅣ 仝上 仝下

雍 和也 饔 熟食 宗 尊也 本也 (종)(종)

賨 蠻賦 ㅣ布 (종) 琮 祭地 玉黃 ㅣ 淙 水聲 ㅣㅣ (江)

慒 慮也 悰 樂也 仝 從 舒緩 ㅣ容

(총)(총)(종) 樅 松葉 柏身 龍 鱗蟲之長

馬八尺 星名 (룡)(룡) 松 衆木之長 (숑)(숑) 鬆 髮亂 髼ㅣ

蜙 蝗類 ㅣ蝑 蚣 仝 (東) 舂 擣也 (숑)

惷 騃也 (江)(絳) 摏 撞也 頌 皃也 (용)(용)

容 受也 安也 從ㅣ 仝 溶 水皃 ㅣㅣ

腫

𡨍 劣也 傝ㅣ 茸 草生 龍ㅣ 仝

氄 毛細 慫 驚也 (숑)(숑)

腫 癰也 (종) 踵 足跟

種 類也 ㅣ子 髮短 ㅣㅣ

尰 足腫 瘇 仝

塚 高墳 (총)(총) 冢 大也 山頂 仝

寵 愛也 (춍) 龍 仝 (롱)

重 不輕 愼也 厚也 (즁)(즁)

增 文十二 拲 手械 (공)(공)

壟 田中 高處 (롱)(롱) 龍 仝 (롱)

宋

封 爵土 (봉)(봉)(豐) 惷 愚也 (춍)(춍)(江)(絳)

哅 讙聲 (흉)(흉) 叶 無

通 韻二 送 一去

絳 三去

沃

粟 米有甲 (속) 剶 細切

束 縛也 錦五匹 (속) 玉 美石 (옥)(옥)

獄 繫囚 沃 灌也 潤也 (옥)

鋈 白金飾 促 迫也 催也 (촉)(촉)

趣 仝 (遇)(有) 襆 帕領 (복)(복)(藥) 鷽 鳥羽肥澤 ㅣㅣ (학)(학)(覺)

熇 熱也 (蕭)(屋)(藥) 續 繼也 (쇽)(쇽) 藚 藥名 水舃 俗 下所習欲

也不雅 蜀 益州 地 (쵹) 韣 韜也 ⿰王蜀 玉名

蠋 桑蟲 襡 連腰衣 贖 貿也 貸也 欲 期願 (욕)(욕)

慾 嗜也 貪也 仝 谷 姓也 吐ㅣ 渾 (屋)(屋) 浴 洒身

鵒 似鴝 鴝ㅣ 辱 恥也 僇也 (슉) 蓐 陳草復生 薦也 褥 裀也

蓉 荷華芙ㅣ 鎔 鑄也 瑢 珮聲瑽ㅣ
庸 用也常也 墉 垣也 鏞 大鍾
傭 (용) 雇作 鄘 國名朝歌以北 慵 (용) 懶也
茸 草生ㅣㅣ 美皃 丰ㅣ亂皃 庬ㅣ 蹤 (종)(종) 跡也
縱 (董) 直也 從 自也就也順也 許也仝 (종)(송)
鐘 (종) 縣樂金音 鍾 仝 卮也量名 十釜 律名黃ㅣ ㅣ聚也
種 (종)(중)(東) 禾名ㅣ稑 重 複也 仝
衝 (충)(충) 突也 衝 仝 罿 (東) 鳥網
憧 意不定ㅣㅣ 胷 (흉)(흉) 膺也 匈 喧擾 仝上 仝下
凶 禍也 兇 仝 惡也 訩 訟也 亂也

駷 (송)(송) 馬搖銜走 㩳 挻也
嵷 (東) 山皃 龍ㅣ 筩 (동)(동)(東) 箭室
桶 (董) 斛也 詾 (흉)(흉) ㅣ衆言ㅣ
訩 仝 兇 擾懼 仝
洶 水皃 ㅣ涌 【叶】 無
【腫】 韻二 董 一上
講 三上
勗 俗 頊 謹皃ㅣㅣ 高陽氏號顓ㅣ 【燭】 文十一
蛐 蚓也 碡 (독)(독) 田器 磟ㅣ 菉 (록)(록) 草名王芻 鈺 (유)(옥) 堅金 數 (촉)(촉)(覺)(遇)(覺) 密也
鵠 (혹)(곡)(곡) 天鵝 黃ㅣ 屬 類也附也託也 (쑉)(쇽)(촉) 矚 (촉)(촉) 照也 拲 (공)(공) 手梏

縟 繁采 細也 溽 溼熱 鄏 河南地名 郟ㅣ 足 趾也 滿也
(주)(遇) 止也 (족) 燭 (족)(족) 炬也 明也 屬 連也著也恭ㅣ 皃ㅣㅣ (숙)
矚 視也 囑 託也 斸 (覺) 所也 钃 仝 劍名 ㅣ鏤
瘃 (覺) 寒瘡 皸ㅣ 觸 (촉) 觝也 犯也 歜 盛氣 怒 (感) 亍 小步 彳ㅣ
躅 跡也行皃 蹢ㅣ 花名 躑ㅣ (쵹) 蠋 仝 輂 (국)(국) 大車駕馬
檋 山行 㞋 梮 仝 挶 持也 局 分也 拘也
(국) 基盤 跼 不伸 蹐ㅣ 旭 (욱)(욱) 日出 勖 勉也

冬

訩 仝 哅 仝 洶 水勢 ｜｜

叶 無

通 韻二 屋一入 覺三入

恟 懼也

增 文二十七

雺 雨皃

葑 封州 山名

犎 牛似 橐駝

禺 廣州地名番｜ (虞)(遇)

壅 塞也

鬃 高髻 馬鬣

潨 (東) 水會

蓯 藥名 ｜蓉 (董)

鏦 (江) 矛也

瑽 珮聲 ｜瑢

龍 馬蓼 (東)

瓏 禱旱 玉龍

淞 吳郡 江名

凇 木稼 霧｜

蹖 蹋也

䳋 布穀

⿰馬舂 駑馬

榕 多蔭 樹

⿰庸戈 兵器 戟也

鱅 似鰱

⿱宀庸 器窳

蝩 原蠶

䡴 戰車

⿰矛重 短矛

艟 (東) 戰船 艨｜

傭 均也 齊也

跫 (江) 足音

叶 無

通 韻二 東一平 江三平

沃

平聲 江三

江 文三十七

扛 舉也 (강)

杠 牀前 橫木 旗竿

釭 (東) 燈也

矼 聚石 渡水

江 水出 岷山 (강)

玒 (東) 玉名

茳 香草 ｜蘺

腔 骨體 (강)

悾 (東)(董) 信也

跫 (冬) 足音

瀧 奔湍 韶州

上聲 講三

講 文十二

講 論也 究也 (강)

耩 耕也

港 水分 流

控 打也 (강)(送)

棒 杖也 (방)

棓 仝 (尤)

玤 石次 玉 縣名 (東)(送)

去聲 絳三

絳 文十

絳 大赤 (강)

降 下也 落也 貶也 歸也

洚 河內 水名 (東)(送)

虹 蝃蝀 泗州 (屋)

戇 愚也 (장)

入聲 覺三

覺 文九十

覺 寤也 曉也 直也 大也 (效)

角 獸所 戴茲

觸也 競也

桷 椽也

捔 継後 絓前 掎｜

殼 盡也 無潤 (屋)

水名(랑)[랑](상)
尨 犬多毛(망)[망] 狵 仝
厖 厚也 仝 哤 雜語 邦 國也(방)[방]
胮 脹也(팡) 龐 高屋 姓也(빵)(東) 逄 塞也 姓也
雙 偶也(상)[상] 㩳 懼也 艭 吳船 艕—
椿 杙也(장)[장] 淙 水聲——(짱)(冬) 幢 幡也
揰 擊也 囪 戶也(창)[창](東) 窗 俗
牕 仝 窻 仝 摐 撞也
肛 脹也 胮—大腸端門(향)[항] 谾 空谷(東)
缸 長頸甖(향) ⿰缶瓦 仝(有) 瓨 仝
降 服也 下也 增 文十 椌 柷也(캉)[캉](東)

蚌 蛤也 蜯 仝
項 頸也(향)[항] 缿 受錢器 —筩
傋 儋—(강) 增 文三
㒂 不媚 —倯(강)[강](항)
倯 不媚 傋—(망)[망] ⿰耒咅 耜屬(빵)[방]
叶 無 通 韻二
董 一上 腫 二上

戇° 仝(冬)(宋) 撞° 擊也
巷 邑中道(향)[항] 衖 仝
閧 鬭也(送) 增 文一
胖 脹也(팡)[방] 叶 無
通 韻二 送 一去
宋 二去

碻 仝 埆 地不平 —墝 搦 持也(박)[박](陌) 犖 駁牛 超絕 卓—— 明也——(락)[락] 貌 描畫(막)[막](效)
藐 輕視(篠) 邈 遠也 仝 剝 削也 割也(박)[박] 駁 馬色雜 駮 似馬鋸牙 仝 嚗 笑聲
樸 質也(박)(屋) 朴 仝木皮 墣 塊也(屋) 璞 玉未琢 颮 飛盤聲 雹 雨冰(빡)

瑴 雙玉(屋) 珏 仝(屋)
榷 以木渡水(效) 搉 大擧 揚— 仝
傕 人名 漢李— 斠 平斗斛
較 車耳 明也 直也 略也(效)
較 仝 㱿 上擊下 皮甲(갑)
殼 仝 慤 謹也
毃 擊頭 確 堅也

江

膿 耳鳴 (낭)[낭]　瀧 奔湍 (랑)(상)[상]　駹 馬白額 [망](망)
艀 吳船 ㅣ艭 (방)[방]　峴 山皃 崆ㅣ (항)[항]　橦 旗竿 (東)(장)[장]
鏦 矛也 (冬)(창)[창]　憃 騃也 (冬)(宋)　舡 吳船 艀ㅣ (항)[항]

叶 無　通 韻二　東 一平　冬 二平

覺

骲 骨鏃箭　爮 小瓜　瓝 仝　撲 挨也 踣也 (屋)　鰒 似蛤 偏著石　朔 初也 北方也 (삭)[삭]
矟 丈八矛　槊 仝　箾 舞竿 (蕭)　嗽 吮也 (宥)　欶 仝 (宥)　數 頻也 (沃)(삭)[遇]
渥 霑濡 (악)[악]　握 搤持　偓 仙人 ㅣ佺　幄 覆帳　喔 雞聲 ㅣㅣ　箹 小籥
嶽 山宗 (악)　岳 仝　樂 八音總名 (效)(樂)　鸑 鳳屬 ㅣ鷟　捉 捕也 (좍)[착]　斮 斬也 (樂)
斲 削也　斸 斫也 (沃)　椓 宮刑 仝上 仝下　㧻 擊也 刺木　涿 上谷郡名　諑 譖訴
琢 治玉　啄 鳥食　啅 仝　卓 高也　倬 大也　踔 卓立 (效)〇 行皃 趻ㅣ (착)　娖 謹皃 ㅣㅣ (착)　齪 迫也 齷ㅣ
擉 刃刺　𥳽 仝　逴 遠也 (藥)　趠 仝 (效)　濁 不清 (쫙)　鐲 鉦也　擢 拔也　濯 澣也 大也 ㅣㅣ　浞 濡溼
鷟 鳳屬 鸑ㅣ　灂 水聲 瀺ㅣ (嘯)　學 受敎 (햑)[학]　鷽 小鳩　嶨 山多石　确 石地 犖ㅣ 仝　翯 鳥肥澤 (沃)　𥉼 仝　增 文十八
矐 去目睛 (각)[각](藥)　㲉 鳥卵 (각)　礐 石聲　爆 熱也 (박)[박](效)(藥)　鏷 生鐵 (박)　彴 奔星 ㅣ約 (박)(藥)　犦 犎牛領肉　謈 呼痛 (豪)　齷 迫也 ㅣ齪 (악)[악]
剭 刑也 (屋)　葯 香草 白芷 (藥)　瘃 寒瘡 (쵹)[착](沃)　穱 稻下種麥　穛 早穀　鋜 足鎖 (쫙)　㱿 吐也 (학)[학]　殼 仝　澩 泂泉 (학)

叶 無

通 韻二 屋一入 沃二入

平聲 支四

支 文三百九十五 雖 鵻也 子| 巂 仝 (齊)

規 圓也 求也 仝 嬀 姓也 潙 河東水名 仝 (引)

闚 小視 (引) 窺 仝 虧 缺也

虧 仝 逵 九達道 (刊) 馗 鬼名 鍾| 仝 (尤)

騤 馬壯 健|健| 葵 百菜之主 戣 戟屬

頯 顴也 頄 仝 (尤) 纍 罪也 索也 (引)(晶)

累 仝 縲 黑索 仝 纝 仝

虆 蔓草 欙 山行所乘 樏 仝

上聲 紙四

紙 文二百五十八 癸 十幹之終 (刊)(冊) 跬 半步 (引)

頍 舉頭弁見 揆 度也 堯官名 百| (刊)

絫 增也 十黍 (引)(晶) 累 仝 樏 山行所乘

篹 盛土籠 壘 軍壁 (賄) 藟 葛蔓

蘽 仝 髓 骨中脂 (引)(仝) 瀡 滑也 滫|

水 地之血氣 (引) 菙 杖也 (引)(齊) 洧 潁川水名 溱| (引)(晶)

痏 疻也 鮪 鱣屬 王|

唯 諾也 趡 狂走 捶 擊也 (寘)(齊)(尗)

去聲 寘四

寘 文二百四十 巋 獨兒 (刊)(冊) 類 等也 肖也 (引)(晶)

禷 祭天 淚 目液 累 玷也 繫也 緣坐

纍 係也 仝 粹 純也 (引)(仝) 誶 話也 (寘)(隊)(震)

睟 視見 潤澤 祟 神禍 邃 深也

遂 達也 進也 五縣 (引) 鐩 取火日中 陽|

燧 烽火 取火於木 穟 禾秀 穗 仝

隧 墓道 墜 仝 襚 贈死衣

禭 仝 璲 珮玉 檖 山梨 楊|

支

雖 (슈)[슈] 設詞 綏 車轡 安也 (슈) 荽 香菜 胡丨

隨 (슈) 從也 隋 國名 垂 幾也 將及

自上縋下 (츄) 倕 重也 巧人 陲 邊也

誰 孰也 詰問 丨可 維 係也 綱也 發語辭 獨也 (유)[유]

唯 獨也 惟 思也 仝 濰 琅邪 水名

帷 幔也 遺 失也 餘也 加也 緌 冠纓下垂 (유)

綏 仝 (유) 甤 草木實丨丨 蕤 盛皃 葳丨

隹 鳥短尾 (쥬)[쥬] 鵻 仝 錐 銳也

騅 馬蒼白 追 逐也 逮也 (퇴) 推 順遷 窮詰

排也 擠也 尋也 (츄)(퇴) 椎 擊也 (츄) 槌 仝 (퇴)

紙

棰 仝上 仝下 箠 策也 菙 仝 (츄)

庋 藏也 丨閣 (기)[기] 庪 仝 祭山丨縣 企 望也 (기)

跂 垂足坐 仝 技 藝也 (기) 伎 仝

妓 女樂 伱 汝也 (녜)[니] 柅 絡絲柎 (質)

旎 旗皃 旖丨 里 五隣 (리)[리] 理 治也 道也 性也

俚 賴也 俗也 悝 憂也 (灰) 娌 兄弟妻相

謂妯丨心動 鯉 三十六鱗魚 裏 衣內

邐 因循 丨迆 李 木之多子者 履 踐也 祿也

裡 亩也 彌 止也 (미)[미] 弭 弓末 仝

瀰 水皃 丨丨 (叢) 渳 水皃 羋 羊鳴 楚姓

寘

彗 帚也 (혜) 篲 仝 (혜) 帥 領也 主也 (슈)(質)

率 鳥網 仝(質) (質) 瑞 信玉 祥也 (셔) 睡 眠也

遺 贈也 (위)[유] 出 自內而外丨 之 (최)[츄] (質)

墜 落也 (츄) 縋 繩懸 膇 足腫

錘 權也 企 望也 (기)[기] 跂 仝

蚑 蟲行丨丨 棄 捐也 弃 古

芰 蔆也 木栗 (기) 膩 肥也 垢也 (니)[니] 地 坤也 (디)[디]

利 通也 銛也 (리)[리] 莅 臨也 涖 水聲丨丨 仝

詈 罵也 吏 治人者 荔 蒚生 丨支 (려)

離 去也 覼 視也 寘 置也 (치)[치]

鎚 (灰) 權也 錘 仝 鬌 (타) 髮落
隳 (휴) 壞也 墮 仝 (타) 睢 (슈) 仰目 ㅣ盱
觿 (齊) 角錐 解結 岐 (기)(기) 鳳翔 山名 歧 路二達
祇 (지) 地神 安也 示 仝 軝 車轂 約出
疷 (齊) 病也 其 (긔) 指物之辭 耆 老也 長也
鬐 馬鬣 鰭 魚脊骨 夔 虞臣名 一足獸 ㅣㅣ悚懼 (괴)
尼 和也 女僧 比丘ㅣ (니)(니)(質)
怩 心慚 忸ㅣ (質) 离 明也 (리)(리) 離 陳也 麗也 歷也 別也 仝
籬 藩也 欐 仝
蘺 香草 江ㅣ 仝 醨 薄酒 漓 仝上 仝下

靡 無也 奢也 偃也 隨順ㅣㅣ 敉 撫也
美 (미) 好也 媺 仝 俾 (비)(비) 使也
俾 仝 匕 匙也 妣 母歿之稱
比 (質) 校也 竝也 秕 不成粟 粃 仝
鄙 陋也 邊裔 啚 仝 否 (有)(○) 惡也
痞 塞也 (비) 庀 (비) 治也 具也 仳 ㅣ離 別也
圮 岸毀 嚭 大也 秠 黑黍
諀 惡言 婢 (비) 女奴 庳 下也
枲 (시)(시) 牡麻 始 (시) 初也 弛 釋也
豕 猪也 屎 糞也 矢 箭也 誓也 仝

媚 諂也 愛也 親順 嫵ㅣ (미) 魅 山林異氣 魑ㅣ
鬽 仝 畀 (비)(비) 與也 痹 脚病
臂 肱也 庇 廕也 芘 草名 淡ㅣ 仝
祕 密也 秘 俗 泌 (質) 泉皃
毖 愼密 閟 閉也 幽也 轡 馬轡
賁 (文)(元) 卦名 飾也 鄪 魯邑 費 仝 (未)
比 (質)(○) 密也 及也 待也 黨也 (비) 濞 水聲 洶ㅣ (필)
鼻 始也 肺之 使 (비) 庳 舜弟象 所封 枇 細櫛
鞁 車駕具 備 具也 奰 壯大 怒也
試 (시)(시) 用也 嘗也 弑 下害上 殺 仝 (시)(쇄)

支

灕 流皃滲丨秋雨淋丨湘南水名 璃 西國寶琉丨

褵 婦人褘 縭 帨也全 罹 憂也罥也

羅 白帽接丨 攡 張也全(치) 氂 十豪豪丨

西南徼外牛(호) 釐 理也全(희) 嫠 無夫

劙 劃也 𠢞 全 蠡 瓢勺(齊)

蠡 全名王谷丨蟂酪(齊)(薺)(歌)(哥) 黧 黑色(齊)

犂 駁牛耕具(齊) 棃 㮃果 梨 全

蔾 早草蒺丨(齊) 麗 附著東國高丨陳名魚丨(霽)

孋 國名丨戎 驪 馬深黑(齊)全 鸝 黃鳥(齊)

貍 野猫 狸 俗 𪕮 瘦也(리)

紙

市 買賣所之(시) 恃 賴也 是 直也非之對

諟 理也審也 氏° 姓之所分 視 瞻也

眂 全 舓 舌取物 𦧇 全

舐 俗 咶 全 柹 有七絕赤實果

柿 俗非(시) 以 用也(이)[아] 㠯 全

已 止也 苡 草實薏丨 苢 全車前草芣丨

迤 因循邐丨 迆° 全(歌) 酏° 黍酒甜也

匜° 盥器酒器 胣 裂腸 崺 山卑長丨

耳 主聽語已辭(이) 駬 駿馬騄丨 爾 汝也語辭

尒 全 邇 近也 迩 全

寘

啻 不止如是不丨 翅 鳥翼全 施° 與也(이)

使° 將命者 屣° 履也 倚 依也(의)

寺 全上全下(시) 𨳝 閹宦 蒔° 更種

豉 配鹽幽菽 視° 瞻也 眎 全

示° 呈也垂丨 嗜 慾也 𨢿 全

諡 誄行易名 謚 俗非(陌) 異 怪也不同(이)[이]

肆 習也嫩條 隶 本也 易 不難也治也(陌)

傷 侮也 异 舉也歎也 食 人名丨其(사)

二 對一為偶(이) 貳 副也全 樲 酸棗

餌° 食也 珥 瑱也 咡 口旁

奎章全韻 上 支

麋 鹿屬 (미)(미) 醾 酒名 酴― 縻 繫也
靡 散也 爛也 仝 ●縻 粥也 罙 周也 深也 (미)
罞 仝 彌 益也 久也 弛弓 瀰 水皃 ―― (미)
眉 目上毛 (미) 嵋 蜀山名 峨― 湄 水草交
楣 棟下橫木 郿 扶風縣名 卑 下也 (비)(비)
庳 仝 箄 取魚器 (비)(비) 裨 補也 與也
○偏將 冕服 (비) 碑 刻石紀功 悲 痛也
羆 熊屬 諀 謬也 (피) 紕 繒欲壞 飾邊 仝
丕 大也 (비) 伾 有力 ―― ●秠 黑黍
駓 馬黃白 陴 城垣 (비) 埤 增也 仝

紙

紙 楮皮所成 (지)(지) 扺 側手擊 抵 仝 至也 (저)
坻 隴阪 (저) 砥 礪也 底 致也 定也 (저)
耆 仝 只 語辭 咫 八寸
枳 似橘有刺 (지) 軹 車轂 旨 味也 意向
指 手足耑示也 止 停也 趾 足也
址 基也 阯 南國交― 仝 芷 香草白―
沚 小渚 祉 福也 (치) 時 神所依止 (치)(치)
黴 火音 (치) 恥 慚也 (치) 齒 斷骨 齡也 列也
侈 奢也 褫 奪也 解也 杝 析薪
廌 神羊 獬― (치)(치) 豸 無足蟲 仝 陊 山頹

寘

刵 截耳 智 知也 (지)(지) 知 仝
忮 狠也 觶 酒器 受四升 摯 握也 至也
鷙 鳥獸猛勇 贄 執玉帛― 質 以物相贅
交― 仝 (질) 懫 忿也 懥 仝
躓 跲也 𨄮 仝上 仝下 疐 頓也
志 心所之 誌 記也 識 仝 (직)
至 到也 輊 低也 車前重 寘 置也 (지)(치)
致 至也 置 止也 設也 驛也 廁 圂也 雜也
次也 邊側 (치) 熾 盛也 饎 熟食
糦 仝 幟 標也 旛也 眙 注視 (치)

支

脾 土藏 躲 體柔 夸— 毗 厚也 輔也 仝
比 和也 竝也 虎皮皐— (비) 貔 豹屬
豼 仝 琵 馬上 絃索 —琶 蚍 大蟻 —蜉
枇 似杏 —杷 邳 魯縣名 覗 伺候 (시)(시)
施 設也 用也 仝(이) 絁 繒屬 蓍 筮草
屍 人死 尸 陳也 主也 仝 鳲 布穀 —鳩
詩 志之 所之 承也 時 辰也 是也 (시) 旹 古
塒 雞棲 匙 匕也 禔 福也 (지)(齊)
翅 羣飛 —— 提 仝(齊)(齊) 漦 涎沫
伊 彼也 維也 (이)(이) 咿 強笑 喔— 黟 黑也 丹陽 縣名

紙

阤 仝(타) 雉 野雞 薙 芟草 (齊)
峙 山立 具也 歭 不進 —躇 仝 跱 仝
偫 待也 庤 儲置 畤 俗
痔 隱瘡 彼 對此之稱 (피)(피) 罷 停也
髀 分解 (고) 披 開也 散也 破 枝折
骳 屈曲 骫— (피) 被 寢衣 覆也 死 歿也 (사)(사)
徙 移也 (사) 躧 徐行 (사) 屣 履也 仝
蓰 五倍 葸 畏懼 璽 王者印
璽 籀 似 類也 嗣也 (사) 姒 妯娌 相呼 娣—
兕 野牛 一角 禩 年也 祀 祭也 仝

寘

治 理效 (치) 緻 密也 穉 幼禾
稚 俗 遲 待也 値 當也
植 立也 種也 榦也 將吏 (치) 帔 帬也 背子 (피)(피)
陂 傾也 (피) 佊 衺也 詖 辯辭
骳 屈曲 骫— (피) 避 違也 辟 仝(피)
被 覆也 及也 著也 髲 髮也 四 二二 (사)(사)
肆 陳也 恣也 仝 泗 濟陰 水名 駟 一乘 四馬
賜 上予下 笥 篋也 伺 察也
嗣 繼也 飼 以食 食人 飤 仝
食 仝 飯也 (사)(이) 思 慮也 意— 僿 細碎

夷 東方之人平也傷也(이) 尸 古
峓 東表嵎｜ 陝 險阻 恞 悅也
姨 母姊妹 洟 鼻液 痍 創也
桋 似柞赤棟 荑 莧也茁｜(졔) 彝 廟器法也常也
椸 衣架 箷 仝 酏 飲也酒也
蛇 自得委｜(가)(마) 匜 盥器酒器 扅 門關扊｜
頤 頷也養也 台 我也悅也(太) 飴 餳也
貽 貺也 詒 仝(賄)(豫) 怡 和悅
瓵 甌也 圯 土橋 訑 自得｜｜(翰)
詑 仝(歌) 施 仝(시) 移 遷也

巳 辰名 汜 水別復入 耜 耒屬
竢 待也 俟 仝 涘 水涯
史 記事(시) 使 役也令也 戺 砌也(씨)
戺 仝 士 四民之首事也 仕 宦也察也
子 男稱爵名(즈)(즈) 耔 培苗本 芓 仝
杍 木匠 梓 楸也仝 滓 澱也
呰 無積呰｜窳 訿 毁也 訾 仝
紫 間色青赤 姊 女兄 秭 千億
胏 脯有骨 此 彼之對(ᄎᆞ)(太) 佌 小也｜｜
玼 玉色(齊) 泚 水清(齊) 蘂 花內(유)(예)

駛 馬行疾(시) 事 功也奉也(ᄉᆞ) 恣 縱也(ᄌᆞ)(ᄌᆞ)
漬 浸潤 積 儲也委｜(陌) 骴 朽骨
胔 仝 胾 大臠 誺 諷也(太)
刺 殺也訊也莖也通姓名仝(陌) 莿 仝
自 從也己也(ᄌᆞ) 字 愛也文也 孶 乳化
牸 獸育子 次 第也舍也(ᄎᆞ)(ᄎᆞ) 佽 助也利也
季 小稱(계)(계) 悸 心動(계) 媿 慚也(귀)(괴)
愧 仝 諉 託言(위)(외) 喟 太息(귀)(괴)(괴)
嘳 仝 僞 假也(위)(우) 位 列也(위)
爲 助也緣也 醉 酒醉(취)(최) 翠 青羽雀鷸也(취)

ᅐᅵ지音

支

而 語助 汝也 ㉦ 洏 涕流 漣ㅣ 胹 煑熟
栭 小栗 柱樑上 輀 喪車 陑 河曲 地名
鳾 玄鳥 鷾ㅣ 支 度也 持也 ㉨ 枝 柯也
肢 體也 四ㅣ 胑 仝 鴲 鵲也
脂 膏也 榰 柱砥 搘 仝
知 覺也 蜘 網蟲 ㅣ蛛 氏 西國 月ㅣ 單于妻 閼ㅣ
祗 敬也 適也 秖 禾熟 仝
胝 皮堅 胼ㅣ 砥 礪也 之 適也 至也 語助
芝 神草 池 穿地通水 黃帝樂名咸ㅣ 差ㅣ 棺飾
墀 堦上 遲 久也 徐也 持 執也

紙

蕊 仝 蘂 仝上 仝下 繠 垂也
誄 述行 哀死 讄 仝 硊 石皃 硊ㅣ
頠 習容 止 蔿 草也 薳 仝
闟 邪闢 蘤 花也 委 棄也 任也 頓也 禮 衣端ㅣ
骫 屈曲 ㅣ骳 觜 喙也
嘴 仝 揣 量也 試也 己 身也 私也
紀 維也 編也 掎 牽角 剞 曲刀 ㅣ劂
起 興也 杞 藥名 枸ㅣ 柳 屬ㅣ 柳山木 似豫章
屺 山無木 芑 白梁粟 菜名似苦菜
玘 佩玉 [禾己] 禾名 穋ㅣ 綺 文繒

寘

顇 憂瘠 顦ㅣ 悴 仝 瘁 病也 仝
萃 聚也 仝 惴 憂也 吹 鐃歌 鼓ㅣ
寄 付託 冀 欲也 異 俗
驥 千里 ㅣ馬騏 覬 希望 ㅣ覦 記 疏也 志也
穊 稠也 器 皿也 亟 數也 屢也
忌 嫉也 諱也 鵋 鵋鶀 ㅣ期 騎 馬軍 車ㅣ
惎 毒也 教也 謀也 諅 志也 墍 息也 塗也
暨 及也 洎 潤也 仝 垍 堅土
意 志也 懿 美也 大也 饐 飯傷 溼
縊 自經 義 安也 誼 仝

泜 臨城水名 (齊)
坻 小渚 (齊)
踟 行不進丨躕

箎 管樂橫吹
篪 仝
卮 酒器 (지)[치]

梔 所以染黃丨子
差 不齊參丨 (大) (佳)(卦)(麻)(禡)

嵯 山不齊嵾丨 (歌)
瓻 甁也 (치)
絺 細葛布

鴟 鳶也
蚩 敦厚丨丨
嗤 笑也

媸 醜也
眵 目汁凝
癡 不慧

痴 俗非
笞 箠也
摛 舒也

攡 仝 (리)
螭 似龍無角
彲 仝

魑 山林異氣丨魅
治 理也 攻也 (치)
馳 疾驅

詖 辯也 (비)[피]
陂 澤障 (歌)
披 開也 服也 (피)

⿰山忌 山高
跽 長跪 (기)
倚 依也 (이)[의]

猗 仝 (哿)
螘 蚍蜉 (이)
蟻 仝

艤 整舟
檥 仝
轙 整車

矣 語辭
擬 度也
儗 僭也

嶷 茂也 丨丨 (職)
錡 釜屬
耆 盛皃 戢丨 (緝)

喜 樂也 (희)[회]
蟢 蠨蛸
几 案屬 (궤)[계]

机 仝
麂 大麢
詭 詐也 (궤)

垝 毀垣
軌 兩轍之間 法也
匭 匣也

宄 內盜
簋 盛黍稷器 簠丨
晷 日景

跪 兩膝隱地 (궤)
毀 壞也 訾也 (훼)[회]
燬 火熾

議 謀也
劓 割鼻
戲 弄也 (희)[회] (虞)

懿 好也
屓 壯皃 贔丨
櫃 篋也 (궤)[궤]

鐀 仝
匱 乏也 仝上 仝下
簣 土籠

蕢 草器 (卦)
臾 仝 (腫) (虞)(麌)
饋 餉也

餽 仝
歸 仝 (微)
恚 恨怒 (혜)[훼]

增 文五十
遂 小溝 (수)[쇠]
繸 綬也

壝 埒也 (유)[위]
硾 擣也 鎮也 (추)[최]
磓 仝 (灰)

睢 怒視 恣丨 (휘)[회]
瘌 腹疾 (레)[례]
莉 柰花 茉丨

俐 慧也 伶丨
柲 戟柄 (비)[필] (質)
譬 喻也 (피)

紕 飾也 (支)
鞴 馬裝 (遇)
贔 壯皃 下屓 [illegible]

鈹 刀戈 皮 (피) 肌表 疲 勞也
罷 (馬) 仝 (觧) 屎 (히)(히) 呻吟 殿丨 叩 仝
斯 析也 此也 語己辭 (亽)(亽) 𩅦 小雨
䨙 仝 鷀 鴟也 鸒丨 虒 虎有角
禠 福也 私 自營姦衺 女子謂姊妹夫
絲 蠶所吐 思 念也 語辭 司 主也
覗 窺視 祠 (亽) 春祭 廟也 詞 言也 文也
辤 不受 辝 仝 辭 言也 仝
師 (사) 範也 衆也 簁 竹器 除麤取細 籭 仝
兒 (齊)(이)(니) 孩子 髭 口上鬚 (ᄌ)(ᄌ) 頿 仝

㷆 仝 譭 謗也 烜 官名 司丨 (阮)
增 文四十一 巋 高峻 (귀)(귀) 蜼 似猴 (유)(류)(宥)
嶲 邛都國越丨 (슈)(슈)(齊) 錘 鍛器 爐丨 (주)(주)
枳 害也 (기)(기)(지) 茢 山卑長丨 葹 (리)(리)
渼 長安水名 (미)(미) 髀 股骨 (비)(비)(薺) 枇 載牲
朼 仝 批 手擊 (피)(피)(齊)(屑) 痞 病結
阺 山堆 欲墮 (씨)(시) 𦀝 縷兒 丨丨 (이)(이) 餌 食也 粉餠
疧 毆傷 (지)(지) 滍 南陽水名 (치)(치) 泜 仝 (霽)
簁 竹器 (사)(사) 韉 鞮屬 䪏 仝
纚 韜髮 (歌) 縰 仝 駛 疾也 (시)

糒 乾糗 (卦) 勩 勞也 (이)(이)(霽) 聣 兜上飾
施 延也 (시) 貤 物重數 騺 馬重 (지)(지)
織 治絲 (職) 痣 黑子 笫 牀簀
埴 黏土 (치)(치)(職) 褫 奪也 解也 (치) 跂 企立 (기)(기)(寘)
柶 匕也 角丨 (사)(사) 寺 官舍 僧居 (시) 眥 目際 (자)(자)(霽)
眦 仝 (卦) 剚 插刀 倳 仝
絘 列肆 稅布 (차)(차) 騩 馬淺黑 (구)(구)(微) 㔭 弊也 影丨 勞丨
委 末也 積也 (위)(위) 餧 飼也 (賄) 骫 屈曲 丨骳
懻 恨也 忮丨 (기)(기) 蔇 至也 (기) 薏 蓮子 (의)(의)(職)
鷾 玄鳥 丨鳾 撎 擧手 倚 恃也 加也 因也

奎章全韻 上 文 紙 十二

訾 量也 思也 毁也 貲 貨也 仝 觜 西方宿 ｜觿

諮 謀也 咨 仝嗟也 粢 祭飯 ｜盛

資 貨也 助也 材質 姿 態也 齎 衣下縫

齊 仝(齊) (薺)(霽) (佳) 齍 黍稷器 玆 黑也 此也 (先)

滋 益也 嵫 日所入處 崦｜ 孜 勤也

孶 乳化 仝 仔 克也 鼒 小鼎 (灰)

劑 契券 質｜ (霽) 雌 牝也 (支) 疵 病也 (紙)

玼 玉病 仝 (薺) 慈 愛也 磁 引鐵石

鶿 烏鬼 鸕｜ 餈 飯餅 瓷 瓦器

茨 以茅蓋屋 薺 蒺藜 樂名采｜ (薺)(霽) 仝

跐 蹈也 (지)(지) 批 捽也 (薺) 第 牀簀

仔 克也 虸 害稼蟲 ｜蚄 礧 山皃 碨｜

(리)(리) (隊) 𤢖 飛鼠 [illegible] 長足蟲 (기) (긔)

椅 坐具 (의)(의) 旖 旗皃 ｜旎 醫 酏也 漿也

醷 仝 (職) 齮 齧也 ｜齕 (의) 嬉 桀妃 妹｜ (희)(희)

佹 重累 (刊)(刊) 祪 毁廟主 氿 泉仄出

叶 文八 玖 苟起切 詩毛 偕 苟起切 九辨

牝 補履切 老子 負 [illegible]切 詩毛 鮮 少禮切 詩毛

禍 戶賄切 荀子 耦 偶起切 詩毛 晦 呼洧切 詩毛

通 韻四 尾 五上 薺 八上

燹 野火 (銑)(션)(션) 咥 笑也 (質)(屑) 嬉 美姿

齂 鼻息 豷 豕息 毁 隳之 (훼)(훼)

叶 文十五 洩 居悸切 易林 結 吉詣切 太玄

瓦 魚貴切 詩毛 摋 徒對切 易 芾 方味切 詩毛

秣 莫佩切 詩毛 訊 息悴切 詩毛 式 式吏切 詩毛

適 式吏切 太玄 抑 固利切 九章 佸 于貴切 天問

𥙊 于貴切 易 右 于貴切 詩毛 材 木再切 國語

翟 都計切 詩毛 通 韻五 未 五去

霽 八去 泰 九去 卦 十去

隊 十一去

蠏 九上 賄 十上

賫 積也 仝 衰 殘也(최)(쇠)(灰)(쇠) [疒+衰] 仝

衰 等也(최)(쇠)(灰)(최) 榱 椽也 鼅 蓍蟲(디)(디)(眞)(尤) 危 隤也 不安(위)(외) 峗 沙州山名 三ㅣ(灰) 委 雍容ㅣㅣ曲也美也(위) 倭 回遠ㅣ遲 仝

逶 行皃ㅣ迤 萎 枯也 爲 造也(위) 麾 大將旗(휘)(회) 戲 仝(齊) 撝 裂也 揮也 吹 噓也(취)(취) 龡 仝 炊 爨也

肌 膚也(긔)(괴) 飢 餓也 奇 不偶零數 ○異也(기) 觭 仝 得也 角俯仰 畸 殘田 羇 寄也 羈 馬絆 仝 其 語辭 地名

祝ㅣ人名 食ㅣ(긔) 居 語辭 仝(魚) 萁 菜名似蕨草名 似荻○豆莖(기) 箕 去穅之具 朞 周年 期 仝○會也(기) 基 址也 本也 業也 姬 周姓 婦人美稱

攲 不正 敧 仝 崎 山路不平ㅣ嶇○仝埼(기) 欺 詐也 僛 醉舞ㅣㅣ 琦 瑋也(기) 騎 跨馬 錡 釜屬

棊 奕子 碁 仝 旗 旌也 淇 河內水名 祺 祥也 琪 東方玉屬 [王+綦] 弁飾 璂 仝 綦 履飾 蒼白艾色

麒 仁獸ㅣ麟 騏 馬青黑 祁 大也 衆多ㅣㅣ 廝 養馬(싀)(싀) 凘 流氷(齊) 偲 詳勉ㅣㅣ(灰) 緦 十五升布 罳 屛也 罘ㅣ(灰) 釃 下酒(시)(魚)

欹 歎辭(긔)(의) 猗 長也 仝(哿) 椅 梓實 桐皮 漪 水紋 禕 美也 醫 療也 病工 毉 仝 宜 安也(의) 儀 度也 容也

鸃 鷩雉 鵕ㅣ 涯 水畔(佳)(麻) 疑 惑也(物)(職) 嶷 零陵山名 九ㅣ(職) 淄 梁父水名(入)(支) 菑 田一歲(灰) 輜 軿車 緇 黑色

鐺六銖 噫根辭(희) 嘻歎也(히) 僖樂也 釐仝上(리)仝下 禧福也 熹熾也 嬉美也 熙和也 |廣也

羲氣也 犧廟牲 伏|帝號(歆) 曦日光 戲歎辭(희)(虞) 巇危險 嶮| 增 文一百十六 規裁制(규) 鄈汾陰地名

虆土籠 蔂仝 灕浚儀水名 睢仝 脽尻也 壝埒也 壇垣 桵白桵 棫也 桵仝 厜山巓 |嶬

檇吳郡地名 |李 蓷草皃 蓷也 益母草(寒) 魋椎頭髻(灰) 甀小口罌 跂足多指 伎仝 蚑蟲行 蟰蛸| 芪藥名 黃|

俟複姓 万| 躨龍皃 |跜 跜龍皃 躨|(니) 旎旗皃 旖| 犛黑牛(리)(豪) 來至也 招也(灰)(隊) 纚綏也 笄也(歌) 矖視也 鱺似蛇 無鱗

貍土舉 薶| 蘼香草 |蕪(미) 蘪蘪冬 蘠| 糜黍屬 糜仝(元) 獼猿屬 |猴(미) 彌母稱(齊) 麛獸子(齊) 黴黑也

椑柿屬 烏|(비)(齊)(陌) 錍釜屬(齊) 狉狸子(비) 郫益州地名 梍梠也 膍牛百葉 鳥胃 |胵 厚也(齊) 阰楚南山名

鈚犂錧(齊) 葹豆屬(시) 蒔小茴香(시) 鰣似鯿 多鯁 洢河南水名(이) 蛜鼠婦 |蝛 侇平易(이) 跠踞也 暆日行 ||

樂浪縣名 東| 侇儕也 尸也 寅辰名 宧室東北隅 眙擧目 楚州縣名 盱| 貤延也 賞爵 迤行皃 逶|(歌) 螔蝸牛 |蝓

耏多鬚(시) 鮞魚子 鮧鱁魚腸 |鮧(齊) 褆福也(시)(지)(齊) 貾黃貝 蚳蟻子 仝 郗河內邑名 胵鳥胃 膍| 齝牛食 復嚼

齝 仝
粭 耘也 (ᄶ)
褫 奪衣解也
殧 剖肉 (피)[피]
鉟 旗名 丨靈姑
鷥 春鉏 鷺丨 (스)[ᄉᆞ]
篩 竹名 可爲船 (시)
獅 狻猊
螄 螺也

唲 強笑嚅丨 (싀)[ᄋᆡ](佳)
趑 難行 丨趄 (즈)[ᄌᆞ]
齎 持也 裝也 歎辭 丨咨 (齊)
鎡 鉏也 丨基
茲 蓐也 重也 ○ 西域龜丨 (쯔)
耔 耘也

鄑 靑州邑名
茈 勃薺 鳧丨 (쯔)
痿 痺疾 (위)[위]
潙 益陽水名 (위)(규)
棋 根也 (긔)[긔] ○仝綦 (끼)
錤 鉏也
踑 踞也
螧 長足蟲 (긔)

踦 跛也
魌 方相氏丨頭
倛 仝
檱 蜀薪
埼 曲岸 (끼)
碕 仝 (微)
隑 仝
鶀 小鴈
䳢 俗

蜞 小蟹 蟛丨
蘄 似蛇牀 求也 (文)
丌 薦物具
澌 水索 盡 (스)[ᄉᆞ](齊)
颸 涼風
襹 毛羽 纖丨 (시)
旖 旗兒 丨旎 (의)[의]
㕒 山巔 丨厜 (의)
崖 岸也 (佳)

鬐 角丨 利丨 (職)
甾 楚缶 (즈)[ᄌᆞ]
椔 木立死
鯔 似鯉頭扁
鶅 東方雉
譆 痛呼 (히)[희]
叶 文十五
歌 居支切 易
丘 祛其切 詩毛

[illegible] 栗之切 詩毛
波 班縻切 漁父辭
佩 蒲枝切 詩毛
多 章移切 詩毛
疏 山宜切 劉章歌
化 居爲切 問天
訧 于其切 詩毛
牢 呂支切 戰國策
態 上宜切 離騷

又 與之切 詩毛
一 弦雞切 參同契
德 都回切 淮南子
民 鄰谿切 襄陵操
通 韻四
微 五平
齊 八平
佳 九平
灰 十平

平聲 微五

上聲 尾五

去聲 未五

微 文六十三
微 隱也 細也 (믜)[미]
薇 似蕨 花名 紫丨

尾 文三十七
尾 倒毛在後 鳥獸交接 (믜)[미]

未 文四十二
未 不也 (믜)[미]
味 物之精液 滋丨

非 비 비 不是 菲 芳菲茂皃 葑類 霏 霏霏雲皃
騑 騑騑馬行 扉 戶扇 緋 絳色
誹 謗言 馡 馡馡香氣 飛 鳥翥
⿱髟非 仝 妃 隊 配也 肥 삐 多肉
淝 廬江水名 腓 脛腨 婓 婓婓行皃
歸 還也 寘 귀 귀 巋 蘬 巍 巍巍高皃 외 위
威 儀也 嚴也 위 蝛 鼠婦 蛜蝛 葳 草木盛 葳蕤
韋 柔皮 위 違 背也 幃 單帳
禕 仝 휘 闈 宮門 圍 守也 遶也
湋 闕中水名 暉 日色 휘 휘 煇 光也

亹 勉也 亹亹文皃 斐亹美也 元 娓 美也
斐 文章相錯 비 비 菲 薄也 悱 憤也
匪 非也 分也 篚 筐也 榧 似柏文木
棐 仝 輔也 朏 月生明 月 蜚 臭蟲
陫 陋也 삐 鬼 精魂所歸 귀 귀 葦 大葭 위 위
韙 是也 美也 偉 大也 暐 光盛
煒 盛赤 瑋 奇玩 瑰瑋 媁 醜也
韡 韡韡華盛 磈 石皃 磈礧 碨 仝
嵬 山皃 崔嵬 賄 幾 多少 幾何 기 긔 蟣 蝨子
豈 非然之辭 기 賄 扆 戶牖間 의 의 偯 哭餘聲

費 耗也 寘 비 비 沸 泉涌 物 芾 木盛 蔽芾 物
誹 謗也 扉 草屨 삐 剕 刖足
𠛍 仝 翡 似燕赤羽 ⿱髟非 蟲也
狒 狒狒梟羊 ⿱巛禺 仝 貴 尊也 귀 귀
⿱臼貝 仝 魏 舜禹所都 闕也 象魏 위 위
慰 安之 尉 候也 安也 官名 위 物
罻 魚網 物 蔚 牡蒿 草木盛 蓊蔚文皃 物
畏 懼也 忌也 威 仝 胃 穀府 위
謂 言也 渭 隴西水名 緭 繒也
熭 火光 蝟 似鼠而毛刺 彙 類也 仝

煇 仝文 問 院 揮 奮也 散也 翬 飛也 雉名
徽 美也 琴節 索也 禕 蔽膝 后祭服 위 鞿 馬絡 기
犄 仝 饑 穀不熟 餓也 鐖 魚鉤 逆鈙
機 樞會 發動 所由 璣 小珠 器名 璿| 譏 誚也 伺也
磯 磧也 水激 石 禨 祥也 祟也 幾 微也 危也
期也 尚也 ○近也 기 嘰 嚌也 畿 王國 千里
門內 기 圻 仝文 旂 交龍 旗
祈 求也 徐也 | 頎 長皃 衣 所以 隱形 의
依 倚也 循也 沂 魯南 水名 이 溰 雪皃 溰|
晞 乾也 明| 희 睎 盻望 希 少也 仝上 仝下 稀 疏也 唏 歎也 歔| 欷 仝 增 文十 八 溦 小雨 霢| 裶 曳衣 ||

顗 謹皃 樂也 의 豨 太豕 희 䊠 雲皃 䉻|
唏 哀不 泣 虺 小蛇 훼 虫 鱗介 總名
卉 草木 總名 增 文六 誹 謗也 비
斐 大也 蜚 負蠜 穖 禾也 기
依 譬喻 의 俙 不明 僾| 叶 無
通 韻四 紙 四上 薺 八上
蟹 九上 賄 十上
熂 燒草 摡 取也 拭也 塈 取也 塗也
霽 八去 泰 九去 卦 十去 隊 十一去

緯 織橫 絲 諱 隱也 忌也 旣 已也 기
氣 息也 기 炁 仝 乞 與也
衣 服之 의 毅 果敢 의 欷 歎也 歔|
唏 仝 餼 廩也 愾 太息
卉 草木 總名 훼 增 文十 痱 風病 비
屝 幽隱 犩 蜀牛 千斤 위 霼 雲起 희
熨 火斗 蘔 食菜 의 霼 雲皃 희
叶 無 通 韻五 寘 四去

騛 六馬 痱 風病(븨) 扉 幽隱 騩 馬淺黑(귀)(괴) 巍 蜀牛千斤(위)(외) 潿 濁不流(위) 楎 橛也椸也(휘)(혼) 徽 幟也 機 耕也(긔)(긔)

蟣 蝨子 刉 封也釁禮ㅣ毛 肵 敬也尸所食(긔) 碕 曲岸(支) 俙 髣髴依ㅣ(희)(희) 豨 大豕 鵗 北方雉 叶 無 通 韻四

支四平 齊八平 佳九平 灰十平

平聲 魚六

魚 文九十六 居 處也(거)(긔)(支) 裾 衱也 据 手病拮ㅣ 琚 佩玉 椐 木節腫靈壽杖 車 輿輪總名(麻) 墟 大丘(거) 嘘 山路崚崎ㅣ 袪 袂也 胠 發也(業)(洽) 渠 溝也渠廣ㅣㅣ吳語ㅣ儂(거) 蕖 蓮花芙ㅣ 磲 美石硨ㅣ大蛤 蘧 瞿麥自得ㅣㅣ 籧 竹席ㅣ篨 腒 鳥腊

上聲 語六

語 文九十一 舉 擎也拔也(거)(기) 莒 草可爲繩 筥 筐也 弆 藏也 去 除也仝(거) 巨 大也(거) 鉅 仝剛鐵鉤也 距 刀鋒倒刺躍也至也違也抗也 拒 捍也(麌) 岠 止也仝 炬 束葦爲燎 苣 菜名萵ㅣ胡麻ㅣ藤仝 詎 豈也 駏 似騾ㅣ驉 蚷 馬蚿商ㅣ

去聲 御六

御 文四十九 據 依也(거)(기) 据 仝 鐻 樂器鐘ㅣ 倨 不遜 踞 蹲也 鋸 解截具 遽 急也 勮 勤務 醵 合錢飮(藥) 詎 豈也 去 離也(거) 御 侍也進也統御也(어)(어)(禡) 馭 使馬仝 語 告人 飫 飽也(어) 饇 仝(遇)

魚

魚 鱗蟲總名 (어)[어] 漁 捕魚 𢿛 仝

淤 泥也 (어) 於 語辭居也往也代也 (虞)

扵 俗非 墟 空也故城 (허)[허] 噓 吹也

噳 仝 (虞) (麌) 歔 抽息 ㅣ欷 魖 耗鬼

袽 敝絮 (녀)[녀] 挐 牽引 (麻) 拏 仝 (麻)

帤 大巾 閭 里門 五比 (려)[려] 櫚 椶也 栟ㅣ

臚 陳也 傳語 告下 驢 似馬長耳 蘆 蒨也 茹ㅣ (虞)

藘 仝 廬 寄舍 胥 相也 (셔)[셔]

徐 緩也 (셔) 書 著也 記也 (셔) 舒 徐也

紓 緩也 解也 [illegible] 仝 余 我也 (여)[여]

語

秬 黑黍 虡 鐘鼓柎 簴 仝

鐻 仝 語 論難 (어)[어] 齬 齒不相值 齟ㅣ

敔 止樂之器 圄 獄也 囹ㅣ 圉 養馬 邊陲 禦也

禦 拒也 止也 籞 禁苑 許 與也 聽也

語助 (허) (麌) [허] 女 婦人未嫁 (녀)[녀] 呂 脊骨 陰律 (려)[려]

膂 力也 仝 侶 伴也 旅 軍五百人 客也

祣 山川祭 [illegible] 筥也 飯器 穭 自生稻

稆 仝 胥 相也 (셔)[셔] 諝 才智

醑 盞酒 湑 仝 敍 次第 述也 (셔)

序 商學 次也 芧 栩也 緖 絲端

御

淤 泥也 瘀 血病 女 妻人 (녀)[녀]

慮 思也 (려)[려] 絮 敝綿 (셔)[셔] 恕 以己體人 (셔)

庶 衆也 冀也 ㅣ幾 署 書也 官舍 (셔) 曙 曉也

豫 逸也 (여)[여] 預 先也 仝上 仝下 與 及也 參也

澦 瞿唐 水名 灩ㅣ [illegible] 仝 蕷 山藥 薯ㅣ

藇 仝 轝 車底 譽 稱美

茹 食也 (여) 洳 漸溼 沮ㅣ 怚 驕也 (져)[져]

沮 漸溼 ㅣ洳 著 明也 述也 (져) (藥) ○朝ㅣ (져)

翥 飛擧 箸 挾也 匙ㅣ (져) 筯 仝

除 去也 覰 伺視 (쳐)[쳐] 處 所也 (쳐)

予 仝
餘 饒也 残也
畬 田三歲 (여)
好 婦官 婕｜
伃 仝
歟 語辭
譽 稱美
璵 魯寶 玉璠｜
輿 車底 衆也
轝 仝
旟 鳥隼旗
鸒 鳥也
舁 共舉
如 似也 往也 (여)
茹 茅根 食也 受也度也 染草｜藘
且 語辭多兒 巴｜芭蕉 (저) [차] (馬)
蛆 蜈蚣 蝍｜ 蠅子
苴 包裹履藉 (麻) (馬)○麻有子 竹杖 (저)
菹 酢菜
葅 仝
疽 瘡也
雎 匹鳥 王｜
狙 猿屬 伺也
沮 止也 漸溼 ｜洳 扶風水名
趄 不進 趑｜
岨 山戴土

嶼 島也
鱮 似魴
[酉與] 美酒
藇 仝
暑 熱也 (서)
鼠 小獸 善盜
癙 憂病
黍 五穀之長
抒 挹也 除也 [저]
挑 抒物器 (籚) (豪)
紓 緩也
墅 田廬 (서)
與 善也許也及也 如也 (여) [어]
予 取也 賜也
汝 爾也 弘農水名 (여)
茹 食也
咀 嚼也 (저) [차]
沮 止也 壞也
跙 行不進
鬻 烹也 (자)
煮 俗
渚 小洲
陼 丘也 仝
褚 裝衣 ○姓也 (저)
紵 仝○綀屬 (저)
杵 所以擣穀 帛 (저)
楮 穀也
宁 門屛間 (저)

疏 記也 條陳 (소) [조]
詛 呪也 (조) [조]
耡 稅法 (조)
助 佐也 仝
[增] 文十五
懅 慚也 (거) [거]
居 ｜之
㰦 張口 (거)
棜 承尊具 [어] (여)
鑢 摩錯 銅鐵 (려) [려]
[金閭] 仝
濾 漉水 去滓
爈 山火 熫｜
錄 恤囚 (屋) (沃)
薯 山藥 ｜蕷 (서) [여]
櫖 美材 ｜樟 (여) [어]
礜 毒石
鸒 鳥也
狙 玃屬 詐也 (저) [저]
絮 調羹 (처) [처]
[叶] 文九
稻 徒故切 林易
家 古慕切 林易
潟 息據切 素問
謝 祥豫切 左思賦
朝 株遇切 漢書
首 春遇切 樂志晉
觸 如遇切 揚雄賦
絡 魯故切 招魂
射 都故切 毛詩

砠 俗非 諸 衆也語辭 豬 豕也
猪 俗 瀦 水停 摴 局戲 ｜蒲
樗 惡木不材 除 階也去也治也拜官
滁 山東水名 篨 竹席 籧｜ 儲 貯也副也
躇 住足 躊｜ 蜍 似鼄 蟾｜ 蠩 仝
攄 舒也 梳 櫛也 疏 通也分也
遠也麤也稀也 踈 仝 疎 俗非
蔬 菜也 釃 下酒 鉏 田器去穢
鋤 仝 耡 助耕仝 初 始也
增 文三十 鶋 海鳥 鶢｜ 庴 貯也

佇 久立 竚 仝 羜 童羊 通 韻一 遇七去
貯 積也 杼 織具所以持緯 抒 仝 處 居也止也定也分別 処 仝
所 處也語辭 所 俗 ⿰貝疋 卜問財 糈 祭神米仝 阻 隔也 俎 机也
齟 齒不相値 ｜齬 齭 鮮皃 楚 荊也態繹所封仝上仝下 憷 痛也 礎 柱下石
增 文十七 櫸 似檀 ｜柳 柜 仝 麩 麥飯 胠 發也 粔 ｜籹 餈餌
鋙 不相當 鉏｜ 峿 山皃 岨｜ 梠 楣也 溆 浦也 漵 仝
籹 蜜餌 粔｜ 且 多皃恭順 苧 草可爲繩 鉏 鋙 不相當｜
岨 山皃 ｜峿 詛 呪也 齼 齒酸 叶 文十八 口 孔五切 白渠歌 咎 跽許 略切三
偶 五擧切 光武詔 圖 動五切 詩毛 塗 動五切 鄒策傳 表 博擧切 漢書 蒲 頗五切 詩毛 老 滿補切 固班賦
寫 洗與切 詩毛 者 掌與切 詩楚詞 斗 腴庾切 白渠歌 舍 賞呂切 易 紓 委羽切 馬融頌 下 後五切 詩毛

祛 (큐)卻也 陆 牛馬圈 呿 口開(歌)

暇 後五切詩毛 友 演女切林易 功 居古切詩毛 狃 女古切詩毛 [通] 韻一麌七上

醵 合錢飮(樂)(거) 鐻 金銀器 璩 戎夷耳環 鷄 鵂鶹雛| 菸 葉無色| 邑(유)(어)(先) 驢 似騾駏|(류)(려) [氵閭] 泄海尾|(류)(려) [艹閭] 蒿也菴|

慮 似葛諸| 地名林| 蝑 蝗類蜙|(슈)(서) 諝 才智 湑 露皃|| 糈 糧也 芧 栩也(슈) 艅 吳船艅|(유)(여) 與 蕃廡||

筎 竹皮(슈) 洳 漸溼沮| 鴽 鶉屬 絮 姓也 藸 杙也楬|(쥬)(져) 著 位次朝|歲 戊|雍(쥬)(樂) 屠 名王休|(츄) 足 足也(쥬)(?)(?)

綀 絡屬 [叶] 文十 瓜 攻乎切詩毛 溝 斤於切林易 朝 陳如切林易 持 陳如切西行隴 邪 詳余切詩毛 州 專於切林易 瑕 洪孤切策傳龜

霞 洪孤切道藏 戲 荒胡切遊遠 娘 陳如切樂府古 [通] 韻一 虞七平

平聲 虞七

虞 文二百五十四 柧 稜也(구)(고) 觚 酒爵仝上 仝下 箛 木簡 苽 茭米 菰 仝 呱 啼聲|| 罛 大網 姑 夫母 且也

上聲 麌七

麌 文一百六十四 古 昔也(구)(고) 估 市稅 詁 訓也 牯 牝牛 罟 網也 酤 一宿酒 鈷 溫器|鉼 苦 濫惡辛楚

去聲 遇七

遇 文一百六十五 顧 回視(구)(고) 頋 俗非 雇 賃也 故 舊也事也使爲之承上起下 固 堅也 錮 鑄塞禁也 痼 久病

孤 獨也 沽 買也 蛄 蟬屬 螻-
酤 一宿酒 鴣 越鳥鷓- 辜 罪也
枯 槁也(구) 刳 剖破 奴 僕也(누)(노)
砮 石鏃 孥 子也 帑 藏也 仝(養)
駑 下乘 -駘 都 十邑 大也(두)(도) 闍 城上門闍 -(麻)
徒 步行 衆也(두) 途 道也 塗 泥也 仝上 仝下
峹 會稽山名 駼 似馬 騊- 荼 苦菜
酴 重釀酒 菟 魯邑-裘 虎也 於-
圖 謀也 畫也 屠 殺也(魚) 瘏 病也
盧 黑也 姓也(루)(로) 蘆 葦也(魚) 鱸 四腮魚

虞

○ 火味 疾也(구) 筈 竹名 盬 不堅固也 嚏
賈 坐販(馬)(禡) 鼓 革音 量器 皷 俗非
瞽 無目 股 脛本 羖 牡羊 山羊 -羺
羖 俗 蠱 腹蟲 事也 惑也 楛 似荊 矢幹(구)
弩 弓有臂(누)(노) 怒 恚也 砮 石鏃
努 用力 覩 見也(두)(도) 睹 仝
賭 博奕取財 堵 垣也 稌 稻也(두)
櫓 大盾(루)(로) 樐 仝 魯 鈍也 伯禽所封
艣 船具 所以進舟 艪 仝 擄 掠也
虜 仝 鹵 鹹也 滷 仝

麌

鯝 魚腸 酤 一宿酒 庫 貯物 舍(구)
袴 脛衣(禡) 絝 仝 胯 股也(禡)
怒 恚也(누)(노) 笯 鳥籠(麻) 渡 濟也(두)(도)
度 布指知尺(藥) 鍍 塗金 路 道也(루)(로)
璐 美玉 潞 水名 歸德 簬 美竹 箭材
簵 仝 鷺 水鳥 春鉏 輅 車也 五路(陌)
賂 以財與人 露 陰液 形見 暮 日晚(무)(모)
莫 仝 菜也(陌)(藥) 慕 思也 募 名也
墓 冢地 慔 勉也 步 行也(부)(보)
駁 習馬步 荹 亂草 素 白也 生帛(수)(소)

遇

鑪 火函 爐 仝 壚 黑土 酒區
獹 良犬 韓獹 瀘 牂牁 水名 櫨 柱上 柎
纑 布縷 轤 汲水 機轆轤 顱 首骨
旅 黑色 模 法也周公 墓木 (무모)
橅 仝 謨 謀也 謩 仝
摸 規倣 (藥) 摹 仝 穌 息也 (수소)
甦 俗非 蘇 荏也恐懼｜｜ 仝
酴 酒名 廱｜ 酥 酪屬 吾 我也 (우오)
梧 桐也 鼯 五技鼠 吳 大言 周章
所封 (禡) 珸 美石 琨｜ 鋘 劍名 鋙｜ (麻)

姥 女老 (무모) 莽 宿草 (養)(有) [金莽] 溫器 鈷｜
姆 女師 侮 慢也 (모) 罞 雉網 (灰)
補 綴也 裨也 (보모) 譜 籍錄 普 博也 (포)
溥 大也 仝 (藥) 甫 男子美稱大 也始也 (보)
父 仝 (보) 黼 裳繡 斧形 俌 輔也
簠 盛黍 稷器 ｜簋 莆 瑞草 蓮｜ 輔 車旁 木助 也 (보)
五 中數 (우오) 伍 仝 五人 午 交也
仵 偶也 敵也 隖 小障 山阿 (우) 塢 仝
祖 始也 (조조) 珇 珪上 凸起 組 綬也 絛也
粗 略也 (추) 土 地也 (두도) (두) 吐 歐也

傃 向也 嗉 鳥吭 塑 埏土 像物
愫 仝 泝 逆流 溯 古
遡 仝 訴 告也 愬 仝 (陌)
誤 謬也 (우오) 悞 仝 悟 覺也
寤 寐覺 仝 捂 參差 抵｜ 晤 明也 遇也
[耳吾] 聽也 忤 逆也 蘁 仝 (藥)
遻 遇也 迕 仝 [言惡] 相毁 (우)
惡 憎也 (藥) 悪 貪也 汙 穢也 染也
洿 小池 仝 (箇)(麻) 措 置也 (조조) 厝 仝 (藥)
錯 金塗 仝 (藥) 醋 酸也 酢 仝 (藥)

虞

烏(오)孝鳥 嗚歎辭|呼 於仝|戲(魚)
洿濁水 汚仝 汙仝(箇)(麻)
杇泥鏝 圬仝 惡何也(樂)
租稅也(조)[조] 蒩茅藉 徂往也(조)
殂死也 逋欠也逃也(포)[포] 晡申時
餔申時食 誧諫也(포) 鋪陳也門首銜環
痡病也 蒲水草可作席(포) 蒱戲具摴|
酺聚飲 匍手行|匐 呼出息喚也(호)[호]
戲仝(支)(支)(寘) 虖仝上仝下 嘑哮也
謼仝(宥) 滹信都水名|沱 幠覆也

麌

圃(포)[포]種菜 浦水濱(포) 脯乾肉(포)
虎山獸之君(호)[호] 琥瑞玉 滸水岸
戶半門(호) 扈農桑候鳥九| 鳸仝
扈仝夏同姓所封後從被也廣也||強梁跋| 昈文彩
祜福也 岵山無草木 怙恃也
鄠扶風縣名 矩正方之器(구)[구] 踽獨行||
蒟似椹|醬 枸仝(尤)(有) 椇仝
齲齒病(우) 窶貧無禮(우) 寠仝(尤)
斁閉也(두)[두] 杜仝甘棠 肚胃也
土(토)桑根 縷綫也筆不停覶|(루)[루]

遇

祚福也(조) 阼東階 胙祭餘
飵相謁食(樂) 兔八竅獸[토](토) 菟藥名|絲
鵵似鴟 吐歐也 布麻枲葛織
陳也錢也泉|(포)[포] 怖惶懼 佈徧也
圃種菜 鋪陳也賈肆(포) 舖俗
捕捉也(포) 哺食在口 餔仝
謼號也(호)[호](宥) 呼仝 護救也(호)
頀湯樂 濩散也布|仝(樂) 韄刀飾(陌)
瓠匏也 互差也 罟兔網
冱寒凝 涸水竭仝(樂) 嫭美也

膴 大也 腊肉 胡 頷垂 戈頸 壽也 何也 (호)
瑚 宗廟器 ㅣ璉 海中樹珊ㅣ 餬 寄食 糜也
糊 黏也 漫皃 糢ㅣ 湖 大陂 醐 酥精 ㅣ液醍ㅣ
鶘 洶河 鵜ㅣ 弧 木弓 狐 妖獸
瓠 仝 瓠 瓢也 壺 酒器 仝
乎 語之餘 疑辭 拘 執也 (구)[구] 駒 馬二歲
瞿 驚視 ㅣㅣ ○臞視 (구) 捄 築牆 取土 (尤)(宥)
斞 酌也 俱 偕也 區 藏也 類也 小皃
ㅣㅣ四豆 (尤)(구)(尤) 驅 馳也 毆 仝 (有)
嶇 山峻 崎ㅣ 軀 身也 臞 瘠也 (구)

僂 俯也 傴ㅣ (宥) 褸 衣敝 襤ㅣ 武 威也 跡也 (무)[무]
珷 戶似 玉ㅣ 玞 碔 仝 鵡 語鳥 鸚ㅣ
䳇 仝 (有) 舞 樂也 所以 節音 儛 仝
橆 蕃也 廡 堂下 周屋 仝 憮 失意 ㅣ然
甒 罌也 嫵 媚也 娬 仝
膴 美也 ㅣㅣ 厚也 簿 籍也 (박)(부)[부] 部 行伍 分也 (有)
斧 所也 (보) 府 百官 所居 頫 低頭
俯 仝 腑 津液 所行 弣 弓把中
撫 安存 按也 拊 拍也 父 始生 己 (부)(보)
鬴 鍑屬 釜 仝 駁 牡馬

屨 履也 (구)[구] 句 文詞 止處 (尤)(宥) 絇 履頭 飾
驅 馳也 (구) 懼 恐也 (구) 瞿 仝
具 備也 颶 四方 風 蠹 木蟲 (두)[두]
斁 敗也 (陌) 屢 數也 (루)[루] 務 事也 專也 (무)[무]
婺 星名 ㅣ女 騖 馳也 霧 天不 應地
瞀 目不 明 (宥) 赴 奔也 (부)[부] 仆 僵也 (宥)
訃 告喪 賦 稅也 斂也 受也 付 與也
傅 師也 附也 ○ 牽合ㅣ會 (부) 附 寄也 (부)
駙 副馬 鮒 鯽也 腑 津液 所行
胕 仝 祔 合食 賻 助喪 以財

癯 仝 · 衢 四達之街 鴝 鴝有幘｜鵒
鸜 仝 絇 屨頭飾 軥 (尤) 車軛
劬 勞也 婁 牽也愚也 (류)[루](尤)
膢 秋獵祭貙｜(尤) 蔞 似艾｜蒿 (尤) 膴 有之對 (무)[무]
橆 古 无 古 亾 仝 (陽)
毋 止辭 仝 蕪 荒也 ⿱罒無 雉網
巫 祝也 誣 不信 夫 男子通稱
(부)[부]○語助(부) 玞 美石珷｜ 砆 仝
鈇 莝斫刀斧也 麩 麥皮 膚 革外薄皮美也
孚 信也 莩 葭中皮 (篠) 郛 郭也

虞

幾也 (구) [구](沃)(覺)
滏 磁州水名 腐 朽也 數 計也責也
傴 俯也｜僂 (우) 麌 牝鹿 (우)[우] 俁 大也｜｜
宇 屋霤天地四方 羽 鳥翅 (우) 雨 水從雲下
瑀 美石 寓 仝 禹 夏后名
黈 點也 麈 麋屬尾長 (주)[주] 炷 燈心
珝 玉名 詡 和也大言 (후)[후] 栩 橡也
冔 殷冠 昫 日出溫 煦 蒸也 仝
裋 長襦｜褐 豎 立也僕也 (수)[수] 竪 俗
愈 勝也 仝 樹 植也 瘉 病瘳 (유)[유]
庾 露積 ⿰忄臾 懼也

麌

捒 裝也 (수)[수] 數 校也 (沃)(覺) 遇 逢也 (우)[우]
寓 寄也 嫗 老婦 (구) 饇 飽也 (御)
芋 蹲鴟 (우) 雨 自上而下 羽 鳥翅
作 造也 (주)[주](箇)(藥) 做 俗 足 添物便僻
｜恭 (주)(沃) 註 疏也 (주) 注 灌也 仝
炷 燈心 軴 車止 澍 時雨
霔 仝 鑄 鎔也 馵 馬後左足白
妒 嫉也 (두)[두] 妬 俗非 (錫) 煦 蒸也 (후)[후]
昫 日出溫 呴 氣以溫 酗 醉怒
⿰酉句 仝 樹 木也立也 (수)[수] 戍 守邊

遇

罦 車上網(九) 稃 米殼 俘 軍所獲
敷 施也陳也 尃 仝 枹 鼓槌(看)(九)
桴 屋棟仝上 仝下(九) 泭 筏也漚也
跗 足背 趺 佛坐跏丨仝 鄜 馮翊縣名
扶 持也(부) 芙 荷也丨蓉 蚨 水蟲青丨
鳧 野鴨 苻 似葛姓也 符 兩合爲信
虞 慮也帝舜國號(우)[오] 愚 癡也
嵎 暘谷丨夷山曲 堣 仝 隅 方也仝
齵 齒不正(九) 娛 樂也 紆 縈也(우)
迂 曲也 于 於也(우) 盂 飲器

瘐 囚病死 斞 量名十六斗 窳 鼓也苦丨
窳 仝 乳 湩也(유) 宔 藏主櫝(주)[주]
主 守也仝 拄 撐持 柱 仝○楹也(쥬)
取 收也索也受也(취)[츄](有) 聚 會也(쥐)
增 文二十四 鼓 擊也(고)[고] 迕 遇也(오)[오]
鄔 汾州城名(오) 許 伐木聲丨丨(호)[호](語)
滬 水名玄丨 拒 白帝招丨陳名敔(무) 左右丨(구)[구](語)[보](虞)
楀 姓也 萭 香草丨蘅(우)[우] 嶁 衡山峯名
呴丨(후)[후](有)(宥) 蔀 小席閩餘丨 首(무)[부](有)
㕮 嚼也丨咀(무) 籔 量名受十六斗頭戴薦盆窶丨(수)[수](有)

諭 告也曉譬(유)[유] 喩 仝 裕 饒也寬也
籲 呼也和也 孺 穉也(유) 住 止也(주)[주]
鉒 署置廾也 駐 馬立 趣 向也疾也
指義(추)[추](有)(沃) 娶 取婦 取 仝(有)
聚 會也(취) 增 文二十四 涸 凝閉(고)[고]
婟 戀也 詁 訓也 鞴 盛箭室丨
簠 盛黍稷器丨簋(보)
愫 誠也(소)[소] 梧 大兒魁丨(오)[오] 逜 相干
捬 擊也(부)[무] 誧 謀也(부) 酺 會飲除裁祭(무)
戽 抒水器(호)[호] 枑 遮欄梐丨 穫 扶風地名

竽 大笙 雩 祈雨祭 䴥 不精 (추)[추]
粗 仝 犓 仝 麁 俗非
趨 走也 (츄) 趍 俗非 芻 草也 (추)
雛 鳥子 (츄) 䢐 人名南䢐 吁 歎也 (후)[후]
芋 大也 訏 詭也 仝 盱 小人喜見 睢盱
歈 吹也 喣 仝 (어) 呴 仝
鬚 頤毛 (슈)[슈] 須 仝上 仝下 頦 待也 縃 頭巾 需 食也 待也 繻 符帛
輸 寫也 隳也 勝負 輸贏 送也 (슈) 毹 毛席 氍毹 殊 絶也 異也 (쓔) 銖 百黍 茱 藥名 茱萸 洙 泰山水名 杸 兵器八稜無刃 殳 擊也 仝
俞 然也 答也 (유)[유] 渝 變也 蜀水名 逾 越也 隃 仝 (슈) 踰 仝 愉 悅也 媮 仝 (九) 瑜 美玉 瑾瑜 榆 白枌
窬 鑿板爲戶 (유) 褕 后服 翟褕 羭 牡羊 㡰 裂繒 覦 欲得 覬覦 歈 吳歌 [illegible] 舞手弄笑 揶揄 揄 引也 揚也 仝 (九) 臾 善也 捽抴
須 不久須臾 (용)(유) 萸 藥名 茱萸 㥚 憂也 腴 腹下肥 楰 鼠梓 諛 諂也 儒 學者之稱 (슈) 襦 短衣 嚅 多言 囁嚅

嫗 以體溫 [우](유) 傴 曲躬 傴旅 (유) 鄅 國名 邘姓 焦 (쵸)(樂) 鞻 扉類 掌夷樂者 鞮鞻氏 (구)[구]
喣 吹也 (어)(후)[후] 姁 嫗也 樂也 姁姁 訏 大也 訏訏
貐 似貙 猰貐 (유)[유] 臾 引反 張腫 (용) 楰 鼠梓
擩 染也 (유) 醹 厚酒 枓 勺也 (유)(주)[주]
叶 無 通 韻一 語 六上

報 疾也 (호)(보)[부] 禺 母猴 (우)(오)[우] 蛀 木蠹 (쥬)[쥬]
痓 病染 鞋 戎服 跗鞋 輸 委也 送也 (쓔)[쓔]
瘉 病也 (유)[유] 乳 育也 (유) 柱 撐也 (쥬)[쥬]
叶 無 通 韻一 御 六去

濡 霑也滯也 醹 厚酒 懦 弱也(銑)(箇) 朱 赤色 珠 蚌精 蛛 網蟲蜘ㅣ 誅 戮也責也 株 根也 侏 短人ㅣ儒

絑 赤繒 邾 魯附庸 姝 美色 廚 庖也 躕 不進踟ㅣ 幮 帳也 裯 仝(尤)(豪) 娵 星名ㅣ觜 諏 謀也(尤)

貙 似貍 樞 本也要也(尤) 增 十二文五 軱 大骨 罛 罟也 鍕 矢名鏷ㅣ 笯 鳥籠(麻) 涂 滯也(麻) 稌 稻也

麔 酒名ㅣ酥 跦 跳也ㅣ跔 蘆 戟柄積竹 黸 黑色 矑 目瞳 艫 船頭 瓐 瓠也似壺 鸕 烏鬼ㅣ鷀 嫫 醜女ㅣ母

幠 漫皃ㅣ糊 膜 蕃人拜(藥) 菩 了也ㅣ薩 浯 琅邪水名 郚 魯邑名 蜈 毒蟲ㅣ蚣 鯆 江豚 葡 草龍ㅣ萄 葫 大蒜

○瓜也 蝴 野蛾ㅣ蝶 葫 箭室ㅣ篦 痀 曲脊ㅣ僂 跔 跳也踆ㅣ 摳 褰衣(尤) 氍 毛席ㅣ毹 戵 四出矛 句 晉地名傴

ㅣ(尤)(宥) 朐 脯脡 瘻 瘡也曲脊痀(宥) 僂 勤懇ㅣㅣ(尤) 鏤 劍名屬ㅣ(宥) 蒛 白蒛ㅣ莢 鴽 鴽也ㅣ鴾 柎 華下萼

禺 日在巳ㅣ中廣州地名番ㅣ(冬) 髃 髆前骨(有) 盂 旋流 玗 石似玉 杅 浴器 釪 似鐘錞ㅣ 邘 鄭地名 盱 日始出

姁 美皃ㅣ媮 嬃 姊也 蝓 蝸牛蛞ㅣ 闟 私覩闚ㅣ 袾 短衣ㅣ襦 叶 無 通 韻一 魚 六平

平聲 齊八

上聲 齊八

去聲 齊八

齊 文一百四十四

氐 本也 羌也 (뎨)[디] 羝 牡羊 低 俛也 眂 視也 邌 徐行 天欲明 |明 (려)[리] 黎 衆也 仝上 仝下 黧 黑色 (支) 犂 耕具 (支) 藜 蒿類 杖材 蔾 早草 蒺| (支) 瓈 寶玉 玻| 鸝 黃鳥 (支) 鵹 仝 驪 馬深黑 (支) 盠 瓢也 (支) 蠡 仝 (支)(歌)(哿) 西 日入方 (셔)[서] 栖 鳥宿 不安|| 棲 仝 犀 似豕角在鼻瓜 辨堅也 |利 妻 婦與己齊 (쳐)[치] 緀 文章相錯 萋 草盛 || 仝 淒 雲皃 || 凄 寒也 悽 悲也 霋 霽也

薺 文四十九

氐 本也 宿名 (뎌)[디] 柢 根也 詆 訾也 牴 觸也 觝 仝 抵 擠也 當也 擲也 拒也 大凡 大|仝 (紙) 阺 隴坂 坻 仝 (支)(紙) 弤 彫弓 軧 車後 底 下也 止也 (紙) 邸 郡國 京舍 蠡 揚州澤名 彭| 蟲齧木 追| (려)[리] (支)(歌)(哿) 禰 父廟 (녜)[니] 瀰 滿也 || (支)(紙) [illegible] 露皃 || 泥 仝 [illegible] 繡文 (미)[미] 米 穀實 精鑿 仝 眯 物入目 洣 江州水名 啓 開也 (계)[기] 棨 兵欄 綮 緻繒 徽幟 (迴) 稽 下首 悌 樂易 愷| (뎨)[디] 弟 男子後生 仝

霽 文一百九十六

柢 根也 (뎨)[디] 厲 嚴也 惡也 以衣涉水 (려)[리] 礪 砥石 勵 勸勉 癘 疫也 㾐 仝 麗 美也 附也 (支) 儷 偶也 戾 乖也 罪也 至也 止也 (屑) 盭 古 悷 悲皃 綟 綠色 唳 鶴鳴 沴 妖氣 荔 香草 薜| (寘) 壻 女夫 (셔)[서] 婿 俗 逝 往也 (씨) 誓 約信 筮 蓍卜 噬 啗也 澨 水名 三| 妻 以女嫁人 (쳐)[치] 泥 不通 (녜)[니] 埿 俗 迡 近也 謎 隱言 (메)[미]

齊

圭 瑞玉 (규)
珪 古
袿 女上服
鮭 鮮明黃
閨 小戶
窐 甑孔
邽 馮翊縣名 下卜
奎 西方宿 (규)
刲 刺也
睽 乖也
烓 行竈 (예)
攜 提也 (혜)
擕 俗
鑴 大鐘日旁氣
蠵 大龜
觿 角錐 (支)
畦 五十畝
⿰氵屖 塗也 (니)
泥 水和土 仝
臡 雜骨醬
迷 惑也 (미)
麛 鹿子 (支)
豍 白豆 (비)
箄 小籠 梳也 (支)
篦 仝
錍 釵也
⿰巾卑 車帷
⿰卑刂 削也 (피)
捭 手擊
批 仝 (紙)

薺

娣 女弟 弟妻
禮 節文仁義 (례)
醴 甜酒
澧 衡山水名
鱧 黑鯉
洗 滌也 (세) (銑)
洒 仝 (霽)(賄)(卦)(銑)(馬)
濟 定也 止也 源水名 濟濟威儀 || (졔)
薺 甘菜 (졔) (支)
泚 汗出 (쳬) (紙)
玼 玉色鮮 (紙)(支)
體 身也 (톄)
軆 仝
涕 鼻液
遞 更代 (뎨)
逓 俗非
陛 天子階 (폐)
⿰骨坒 股也
髀 仝 (紙)
梐 遮欄 |枑
徯 待也 (혜)
謑 恥辱 (禡)
【增】 文十一
疷 病也 (뎌) (支)
欐 梁也 (려)
瀰 衆也 || (녜)
茝 似蔘 薺|
掜 捉也 (예)
泲 泲水 (졔)

霽

睥 |睨 傲視 (폐)
渒 汝南水名 茂兒 ||舟行
媲 配也
憩 息也 (계)
憇 仝
愒 仝 (泰) (갈)
揭 高擧 (월)(屑)
甈 破罌
偈 武兒 梵語 (끼)(屑)
曀 陰風 (에)
⿰土壹 陰塵 ||
殪 死也 殺也
計 數也 (계)
罽 胡毛布
⿰糸罽 仝
猘 狂犬
繼 紹也
繫 縛也 (혜)
係 仝 (霽)
薊 黃帝後所封
⿰契阝 仝
髻 束髮 (屑)
紒 仝 (屑)
桂 百藥之長 (계)
鍥 刻也 (계)(屑)
契 約也 合也 憂苦
挈 上|仝 下|仝 (物)(屑)
挈 鐟齇 (屑)
帝 王天下號 (뎨)

鈚 箭鏃(支) 錍 仝(支) 磇 毒石 丨霜

鼙 騎鼓(뻬) 鞞 仝(迥) 椑 圓榼 斧柯(支)(陌)

膍 胘也 牛百葉(支) 雞 翰音(계)[계] 乩 卜以問疑

稽 留也考也 圜轉滑丨仝 枅 屋櫨(先)

笄 簪也 谿 澗也(계) 嵠 仝

磎 仝 溪 俗 鸂 尾如船舵丨鶒

隄 防也(뎨)[뎨] 堤 仝 䃅 黑石

梯 木階○木稊 稗(톄) 嗁 泣也(톄) 啼 仝

蹏 獸足 蹄 仝 踶 蹋也 仝

提 挈也(支) 媞 美皃丨丨 褆 衣厚丨丨

齊 恭皃丨丨(쟤)(支)(佳) 癠 病也

鮆 刀魚 批 捽也(紙) 狴 牢獄(뻬)[폐]

叶 無 通 韻四 紙 四上

尾 五上 蟹 九上 賄 十上

第 次也 但也(뎨) 弟 兄 善事 悌 愷丨

娣 女弟 弟妻 睇 小視 題 仝

踶 獸足 提 擲也(支) 例 比也(례)[례]

栵 栭栗(屑) 隸 賤稱 附屬 隷 古

袂 袖也(몌)[몌] 細 微也密也(셰)[셰] 歲 年也(셰) 繐 布縷細 紲 仝 篲 帚也(쉬)(寘)

彗 星孛 仝(寘) 世 代也 三十年(셰) 貰 賒也(禡) 勢 權力 形也 帨 佩巾(쉬) 蛻 蛇蟬解(泰)

裞 追服 稅 租也斂也舍也 仝(泰)(曷) 說 誘也(屑)(屑) 瘞 埋也(이)[예] 医 盛矢器

翳 羽葆 隱也 瞖 目疾 繄 語辭 嫕 順柔 婉丨 瘱 仝 羿 古射師名(이)

帠 法也 埤 城上女牆 埤丨 睨 衺視 睥丨 寱 寐言 詣 至也造也 囈 寐聲

埶 種也 埶 仝 藝 才能 法也 仝 曳 牽也 拽 仝(屑) 抴 仝 引也(屑)

禔 福也安也(支)(支)
緹 赤帛
騠 良馬駃丨

醍 紅酒酥醽丨醐
題 額也署也
鶗 子雉丨鴂

稊 穢草丨稗
⿰禾夷 仝
苐 仝

綈 厚繒
鵜 淘河丨鶘
荑 茅始生(支)

折 安徐丨丨(屑)(屑)
栘 棠棣(시)(체)
鷖 鷗也(이)(예)

黳 小黑子
⿱殹石 黑石
翳 語辭

繄 黑繒仝
兒 姓也弱少(예)(支)
倪 端也仝

齯 齒落更生
輗 轅端持衡
鯢 雌鯨

⿰衤兒 女上服
霓 雌虹(錫)
麑 鹿子

猊 獅子狻丨仝
躋 升也(제)(제)
隮 仝虹也

裔 衣裾邊也
⿰氵裔 水皃溶丨
泄 出也發也怠緩丨丨(屑)
洩 仝(屑)
枻 檝也(屑)

栧 仝
詍 多言
⿰言曳 仝
呭 仝
跇 超踰
勩 勞也(寘)

叡 聖也(위)
睿 仝
銳 利也芒也(泰)
轊 車軸頭
汭 水曲(예)
芮 草生丨丨

枘 柄也
蜹 藍雞
霽 雨止(제)(제)
濟 渡也救也事遂
祭 祀也至也(卦)
際 邊也會也

穄 稷也
眥 目際(제)(寘)
齊 和也(支)(佳)
懠 怒也
穧 穫刈禾把
嚌 嘗也

癠 病也
劑 分也藥丨(支)
晢 星光丨丨(지)(屑)
晣 仝(屑)
製 裁也
制 禁也王言仝

切 割也急也大凡一丨(체)(체)(屑)
砌 階甃門限
綴 連也(철)(屑)
畷 田間道(屑)
揥 摘髮象丨(톄)

傺 失意侘丨
懘 音敗惉丨
掣 滯隔曳也(屑)
彘 豕也(치)
滯 止也積也(체)
諦 審也(뎨)(뎨)

嚔 氣噴鼻
疐 去本仝(寘)
蔕 果蔕底
蝃 虹也丨蝀
螮 仝
替 廢也代也(톄)

殢 困極(니)
涕 鼻液
鬀 剪髮
剃 仝
屜 屧中薦
遰 遠也迢丨(톄)

齎 持遺 裝送 (支) 賷 俗 齏 醯醬所和細切

韲 俗 韰 仝 利也 擠 排也

齊 整也 等也 太公所封 (제)(支)(佳) 臍 子生所繫

蠐 糞土蟲 ㅣ螬 睇 視也 (톄)[톄] 陛 牢獄 (뼤)[폐]

狴 仝 醯 酢味 (히)[혜] 醘 仝

兮 語助 (혜) 嫨 女奴 奚 何也 仝

傒 人名 齊高ㅣ 蹊 徑路 穿徑 ⿰目奚 仝

谿 怒爭 勃ㅣ 豯 豨子 鼷 甘口鼠

嵇 亳州山名 嘶 馬鳴 (셰)[싀] 撕 提也

增 文十八 詆 呰也 (뎨)[뎌] 柢 根也

遞 更代 締 結也 禘 王者大祭 杕 樹盛 棣 移也 常ㅣ 逮 及也

髢 髲也 鬄 仝 鬀 愛也 (비)[폐] 閉 掩也 (폐) 獘 斷也 困也 (폐) ◯ 惡

蔽 掩也 仝 箅 甑蔽 (支) 敝 衣敗 (폐) 斃 死也 幣 帛也 財雜名 系 緒也 (계)[계]

繫 ㅣ辭 仝 (계) 係 連屬 仝 (계) 禊 祓除 嘒 小星 (혜) 嚖 小聲 仝 慧 敏也

惠 仁也 賜也 蕙 蘭屬 譓 多智 憓 愛也 衛 護也 周康叔所封 (위)[위]

脃 物易斷 (취)[취] 脆 仝 贅 屬也 肉橫生 (쥐) 毳 細毛 (취) 橇 泥行所乘 鱖 婢魚 (월)(귀)[궤]

蹶 跳也 急遽 (월) 劌 傷也 增 文四十一 泜 常山水名 (뎨)[뎌](支)(紙) 禲 鬼災 (례)[려]

糲 米不精 (갈) 蠣 蚌屬 牡ㅣ 攦 折也 (려) 欐 梁也 颲 風聲 颲ㅣ 棙 機也 關ㅣ

⿰風劦 急風 栖 鳥所止 (셔)[셔] 遾 逮也 忕 習也 忕ㅣ (씨)(泰) 殢 滯也 (톄)(녜)[뎨] 埤 女墻 ㅣ堄 (피)[비]

碣 立石 (걀)(게)[게] 饐 飯傷溼 (예)(이)[에] 瘛 風病 (계)[계] 珶 佩玉 (뎨)[뎌] 鶗 子雉 ㅣ鴂 蘙 草盛 薈ㅣ (이)[예]

暌 日入(킈)(긔) 巂 鳺也子ㅣ(훼)(훠)(支)(紙)

鄬 東海邑名 呢 小聲(녜)(니) 嫛 母稱(예)(이)(支)

鞮 革履(뎨)(디) 鷈 似鳧ㅣ鷉(톄) 瑅 玉名ㅣ瑭(뗴)

睼 迎視 鯷 鮎魚 鮧 仝(支)

罤 兔網 蜺 寒蜩(예)(이) 謑 不正ㅣ髁

(혜)(혜)(禡) 凘 流水(셰)(싀)(支) 凘 散聲(支)

叶 無

通 韻四 支四平 微五平 佳九平 灰十平

禔 褆也(이) [illegible] 孫蔥 擠 排也(졔)(제) 䌖 東茅表位 綿ㅣ(죄)(屑) 蕞 仝(屑)(泰)

薺 似蓼ㅣ茈(졔)(支) 鱭 魚可爲醬(지) 淛 浙江(屑) 餟 祭酹酒(졔)(屑)(쥐)(쥐) 醊 仝(屑) 禘 袜也(톄)(톄)

裼 仝(錫) 薙 除草(紙) 釱 足鉗(뎨)(泰) 薜 香草ㅣ荔(삐)(비)(陌) 盻 恨視(혜)(혜)(諫)

槥 小棺(훼) 蟪 蟬屬ㅣ蛄 鬄 鬃乾(우)(우) 竁 穿地(췌)(주)(霰) 撅 揭也(궐)(귀)(궤)

叶 無

通 韻五 寘四去 未五去 泰九去 卦十去 隊十一去

平聲 佳九

佳 文五十六 佳 善也(개)(개)(麻) 街 道四通

挨 推也(애)(애) 啀 兒言(支) 崖 山邊(애)(支)

厓 仝上 仝下 涯 水畔(支)(麻) 叉 兩枝(차)(채)(麻)

上聲 蟹九

蟹 文二十二 嬭 乳母(내)(내) 妳 仝

灑 汛也(새)(새)(卦)(馬) 洒 仝(蟹)(卦)(霽)(馬)(紙) 躧 小履無跟(紙)

騃 癡也(애)(애) 廌 神羊獬ㅣ(채)(채)(紙)

去聲 泰九

泰 文七十四 匄 乞也(개)(개) 匃 仝

丐 俗 蓋 覆也苫也 華ㅣ 大凡 似傘(合)(合)

盖 俗 磕 石聲(개)(合) 礚 仝

釵 枝䈂 (…) 牌 牓也 (패)(패) 乖 戾也 (괘)(괴)

懷 忠也 藏也 (…)(…) 褱 古 櫰 冬取火木

槐 仝 (灰) 瀤 北方水名 淮 揚州水名

皆 俱辭 (개)(개) 喈 鳥聲 ㅣㅣ 楷 孔子墓木

湝 水盛 ㅣㅣ (해) 偕 俱也 階 陛也 級也

堦 仝 鶛 禾稾 稭 仝 (黠)

䬒 疾風 荄 草根 (灰) 揩 摩拭 (개)

埋 瘞也 (매)(매) 薶 仝 霾 晦也

排 推也 (배)(배) 俳 戲也 ㅣ優 齋 潔也 室也 (재)(지)

齊 仝 (支) (齊)(霽) 儕 等輩 (재) 柴 燔柴祭天

豸 仝 (紙) 擺 撥也 (패)(파) 罷 止也 遣囚

閭人呼父 郞ㅣ (文)(禡) 捭 兩手擊 (陌) 解 脫也 講也

撒也 (괴)(卦)(卦) 鍇 好鐵 (개) 楷 模也

買 市也 (매)(매) 駭 驚也 (해)(해) 駴 仝

蟹 介蟲 二螯 (해) 獬 神羊 ㅣ豸 澥 海別名 渤ㅣ

嶰 崑崙 北谷 矮 短也 (왜)(와) 增 文五

豥 豕白蹢 (해)(해) 絯 束也 挂也 (灰)(陌) 夥 多也 (과)

解 緩也 曉也 (해)(개)(卦)(卦) 枴 拄杖 (괘)(괘)

叶 無 通 韻四 紙 四上

尾 五上 薺 八上 賄 十上

愒 貪也 急也 (霽)(曷) 柰 蘋婆 那也 (내)(내) 奈 俗非

汏 水激 過 (태)(대) 釱 足鉗 (霽) 大 小之對 過

也 (印) (箇) [乂/心] 懲也 (애)(애) 艾 灸草 老也 養也

安也 美 好過 半 仝 (隊) 馤 香氣 (애) 藹 茂見 ㅣㅣ (…)

靄 雲狀 (…)(曷) 壒 塵也 曖 日色

蔡 蔡仲所封 法也 龜也 (…)(…)(曷) 泰 大也 通也 (…)(…)

太 甚也 仝 大 仝 (…) (箇) 忕 奢也 (…)

汰 滑也 洗也 淘ㅣ 仝 娧 舒遲 ㅣㅣ (…)

脫 仝 (曷) 駾 馬行 疾 (隊) 兌 蹊也 ○ 悅

也 直也 通也 (퇴) 䩣 補也 (퇴) 貝 介蟲 貨也 (패)(패)

柴 析木 仝(卦) 豺 狼屬 差 貳也 擇也 使也(支)(卦)(麻)(禡)

諧 和也 骸 骨也

鞵 履也 鞋 仝 膎 脯也

鮭 河豚 魚菜總名 媧 古聖女 女|(麻)

緺 青綬(麻) 蝸 瓜牛(麻) 騧 黃馬(麻)

哇 淫聲(麻) 娃 美女(麻) 蛙 蝦蟇(麻)

鼃 仝(麻) 洼 陝西水名 渥|(麻)

增 文十二

睚 目際(卦) 捱 拒也

靫 箭室(麻) 簰 筏也 廲 蚌也 長狹而

祴 塼道 痎 瘧也 䋎 大絲

狽 獸名 負狼而行 霈 多澤 霶| 沛 泗水縣名 仝上仝下 伂 偃仆 旆 旗也

茷 有法度 | 害 傷也(曷) 會 畫也 膾 肉腥細切 鱠 仝 儈 會合 市人 牙|

澮 井溝 畎|(卦) 鄶 祝融後所封 檜 柏葉松身 仝(曷) 襘 領交會 獪 狡也(卦) 劊 斷也

廥 芻藁藏 ⿰禾會 糠也(隊) 旝 旃也 賴 恃也 蒙也 瀨 湍也 籟 籥也

癩 疥也 惡疾 酹 酒沃地(隊) 外 表也 薈 草多 |蔚 濊 汪|濊廣(隊)(曷) 最 極也 凡也

蕞 小皃 會 合也 繪 畫也(隊) 繢 仝(隊) 禬 除殃祭 帶 紳也 蛇也

⿸疒帶 赤白痢 殺 殳也(曷) 昧 目不明(隊) 沫 微晦 衞邑名 小星 巳也(隊) 翽 飛聲

譿 衆聲 噦 鑾聲|| 增 文十三 嘅 歎也(隊) 縩 紩素聲 綷|

蛻 蛇蟬解 稅 追服(曷) 銳 矛屬 浿 樂浪水名(卦) 肺 茂皃|(隊)

妎 妬也 塊 嘳也(隊) 藾 萃也 |蕭 稡 會也 椰 藪也 蹛 北漠地名

偕 行皃 徘— 湝 水盛 —— (해)(회)(기)
(매)(믜) —林 昧 星斗後星 爽樂 (믜)(믜)(隊)
叶 無
通 韻五 寘 四去

喈 口戾 (홰)(홰) 闟 開門 (紙)(홰)(홰)
叶 無
未 五去 霽 八去 卦 十去 隊 十一去

通 韻四 支 四平 微 五平 齊 八平 灰 十平

平聲 灰十

灰 文一百三十五 能 三足鼈黃熊 (내)(내)(隊)(蒸)
霾 雪皃 —— (애)(애) 皚 仝 敳 有所治
埃 塵也 (애) 欸 歎也 唉 仝
瑰 石次玉瓊 —(귀)(괴) 瓌 仝上 仝下
傀 大皃 偉也 恢 大也 拓也 (킈) 詼 調也 嘲也
盔 盂也 鎧也 魁 首也 悝 憂也 大也 (紙)

上聲 賄十

賄 文六十四 愷 軍勝 樂 (개)(개) 凱 仝善也 和也
豈 仝 (尾) 塏 明也 爽塏 燥也 鎧 甲也 (隊)
闓 開也 乃 語辭 (내)(내) 迺 仝
鼐 大鼎 (隊) 䲡 日無光 餧 飢也 (뇌)(뇌)(寘)
餒 仝 鮾 魚敗 腇 耎弱 萎—
磊 衆石 (뢰)(뢰) 礧 小穴 —空 仝 儡 木偶 傀—

去聲 卦十

卦 文九十四 疥 痒疾 (개)(개) 介 大也 助也
挂 繫也 甲也 閒廁 (黠) 玠 大圭 夵 獨居
魪 比目魚 芥 辛菜 纖也 价 善也
恝 無愁 (黠) 忦 仝 犗 騬牛 畜健 彊
賣 出貨 (매)(매) 邁 往也 勱 勉也
喝 嘶聲 (해)(해)(曷) 餲 飯敗 (曷) 嗄 氣逆 (禡)

捼 手摩 (뉘)[뇌](歌)
挼 仝(쇠)(歌)
雷 震也 (릐)[뢰]
靁 仝
璢 玉器
罍° 酒樽
韉 鞍帶 (쉬)[쇠]
桅 帆竿 (위)[외]
嵬° 高皃 崔丨
峞 仝(支)
隈 水曲 (우)
煨 盆中火
椳 門樞
偎 愛也 昵近 仝
揋 掎也
催 迫也 (최)[죄]
崔 齊邑 姓也 ○高皃 丨嵬 (죄)
隓 崩也 丨隤
縗 喪衣
衰 仝(支)(支)
摧 折也 (죄)
㨃 聚土 (퇴)[퇴]
鎚 治玉 (支)
磓 落石 (퇴)
頧 夏冠 毋丨
追 治玉 丨琢 仝(支)
敦 怒也 軍後 仝(隊)(元)(阮)(願)(寒)(蕭)
推 排也 (퇴)(支)

檑 劍飾 丨具
蕾 始華 蓓丨
隗° 高也 姓也 (외)[외]
嵬° 嵔丨
頠 頭閑習 人名 晉裒丨(紙)
猥 犴雜 (외)
嵔 山高 (尾)
罪 罰惡 (죄)[죄]
皐 疐鼻 仝
皠 白也 (최)[죄]
漼° 湥也
璀 玉光
腿 股也 (퇴)[퇴]
賄 財也 (회)[회]
⿰貝每 仝
悔 懊也 恨也 (隊)
痗 病也 木瘤
廆 癖也 人名 晉慕容丨
匯 水回 合
改 更也 (개)[기]
待 俟也 遇也 (대)[되]
每° 常也 貪也
頻也 (믜)[믜](隊)
浼 汙也
倍 兼也 (뵈)[븨](隊)
琲 珠十貫 (隊)
毐 人無行 (애)[이]
宰 主也 (재)[지]

債 逋財 (채)[채]
祭 周大夫邑名 姓也 (霽)
瘵 病也
蠆 螫蟲 (채)
瘥 病除 (歌)
差 過也 較也 異也 仝(支)(佳)(麻)(禡)
敗 毁之 (배)[패] ○自破 (배)
派 分流 (파)
浿 樂浪水名 (泰)
唄 梵音 (배)
粺 精米
稗 似禾而別
戒 愼也 (개)[계]
誡 言警
悈 飭也
界 境也
屆 至也
怪 異也 (괴)[괴]
恠 俗非
⿰石圣 石似玉
壞 毁之 (회)
蒯 茅類 (괘)
⿱艹⿰鬲攴 仝
蕢 赤莧 (寘)
喟 太息 (寘)
聵 聾也 (괘)[외](隊)
嘬 一擧盡臠 (채)[최]

蘳 益母草 穨 傾也 (퇴) 隤 仝
積 暴風仝 僓 馬病 僓ㅣ 儨 順皃
焞 盛皃 ㅣㅣ (眞)(元) 魋 神獸似熊人名宋桓ㅣ (支)
灰 火餘燼 (회)(호) 洄 逆流 (회) 回 轉也邪也 (隊)
廻 還也避也仝 徊 不進徘ㅣ 佪 仝
茴 馬蘄ㅣ香 槐 冬取火木 (佳) 該 兼也 (개)(기)
垓 八極 晐 仝 荄 草根 (佳)
陔° 階次 峐 山無木 祴 夏樂 (佳)
開 解也闢也 (개) 臺 土四方高 (대)(듸) 擡 舉也
儓 陪臣輿ㅣ 薹 草名夫須 籉 笠也

聹 半聾 縡 事也 (隊) 載 年也仝 (隊)
在 存也 (재)(隊) 綵 繪繒 (채)(최) 採 取也
采 事也食邑仝 上仝下 (隊) 彩 文色
寀 寮官 (隊) 茝 蘭類 (채) 怠 懈也 (대)(듸)
迨 及也 (隊) 逮 仝 (霽) 隸 仝
詒 欺也 (支)(隊) 紿 仝絲縈 殆 危也將也
海 天池 (해)(ᄒᆡ) 醢 肉醬 亥 十二支終 (해)
增 文十七 靄 雲狀 (애)(ᄋᆡ)(泰)(曷) 藹 草木叢雜 (泰)
傀° 木偶ㅣ儡 (괴)(ᄀᆡ) 魁° 壯皃ㅣ壘 壘 壯皃魁ㅣ
(뢰)(릐) (紙) ㅣ 𡾋 山皃ㅣ嵬 縩 紈素ㅣ聲ㅣ

解 除也發也解額 (개)(기)(히)(蟹)(蠏) 懈 懶也
繲 浣衣 廨 官舍 鞜 鼓名 (개)
劾 力作 (隊)(職) 韎 赤韋 (매)(믹)(隊) 扒 拔也 (배)(븨)
拜 服也稽首也仝 湃 水聲滂ㅣ (배) 憊 疲極 (븨)
憊 仝 韛 革囊吹火 𦪇 船後木
隘 狹也險也 (애)(의) 阸 仝 (陌) 阨 俗 (陌)
呃 不平聲 䛩 仝 噫 飽食息 (支)
眦 目際恨視睚ㅣ (채)(최)(眞) 寨 藩落木柵 (채)(최)
砦 仝 柴 仝 (佳) 邂 不期而遇
ㅣ逅 (해)(회) 𣘶 [illegible]桂名桔 薤 似韭葷菜

奎章全韻 上 灰

萊 田廢生草 (래)(릭) 來 麳也至也 呼也 (支)(隊)
倈 仝 徠 泰山 徂徠 仝(隊) 騋 馬七尺
稞 麥也 枚 枝也 數物 馬鞭 止喧銜 (뮈)(미)
玫 火齊珠 玫瑰 煤 煙墨 禖 求子祭 高禖
媒 謀合二姓 䤈 酒本 酶 仝
脢 背肉 (隊) 梅 酢果 楁容 鋂 子母環
莓 苔也 草名 蛇莓 䍙 雉網 (灰) 塺 塵也 (箇)
桮 飲器 (빅)(비) 杯 仝 盃 俗
肧 孕一月 胚胎 (픽) 坏 未燒瓦 醅 酒未漉
裵 衣長 姓也 (뵈) 裴 仝 徘 不進 徘徊

䋿 (츼) (灰)(隊) 洒 高峻 (薺)(蟹)(銑)(馬) 陔 八極 (개)(기)
胲 足大指 禧 始華 蘠 (뵈)(희) 欸 欸乃 棹歌 (해)(희)
娭 戲也 靉 雲盛 靉靆 (隊) 桸 柞也 (채)(최)
靆 雲盛 靉靆 (叫)(貝)(隊) 駘 疲也
叶 無 通 韻四 紙 四上
尾 五上 薺 八上 蟹 九上
噲 咽也 畫 繪也 (陌)(卦) 畫 俗
增 文十三 髤 假髻 (개)(개) 忦 憒也
蘬 鰒刺 (채)(최) 壞 自敗 (괴)(卦) 糒 乾飯 (眞)(배)(비)
鎩 長矛 (黠)(새)(쇄) 澮 井溝 (泰)(괴)(쾌) 繣 微也 (陌)(卦)

賄

薤 俗 灌 北方氣沆 (隊) 卦 兆也 (괘)(괘)
挂 懸也 掛 仝 詿 誤也
罣 罥也 絓 仝 曬 曝也 (새)(쇄)
晒 仝 灑 汛也 (蟹)(馬) 洒 仝 (馬)(蟹)(薺)(銑)
殺 疾也 減也 (寘)(黠) 煞 仝 (黠) 叏 淩也 (괘)(괘)
獪 狡也 (泰) 快 稱心 (괘) 駃 疾也 (夬)
話 語也 譮 仝 䜊 怒辭 過也 不信
睚 目際 恨視 (애)(애)(涯) 責 債也 (陌)(채)(채)
解 物自散 (해)(기)(蟹)(蟹)(해) [illegible] 俠也
罫 棊局 (開) 叶 無 通 韻五

二八 卦

培 益也 壅也 (有) 陪 廁也 家臣 阫 牆也

寘 四去 未 五去 霽 八去 泰 九去 隊 十一 去

顋 頷也 (싀)(싀) 腮 俗 毸 張羽 毰丨 鰓 魚頰 䰄 多鬚 哀 痛也 (애)(의) 哉 始也 語助 (재)(자) 烖 俗非 栽 種也 (隊)

栽 仝 烖 天火 灾 仝 菑 仝 (支) 災 籀 纔 僅也 (재)(재) 才 藝也 仝 財 貨也 材 木直 堪用

裁 製衣也 度也 (隊) 猜 疑也 (채)(치) 偲 多才 力 (支) 胎 孕三月 (태)(티) 台 星名 三丨 (支) 邰 后稷所封 駘 駑馬 (대) 炱 煤也 鮐 河豚

菭 水衣 苔 仝 咍 笑也 (해)(희) 孩 小兒 笑 (해) 頦 頤頷 增 文三十 剴 切近 (개)(긔)(隊) 崍 巴蜀山名 邛丨 (래)(릐)

獃 癡也 (애)(애) 轠 擊也 (뢰)(릐) 擂 研物 (隊) 挼 手摩 (뇌)(쇠)(歌)(쇠) 隗 高也 人名 燕 郭丨 (외)(외) 䘒 赤子陰 (최)(죄) 嗺 撮口 漼 雪皃 丨丨 (죄)

⿰禾追 摘也 (퇴)(퇴)(支) 搥 仝 (支) 隤 相擊 (회)(회) ⿰扌亥 仝 虺 馬病 丨隤 (尾) 蛕 腹中 蟲 (회) ⿰糸亥 束也 (개)(긔)(蟹)(陌) ⿰目亥 備也 賅 仝上 仝下

侅 奇也 非常 胲 足大指 仝 每 草盛 美田丨丨 (뫼)(믜)(隊) 环 占具 丨珓 (뵈)(븨) 衃 凝血 (픠) 毰 張毛 丨毸 (븨) 䚂 角中骨 (싀)(싀) 罳 屏也 罘丨 (支)

鼒 小鼎 (재)(재)(支) 跆 蹋也 (태)(티) ⿱竹思 竹萌 叶 無 通 韻四 支 四平 微 五平 齊 八平 佳 九平

去聲 隊十

隊 文一百二十八 漑 灌也 (개)[개] 摡 拭也滌也 (末) 槩 所以平斗斛 意氣節丨 慨 失意慷丨 (개) 愾 怒也太息 仝(末) 嘅 仝(泰) 鎧 甲也 (賄)

耐 忍也 (내)[내] 能 仝(灰)(蒸) 鼐 大鼎 (賄) 礙 阻也止也 (애)[애] 碍 俗 硋 仝 閡 外閉 仝 佩 玉之帶 (패)[패] 珮 仝

北 分異敗也 (職) 邶 河內地 背 棄也違也孤負反面 (배) 偝 仝 倍 反也 仝(賄) 誖 亂也 (月) 悖 仝(月) 穢 蕪也 (예)[예]

薉 仝上 仝下 獩 東夷丨貊 濊 水多 仝(泰)(활) 刈 芟草 (이) 乂 治也 艾 仝(泰) 廢 止也 (폐)[폐] 癈 痼疾 肺 金藏 (泰)

柿 削木札 (紙) 吠 犬鳴 塊 墣也 (괴)[괴](泰) 凷 仝 賚 賜也 (래)[뢰] 纇 絲節纇也 (뢰) 耒 耜也 擂 急擊鼓 酹 酒沃地 (泰)

退 卻也 (퇴)[퇴] 靧 洗面 (회)[회] 頮 仝 沬 仝(泰) 誨 敎也 (회)[회] 悔 改也恨也 (賄) 晦 昧也月盡 潰 漱也怒也 (궤) 繪 畫也 (泰)

繢 仝(泰) 闠 市門闤丨 回 遶也曲也 (灰) 欬 逆氣嗽也言笑謦丨 (개)[기] 咳 仝 內 中也 (뇌)[늬](合) 戴 以首荷 (대)[대] 襶 涼笠 褦丨

對 答也當也 (대) 碓 舂具 貸 借也 (태)(職) 代 更也 (대) 岱 泰山 黛 畫眉黑 黱 仝 袋 囊也 帒 仝

瑇 龜屬丨瑁 玳 俗 隊 羣也 (대) 憝 怨也 懟 仝 鐓 矛下銅 錞 仝(眞) 靆 雲皃靉丨 薱 草木盛薆丨

徠 慰勉勞丨 (래)[래](灰) 來 仝(支)(灰) 妹 女弟 (매)[매] 昧 暗也 (泰) 眛 目昏 (泰) 每 田美丨丨 (灰)(賄) 痗 病也 瑁 瑇丨龜屬 (모)

背 脊也負也堂北 븨 븨 패 輩 類也比也 輩 俗 配 合也侑也 븨 妃 仝 微 焙 熇也 뷔 琲 珠十貫 賄 賽 報也 새 싀

塞 邊界 職 簺 戲具簙ㅣ 磑 磨也 애 외 愛 憐也 애 曖 日不明ㅣ晻 僾 髣髴 靉 雲狀ㅣ靆 賄 再 重也兩也 재 죄 縡 事也載也 賄

酨 酢醬 載 乘也勝也始也事也年也語助也○運也 재 賄 栽 築牆板 灰 裁 鑒別品ㅣ 灰 在 存也 재 賄 菜 蔬也 채 최 埰 食邑 采 仝 賄

寀 仝 賄 態 意也 태 틔 逮 追也 대 듸 霽 賄 迨 仝 賄 埭 壅水爲堰 [illegible] 仝 靆 雲狀靉ㅣ 賄 劾 按也 핵 힉 卦 職 瀣 露氣沆ㅣ 해 卦

碎 細破 쉬 쇄 誶 告也 眞 震 質 晬 子周年 쥐 霽 綷 五采繪ㅣ 賄 淬 燒刃納水 쥐 焠 仝 倅 副也 憒 心亂ㅣㅣ 귀 괴 喙 口也 훼 회

增 文二十二 剴 切近 개 개 灰 褦 凉笠ㅣ襶 내 내 拔 挺也 발 패 曷 黠 孛 彗星 月 襘 褾也 괴 회 泰 磓 推石 퇴 뢰 紙 礌 仝 擂 仝 灰

聵 聾也 홰 회 卦 敦 槃類玉ㅣ 퇴 되 灰 元 阮 願 寒 蕭 駾 突也 퇴 泰 睞 傍視 래 뢰 韎 赤韋 매 뫼 卦 脢 背肉 灰 沕 潛藏 物 薆 草木盛ㅣ

薱 애 棣 閑習ㅣㅣ 때 되 霽 曃 不明曖ㅣ 詒 欺也 支 賄 祽 月祭 쥐 죄 啐 呼也咄ㅣ驚也先嘗 쉬 質 顡 頪也 회 홰

의

叶 無 通 韻五 寘四去 未五去 霽八去 泰九去 卦十去

平聲一 眞十
上聲一 軫十
去聲二 震十
入聲 質四

隊

全韻玉彙

眞 文一百八十六 僎 鄉飮助主人者(준)[준](銑)
遵 循也 均 平也(균)[균] 勻 全(윤)
鈞 三十斤陶具全 袀 戎衣 畇 墾田(윤)
[illegible] 全 麕 麏也 麏 全
麇 全(文)(吻) 頵 頭大 囷 圓廩(균)
箘 美竹 倫 等也序也(륜)[륜] 淪 沒也(元)
綸 青絲綬綱也大絲釣繳(刪) 輪 車所以任轉
掄 擇也(元) 荀 草名黃華赤實姓也(순)[순]
詢 諮也 峋 山皃嶙ㅣ 恂 信也恭皃ㅣㅣ
洵 漢中水名出涕信也(霰) 珣 東夷貢玉

軫 文七十八 窘 迫也(균)[균]
僒 全 殞 沒也(운)[운]
隕 墜也(先) 霣 雷也全
愪 憂也 箘 美竹(균)[균]
菌 地蕈 [illegible] 竹萌(순)[순]
笋 俗 筍 全上全下
簨 縣鍾磬具ㅣ簴 栒 全
[illegible] 全 隼 鶻屬
盾 干也(순)(阮) 楯 欄也
揗 摩也 允 信也肎也(윤)[윤]

震 文一百四 峻 高也(준)[준]
嶲 全 埈 全
駿 驚也ㅣ驤 濬 浚也淪也
浚 衛邑取也全 徇 行示(순)
侚 疾也全 殉 以人從葬營也
舜 有虞氏號(순) 蕣 木槿
瞬 目動 瞚 全
眴 全(霰) 順 從也(순)
揗 摩也 胤 繼也(인)[윤]
酳 酒漱口 閏 餘也(윤)

質 文一百七十 茁 草芽(줄)[즐](黠)(屑)
殚 死也(졸)[졸](月) 卒 盡也既也全(月)
踤 蹋也 崒 山高ㅣ嵂(졸)
窋 物在穴(줄) 怵 憂心
橘 柚屬(귤)[귤] 獝 狂也
律 度也法也(률)[률] 嵂 山高崒ㅣ
率 約數表的(솔)[율] 繂 舟維
膟 腸脂 栗 刺果堅也
ㅣ(리) 懼也ㅣ 㮚 古
慄 竦縮 凓 寒氣

上 眞 軫 震 三十 質

郇 文王後所封 旬 (슌) 十日 巡 視行
循 善也依也次序｜｜ 楯 欄也
揗 摩也 馴 擾也善也從也漸致 (問)
紃 條也 蓴 (슌) 水葵 蒓 仝
脣 口端 唇 俗非 漘 水際
純 粹也篤也全也絲也 (元) 醇 醲也
鶉 鴽也 錞 似鐘｜釪 (隊) 淳 朴也
犉 黃牛黑脣 奫 水深 (윤)(윤) 筠 竹皮 (윤)
逡 退也｜巡 (쥰)(쥰) 皴 皮細起 䨲 狡兔
趦 行速 踆 仝上仝下 竣 退立 (先)

狁 北方玁｜ 蜳 氣不定蹎｜ (元)
尹 正也治也 (윤) 蝡 動皃 (銑)(쥰)(先)
蠕 仝 (先)(銑) 埻 射的 (쥰)(쥰)
準 平也度也擬也樂器似瑟仝肩
准 俗 純 衣緣 (元)
蠢 蟲動 (츈) 腯 肥也
踳 雜也｜駮 驙 駁馬仝
緊 急也 (긴)(긴) 嶙 山峻嶙｜ (린)(린)
閔 傷也 (민)(민) 憫 憂也
泯 滅也 睯 強也

潤 澤也 俊 才過千人 (쥰)(쥰)
儁 仝 餕 食餘
晙 田官 駿 良馬大也 (쥰)
晙 早也 䨲 狡兔
稕 束稈 (쥰) 董 苦菜藥名
鶤 烏頭 (긘) (근)(吻) 僅 纔也 (文)
廑 仝 (文) 覲 秋見於王
饉 三穀不登 菫 黏土塗也
墐 仝 殣 瘞也
瑾 美玉 (吻) 慭 傷也 (인)(은)

揉 手理物 蕖 蕃蘶｜
鷸 黃鸝｜鷸 颶 暴風
䬈 仝 恤 憂也 (介)(휼)
卹 仝上仝下 (月) 賉 分賑
戌 九月 珬 珂屬
訹 誘也誒｜ (宥) 率 領也循也
帥 大略 (슈)(률)(寘) 帥 領兵仝 (寘)
蟀 蟋也蟋｜ 朮 山薊 (竹)
述 纘也誤也 術 邑道技也業也
沭 東莞水名 秫 黏稷

諄 ｜誨也 (쥰) 肫 ｜｜懇誠 仝 屯 難也 厚也
吝也 (元) 窀 下棺 ｜穸 迍 難行 ｜邅
春 歲始 (츈)[츈] (椿) 壽木 大｜ 杶 似漆 琴材
櫄 仝 槆 仝 輴 輁車
巾 帨也 首飾 (긘)[근] 銀 白金 (인)[은] 垠 岸也 (文)
嚚 訟爭 誾 和悅 ｜｜ (文) 礥 難也 (현)[흔] (先)
紉 絲貫 箴 [닏] (닌) 鄰 五家 (린)[린] 隣 仝
轔 車聲 ｜｜ 疄 田壟 璘 玉文 斒｜
鱗 魚甲 麟 仁獸 麒｜ 麐 仝
驎 馬斑文 嶙 山皃 ｜峋 磷 玉石 符采

敃 仝 昬 仝 (元)
愍 悲也 憫 仝
敏 達也 足大指 澠 秦縣名｜
池 (銑) (蒸) 僶 勉也 ｜勉
黽 仝 (銑) (庚) (梗) 脗 合也 (吻)
牝 獸雌 (빈)[빈] 臏 刖刑
哂 微笑 (신)[신] 矧 齒本 況也 仝
腎 水藏 (신) 蜃 大蛤 蛟屬
裖 社肉 脤 仝
引 導也 (인)[인] 蚓 土龍 蚯｜

藽 木槿 (츤)[츤] 櫬 棺也 仝
襯 近身衣 儭 裏也
齓 毁齒 舋 罅隙 (흔)[흔]
釁 仝上 仝下 衅 血祭
吝 恨也 惜也 (린)[린] 悋 鄙也
恡 仝 磷 薄石
瞵 自睛 蹸 車踐
躙 仝 轥 仝
䗲 螢火 遴 選也
藺 莞屬 儐 主副 (빈)[빈]

矞 錐穿 詭詐 (유)[율] 遹 回邪 自也
繘 汲綆 霱 瑞雲
潏 水流 沕｜ (슐)(骨) 鷸 翠鳥
鴥 飛快 聿 發聲 遂也
汩 水流 疾皃 [illegible]｜ [illegible] 大風
出 入之對 進也 生也 斥也 (츌)[츌](寘)
黜 貶也 仝 絀 縫也 (物)
怵 恐也 狘 飛皃 (슐)[흘]
膝 脛節 (시)[슬] 厀 仝
𦾢 藥草 牛｜ 瑟 絃樂 潔鮮

全韻玉篇 上 真 軫 震 三一 質

眞

獜 水清 ｜｜ 潾 仝 交阯地名 金｜
民 衆氓 (민) (민) 岷 蜀山名 珉 美石
玟 仝 罠 麋網 緡 釣緡 錢貫
緡 俗非 旻 秋天 仁覆 閔下 旼 和也
忞 自強 (吻) 閩 東南越 賓 客也 (빈) (빈)
濱 水際 瀕 仝 鑌 鐵也 刀材
豳 周始封國 邠 仝 贇 美也
彬 文質 雜｜ 份 仝 斌 俗非
璸 玉文 ｜璘 繽 盛也 紛｜ (빈) 頻 數也 (삔)
顰 顰蹙 矉 仝 嚬 仝

軫

螾 仝 忍 耐也 強也 (인)
盡 極也 皆也 (진) (진) ○竭也 悉也 (찐) 縱令也 終
儘 仝 軫 車前 後橫
｜｜ 木動也 (진) 畛 田界
眕 目有所限 厚重 袗 袨服 單也
裖 仝 疹 痘瘡
胗 仝 診 視也
紾 引捩 抮 仝
鬒 稠髮 黰 仝
稹 種穊 縝 結也 密也 絲縷

震

殯 殮也 鬢 頰髮
鬂 俗非 擯 斥也
信 誠也 (신) (신) 訊 問也
誶 仝 (賝) (隊) 汛 洒也
迅 疾也 賮 琛也 (씬)
贐 仝 藎 染黃 草進也
燼 火餘 慎 謹也 (씬)
𧦝 古 蜃 大蛤 蛟屬
印 刻文 合信 (인) (인) 靷 皮約 馬胷 (읻)
刃 鋒也 刀加 距 (인) 韌 堅柔

質

｜｜ (스) 矜莊 風聲 璱 碧珠 ｜｜
飋 秋風 蝨 齧人 蟲
鳦 燕也 (히) (흘) (黠) 乙 仝
乙 屈也 辰名 唧 衆聲 ｜｜
(지) (즐) (職) 櫛 梳也 (즈)
穡 禾重生 瀄 水流 ｜汩
叱 呵也 (치) 吉 休祥 朔日 (기) (길)
拮 手口共作 ｜据 (屑)
姞 姓也 后稷 元妃 佶 正也
詰 問也 責也 (키) 趌 怒走

蘋 大萍 薲 仝 嬪 婦官
玭 珠母 (先) 蠙 仝(先) 貧 乏也
辛 金味 (신)(신) 新 初也 薪 蕘也
莘 太姒國 (신) [illegible] 仝 姺 仝(先)
峷 神名似狗有角 [illegible] 魚尾長 兟 進也
詵 衆言 侁 行皃 駪 仝 馬多
籸 粉滓 甡 衆皃 —— 紳 大帶 (신)
伸 舒也 申 伸也重也 明也仝
呻 吟也 娠 孕也 身 躬也 仝
辰 時也 (신) 宸 帝居 晨 昧爽

囅 笑皃 (친) 眹 瞳也兆也 (진)
紖 牛系 增 文十五
稛 束也滿也 (균)(균) 鈗 侍臣兵器 (윤)(윤)
惷 亂也 (준)(준) 燐 鬼火 (린)(린)
[illegible] 仝 潣 流皃 (민)(민)
湣 諡也 齊—王 鈏 錫也 (인)(인)
縯 長也 (銑) 戭 長戟 (銑)
[illegible] 似狗多力 濜 急流 (진)(진)
眕 告也 (진) 賑 富也
疢 病也 (친) 叶 無

訒 難言 仞 八尺
軔 止輪木 牣 滿也
認 識也 肕 蜀縣名朐—
晉 進也 周叔虞所封 (진)(진)
晋 俗非 搢 插也
縉 淺絳色 仝 進 前也
璡 美石 瑨 仝
震 雷也 動也 (진) 賑 贍也 救也
振 奮也 收也 擧也 整也 仝
侲 逐厲童 鎭 壓也 安之

暱 近也 (닉)(닐) 昵 仝
[illegible] 愧也 (職) 怩 仝(支)
密 稠也 祕也 (미)(밀) 宻 俗非
宓 默也 仝 (沃)(屋) 蜜 蜂甘飴
謐 安靜 [illegible] 盡飲酒
悉 詳盡 (시)(실) 蟋 蛩也 —蟀
失 錯也 遺也 (식) 室 房也
實 充也 草木子 一 數始 (이)(일)
壹 專一 仝 逸 縱也 遁也 (이)
佚 過也 安也 仝(屑) 妷 仝

鷐 鷐也ㅣ風 臣 事人 神 靈也 眞

夤 恭也因賄干進ㅣ緣 인 인 寅 東方辰敬也 支

䐜 脊肉 因 緣也仍也 인 鞇 褥也

茵 仝蒿也ㅣ蔯 姻 壻家 婣 仝

氤 天地合氣ㅣ氳 絪 麻枲仝 駰 泥驄

歅 人名九方ㅣ 先 陻 塞也 堙 仝土山

煙 氣也ㅣ熅 先 禋 潔祀 湮 沒也

諲 恭也 闉 城重門 人 五行秀氣 인

仁 慈也生之性 果核中實 津 水渡 진 진

璡 美石 秦 伯翳所封 찐 螓 蟬屬

〔通〕韻五 吻 上十二 阮 上十三 旱 上十四 潸 上十五 銑 上十六 軫

塡 定也土星 仝 先 銑

趂 逐也 친 銑 趁 俗

疢 病也 疹 仝

陳 行列 찐 陣 俗 親 婚家 친 친 〔增〕 文二十一

恂 嚴也ㅣ慄 순 순 駿 疾速 준 楯 欄也 순 胊 蜀縣名ㅣ䏰

舋 器裂 흔 흔 菣 香蒿 긴 긴 堅 仝 燐 鬼火 린 린

粦 仝 粼 水出石間ㅣㅣ 潾 仝 甐 敝也

囟 項門 신 신 顖 仝 申 引也 鳥ㅣ 紖 牽車紼 인 인

轃 擊小鼓 孕 懷胎 잉 盡 竭也ㅣ之 진 진 瑱 充耳 진 霰

診 視也 찐 〔叶〕 文二 名 必刃切 張華詩 實 時刃切 易 震

泆 淫也 軼 過也突也 質

佾 舞列 溢 滿也 仝上 仝下

鎰 廿四兩 日 陽精 이

衵 近身衣 馹 驛傳

嫉 妬也 찌 질 疾 病也急也仝

蒺 旱草ㅣ藜 質 朴也信也主也

騭 驗也成也正也身也 지 寘 鑕 砧也鈇ㅣ

櫍 柎也仝 礩 柱石

瓆 人名漢劉ㅣ 劕 券也

晊 大也 桎 足械

臻 (진) 至也 轃 仝 溱 鄭水名盛
也｜ ｜仝 蓁 草盛 ｜｜ 榛 似栗而小
○蕪也 ｜｜(진) 眞 實也鍊形 (진) 甄 陶也姓也 (견)
振 擧也盛皃 ｜｜ 桭 屋梠 珍 寶也
珎 俗 畛 田界 嗔 怒也 (친)
謓 仝 瞋 張目 塵 埃也 (진)
陳 舜後所封告也列也久也階除 陳 古
親 愛也近也戚也𦪙也 (친) [친] 增 文二十九
鷐 西方雉 (준) [준] (원) 龜 手東圻 [균] (균) (구) [균]
論 言有理 (륜) [론] (원) (원)
焞 明也 (돈) (순) [순] (원)

通 韻五 問 去 十三 願 去 十四 翰 去 十五
諫 去 十六 霰 去 十七
蛭 馬蜞 銍 短鎌
挃 穫聲 ｜｜ 秷 禾穗 仝
窒 塞也 (질) 庢 礙止水曲京兆縣名盩｜ 郅 至也登也 騭 牡馬定也 抶 笞擊 (질)
眣 目不正 咥 笑也 (희)(질) 帙 書衣 (질) 袠 仝 袟 仝上 仝下 秩 序也
紩 縫也 𪏮 飛皃 姪 兄弟子 (질) 七 少陽數 (칠) [칠] 桼 髹器木汁 榛 仝
柒 仝 岐周水名 必 審也然也 (필) [필] 鉍 矛柄 柲 仝 (진) 珌 刀飾 罼 兔網
畢 仝 蹕也 簡也 也 韠 韍也 鞸 仝 滭 風寒 觱 篳篥｜藥 仝上 仝下
滭 泉沸 繹 冠縫 饆 餅屬 ｜饠 彃 弦也 趩 淸道 警｜ 蹕 仝
篳 藩落 柴門 蓽 仝 筆 不律 述也 笔 俗 匹 偶也 兩也 (필) 疋 俗 (魚)
苾 馨香 (필) ｜｜ 馝 仝 佖 威儀 ｜｜ 怭 媟慢 仝 泌 水狹流 (진) 駜 馬肥

瞤 目動 勻 齊也少也 (균)(균)(균)

畇 墾田 (균) 尹 信也 手｜ (인) 捘 推也 (준)(준)(顩)

穜 矛柄 (문)(근)(文) 矜 仝 (刪)(蒸) 堇 黏土

墐 仝 齗 分辯 (인)(은)(文) 燐 鬼火 (린)(린)

鍲 計稅 (민)(민) 痻 病也 檳 有四功嶺

外果｜ 櫇 (빈)(빈) 霦 玉光 璘｜ 獱 大獺 (빈)

麎 牝麋 (신)(신) 螾 寒蟹 (인)(인) 鎭 戍也安也 (진)(진)

甄 所以鼓敨 帪 飼馬橐 侲 逐厲童

蔯 蒿也 茵｜ (진) 黰 氣不定｜ 埻 塡 久也 (先)(銑) 叶 文十 宮 俱倫切 黃庭經 功 居銀切 相如賦 肙 若恩切 太玄 遵 徒均切 毛詩 囦 徒均切 劉楨賦

章 之人切 黃庭經 禧 稱人切 相如賦 鉉 胡勻切 蔡邕碑 厭 紆勤切 易林 衍 尼愍切 相如賦 通 韻五 文 十二 平 元 十三 平 寒 十四 平

餕 食香 邺 鄭地名 弻 輔也 拂 仝 (物) 比 次也 (文)(紙)(眞) 肸 ｜蠁

(할)(힐)(物) 肸 俗 欯 喜也 增 文十三 啐 衆聲嘈｜ (卒)(줄)(隊)

誶 責讓 (卒)(隊)(眞) 溧 丹陽水名 (리)(률) 潏 水中小洲 (卒)(술)(율)(屑) 驈 馬白髀 (율)(?) 矞 驚視 (?)(?)

堲 燒土疾也 (지)(즐)(職) 鳦 布穀｜鳩 (기)(길) 蛣 蜣｜蚳 (키) 尼 止也 (니)(닐)(支) 柅 仝 (紙)

蓽 荷本 (미)(밀) 佛 大也輔也勇｜壯｜佐人名｜肸 (弗)(필)(物) 叶 文十 岳 魚聿切 易林 替 他吉切 張衡賦

穆 莫筆切 荀卿賦 際 子悉切 易 萃 子聿切 左思賦 駟 息七切 左思賦 叔 式聿切 易林 戀 忠吉切 王融詩

木 莫筆切 易林 至 之日切 毛詩 通 韻五 物 五入 月 六入 曷 七入

黠 八入 屑 九入

刪十五平 先十六平

平聲二 文十

文 文九十六
轀 臥車丨輬 (운)(온)
馧 香也 (운)
氳 氣也氤丨
熅 鬱煙
君 長民通稱 (군)(곤)
軍 旅也
皸 凍裂
羣 隊也 (군)
帬 裳也
裙 仝
文 經緯天地 華也 (문)(믄)
紋 織文
雯 雲文
蚊 蝻也
螡 仝
聞 知聲
昏 仝
閿 低目視 弘農鄉名
閺 仝
分 別也裂也施也十黍 (분)(븐)

上聲二 吻十

吻 文三十八
韞 包藏 (온)(운)
醞 釀也
蘊 積也
宛 仝 (원)(元)
薀 藻屬 仝
麇 縛也 (군)(균)(眞)
吻 口邊 (문)(믄)
刎 割也
忞 亂也 (眞)
抆 拭也
粉 研米燒鉛 (분)(븐)
憤 懣也 (분)
墳 土起
忿 怒也
坋 塵也

去聲三 問十

問 文五十
醞 釀也含蓄
(운)(온) 丨藉
溫 自勝丨克 (元)
慍 怒也
縕 亂麻久絮
蘊 積也
薀 仝
榲 柱也 (月)
𪎊 麴也
熅 火伸物
攟 拾也取也 (군)(균)
捃 仝
皸 凍裂
郡 縣所屬 (군)
聞 聲徹名達 (문)(믄)

入聲 物五

物 文六十三
屈 河東地名 姓也 (굴)(굴) 曲也 ○短也 竭也 (굴)
厥 蕃國突丨 (月)
絀 曲也 (출)(質)
詘 辭塞 仝
倔 梗戾丨強 (굴)
崛 山高丨㟮
勃也 丨起
衤屈 衣短
掘 穿地 (월)
堀 仝 突也
物 事也 相度 (물)(믈)
勿 莫也 里旗
慤愛丨 (月)
芴 菲也 土瓜 (물)

上 文 吻 問 三四 物

文

芬 香也 雰 雪皃 紛 亂也
帉 巾也 毰 毛落 衯 長衣皃
翂 飛皃 氛 妖氣ㅣ祲〇祥氣ㅣ氳(분)
棼 亂也ㅣㅣ〇屋棟(분) 饙 烝飯
餴 仝 枌 白楡(분) 汾 太原水名
蚡 地鼠 棻 香木 妢 楚附庸ㅣ胡
頒 大首(刪) 朌 仝(刪) 弅 高丘隱ㅣ
賁 大也(寘)(元) 蕡 草木多實 墳 墓也言大道之書三ㅣ
羵 土怪ㅣ羊 濆 水際
幩 馬銜飾 轒 戰車ㅣ轀 豶 去勢豕

吻

坌 仝(願) 扮 握也
鼢 地鼠 蚡 仝
惲 重厚(운)(운) 抎 失也(운)
頵 面首俱圓 黂 黃色
謹 愼也(근)(근) 慬 慤也
槿 蕣華 堇 苦菜(震)
巹 瓢盃 近 不遠(근)
听 笑皃(인)(은) 磤 雷聲砏ㅣ
殷 仝(刪) 隱 藏也微也痛也度也仝
嶾 山高ㅣ嶙

問

問 訊也 璺 玉破
紊 亂也 汶 琅邪水名(元)
絻 喪冠 免 仝(銑)
湓 噀也(元)(문)(문)(願) 坌 埽除(분)
糞 穢也 仝 瀵 汾陰水名
僨 僵也 分 散也定也名ㅣ位也職ㅣ均也ㅣ劑
忿 怒也
坋 塵也 奮 揚也
運 徙也動也(운)(운) 暈 日傍氣
煇 仝(微)(阮) 鄆 魯附庸

物

岉 山高崛ㅣ 沕 潛藏(隊)
不 無也(尤)(有)(宥)(부)(불)
艴 色怒(발)(월) 艴 俗
弗 不可去也(불) 黻 裳繡兩己相背
芾 草木盛仝(未) 拂 拭也逆也(質)
沸 泉出滭ㅣ(未) 髴 首飾
髴 若似髣ㅣ仝 彿 仝
𨂂 跳也 刜 斫也
茀 草盛 綍 大索
紼 亂絲仝上仝下 紱 印組

𢋄 枲實 鼖 大鼓 焚 燒也
云 言也 語辭 (운)(운) 員 仝 物數益也 (先) 紜 物多 紛ㅣ
芸 香草 辟書蠹 沄 轉流ㅣㅣ 耘 除草
雲 山川氣 蕓 菜名 ㅣ臺 鄖 漢南國名
熏 火氣 (훈)(훈) 燻 俗 薰 似蘼蕪灼也
曛 黃昏 勳 功也 勛 古
纁 淺絳色 醺 醉也 臐 羊臛
獯 北方ㅣ鬻 葷 臭菜 焄 香氣
釿 所木器 (근)(근) 斤 十六兩仝 筋 肉之力
劤 仝 勤 (근) 勞也 懄 憂哀 勇也

轒 車聲ㅣㅣ 繧 縫衣
櫽 揉曲 檼 屋脊 仝
增 文十 慍 怒也 (온)(온)
緼 亂麻 久絮 攟 拾也 取也 (군)(군)
脗 合也 (문)(문)(彰) 羵 土怪ㅣ羊 (분)(분)
笨 竹裏 麤率 瑾 美玉 (근)(근)(震)
[illegible] 舒也 濦 潁川水名 (은)(은)
癮 疹也 叶 無
通 韻五 軫 上十一
阮 上十三 旱 上十四

餫 野餉 韗 鼓工
韻 均也 和也 風度 韵 仝
員 姓也 人名 呉伍ㅣ (先)
訓 誡也 說也 (훈)(훈) 爋 火乾
斤 明察ㅣㅣ (근)(근) 靳 固也 吝也 覺也 (質)
近 附也 親也 劤 多力
㨷 拭也 垽 澱也 (인)(은)
㥯 依人 (은) 檼 屋脊
隱 依也 ㅣ几 築也 焮 炙也 (흔)(흔)
增 文六 文 飾也 (문)(문)

韍 鞸也 仝 祓 除惡 祭
沷 寒也 (月) 翇 舞羽
帗 仝 怫 鬱也 (불)
咈 違也 佛 不諟 戾也
鬱 香草ㅣ金 (울)(울)
鬱 棣屬 滯也 鬱鬯 仝
欝 俗 爩 煙氣
菀 茂也 (阮) 尉 姓也 (未)
蔚 牡蒿 文皃 (未) 熨 持火 展繒 (未)
䬍 大風 (울) 颮 戾風

懃 委曲慇懃 瘽 病也 芹 楚葵
靳 當歸山靳(支) 垠 岸也 圻 仝(微)
齗 齒根肉(眞) 齦 仝(阮) 鄞 會稽縣名
狺 犬吠狺狺 誾 和悅誾誾(眞) 訢 仝
殷 衆也大也中也成湯國號(刪) 慇 委曲慇懃
欣 喜也 忻 仝 訢 仝
昕 日出 炘 熱也 增 文十九
薀 盛皃薀藴 藴 積也 麖 麕也
(眞)○羣 也
宭 羣居 鶡 靑雀
鳻 仝(刪) 砏 礔聲砏磤 妘 姓也
筼 大竹筼簹 熉 黃色 煇 灼也(微)(阮) 穫 矛柄 僅 纔也 廑 小屋 仝(震)

清 上十五 銑 上十六 抆 拭也 娩(阮) 產子 欻 鼻起 歘 仝
奔 覆敗(元)(願) 馴 順也(眞) 慬 僅也 叶 無 吃 語難 訖 終也
通 韻五 震 去十二 願 去十四 翰 去十五 乞 求也(未) 屹 山皃屹崒
諫 去十六 霰 去十七 仡 勇壯仡仡 疙 癡皃
迄 至也 訖 仝 釳 馬頭飾 汔 水涸幾也 忔 喜也 肹 布穹肹蠁
增 文十 刉 曲刀 刏 仝(月) 蝹 木蠹蛣蝹 昒 未明昒爽(月)
颵 小風 坲 塵起 岪 山曲 罻 網也(未) 契 薔國契丹(齊)(屑)(屑)
疑 正立(支)(職) 叶 無 通 韻五 質 四入 月 六入 曷 七入
黠 八入 屑 九入

勵 仝　蒑 草色 靑(은)　磤 雷聲 砏ㅣ　濦 潁川 水名　溵 仝

叶 無

通 韻五　眞 平 十一　元 平 十三　寒 平 十四　刪 平 十五　先 平 十六

平聲 元十三

元 文一百五十五　鞬 弓衣 (건)　犍 犗牛 (先)

攑 揭蒲 采名　翻 飛也 反覆 (번)　飜 仝

拚 仝 (寒)(霰)　憣 怭悗 仝　潘 米汁 (寒)

番 數也 更也 遞也 次也 (寒)(諫)(歌)　藩 籬也

蕃 仝〇 茂也 (번)　旛 旌也　璠 魯寶 玉ㅣ 璵

轓 車箱　繙 旗皃 繽ㅣ 繹也　反 平ㅣ 理枉 (刪)

犿 相從 連ㅣ　煩 勞也 (번)　薠 似莎 靑ㅣ

上聲 阮十三

阮 文八十六　晩 暮也 (만)

娩 順也 婉ㅣ (문)　挽 引車

輓 仝　飯 食也 (반)

返 還也　反 覆也 不順 (刪)

軬 車耳　阪 山脅 (반)

坂 仝　謇 吃也 (건)(銑)

蹇 跛也 險難 (銑)　楗 門限 (건)

去聲 願十四

願 文五十八　万 十千 (만)(職)

萬 蜂也 仝　蔓 葛屬 延也 (寒)

曼 長也 澤也 (寒)(翰)　娩 兔子 〇擔 (반)

飯 餐也 (반)　飰 俗

販 買賣 (판)　畈 平疇

建 立也 (건)　健 強也 (건)

腱 筋本 (先)　堰 障水 (언)

入聲 月六

月 文一百九　訐 發人陰私 (갈)

羯 犗羊　揭 高擧 (霽)(屑)

竭 盡也 (갈)(屑)

碣 碑也 (霽)(屑)　楬 表識 (黠)

韈 足衣 (말)　襪 仝

韤 仝　髮 頭毛 (발)

發 起也　鱖 鱖也 (얼)

元

繁 多也 (寒) 蘩 白蒿 蹯 獸足
墦 冢也 燔 燒也 炙也 膰 祭餘肉 (歌)
樊 籠也 山邊 蠜 阜螽 礬 湼石 花名 山丨
笲 盛棗 脩器 袢 近身衣 言 語也 (연)[언]
軒 大夫車 (헌)[헌] 騫 飛皃 掀 擧也
褌 褻衣 (곤)[곤] 裩 仝 崐 荒服 山名 丨崘
崑 仝 錕 赤鐵 琨 美玉 瑤丨
鯤 魚子 丨鮞 大魚 蜫 蟲也 昆 後也 同也
咸也 仝上 仝下 (혼) 晜 兄也 鶤 鷄三尺
坤 地也 (곤) 髡 去髮 惇 厚也 (돈)[돈]

阮

揵 擧也 仝 (先) 鍵 鑰也 (先)(銑)
巘 山似甑 [언](언)(銑) 甗 甑也 (銑)
偃 仆也 卧也 (언) 鰋 額白魚
蝘 守宮 丨蜓 鼴 土鼠
鶠 鳳也 鄢 鄭地名 (先)
幰 車幔 (헌)[헌] 袞 龍衣 (곤)[곤]
蓘 壅苗 緄 織帶
輥 轉速 錕 車釭
硍 鐘病聲 鯀 禹父
鯀 仝 鮌 仝

願

郾 潁川縣名 憲 法也 敏也 (헌)[헌]
獻 進也 賢也 (歌) 困 悴也 倦也 (곤)[곤]
頓 下首也 遽也 貯也 次也 壞也 (돈)[돈](돈)
論 議也 (론)[론](員) 巽 柔也 卑也 (손)[손]
潠 噴水 噀 俗
遜 順也 愻 仝
寸 十分 (촌)[촌] 褪 卸衣 (톤)[톤]
慁 悶亂 (혼)[혼] 溷 廁也
圂 仝 嫩 弱也 (눈)[눈]
媆 仝 腝 有骨醢

月

謁 請見 暍 傷暑
⿸疒曷 仝 (曷) ⿰火曷 仝
伐 征也 矜也 積功 (벌)[벌]
筏 桴也 栰 仝
橃 仝 ⿰舟發 仝 (曷)
閥 功狀 丨閱 垡 耕起
墢 仝 (曷) 罰 小罪
⿰白市 春米 瞂 盾也
歇 氣泄 休也 (헐)[헐] 蠍 蠆類
蝎 俗 非 蝤蠐 (갈) 颰 小風 (할)

弴 畫弓 蕭　敦 厚也 勉也 詆也 大也 迫也 誰何 灰 隊 寒 蕭

墩 高堆　焞 明也 灼龜 炬 灰 眞

豶 黃色　暾 日出　豚 豕子

㹠 仝　燉 火盛　侖 天形 昆丨

崘 荒服 山名 崐丨　崙 仝　論 說也 忠也 眞

掄 擇也 眞　孫 子之子　蓀 香草 谿丨

猻 猴也　飧 夕食 水澆飯　餐 仝 寒

湌 仝 寒　𣈶 日出 曣丨　褞 褐衣

溫 和也 暖也 習也 姓也 問　瑥 人名 晉丨翟

尊 貴也　存 在也　邨 聚落

槖 槖也　壼 宮巷

閫 門限　梱 仝

悃 至誠　捆 叩椓

綑 仝　齫 齒起

囤 小廩　沌 不開 通混 丨

敦 不慧 渾丨 灰 隊 寒 蕭

本 木下 始也　損 減也

穩 安也　刌 切也

忖 忠也　臇 丨肉

畽 無廉 隅　棍 束木

鈍 不利　頓 仝

遁 逃也　遯 仝

腯 牲肥　悶 心鬱

潓 仝 旱　噴 鼓鼻 噀也

坌 塵也 吻　焌 然火

捘 推也 眞　鐏 戈下銅

鱒 似鯶 赤眼　艮 止也 限也

恨 怨也　攣 抒滿

孿 仝　券 契也

勸 勉也　圈 獸欄 先

狘 驚走　骨 肉覈

滑 亂也 詼也 丨稽 點

汩 治也 亂也 水聲 涌波 丨丨 浮沈 丨没 淈 仝 錫

愲 心亂　搰 用力 丨丨

榾 木頭 丨柮　扢 摩也

顝 大頭 獨處　矻 勞也 丨丨

咄 嗟也　柮 木頭 榾丨

突 出也　揬 觸也 搪丨

堗 竈囱　腯 豕肥

鈯 鈍也　歿 終也

村 俗
噋 重遲ㅣ 돈 둔
啍 仝
昏 日冥 혼 흔
昬 仝 軫
惛 不明
殙 仝
婚 婦家
閽 守門人
惽 多言ㅣㅣ
魂 附氣之神 혼
䰟 仝
渾 濁也 ㅣ淪 戎名吐谷ㅣ
屯 聚也 둔 둔 眞
芚 木生
臀 腿臋
門 兩戶 문 문
捫 撫持
樠 松心 木ㅣ 寒
璊 赤玉
亹 兩岸若門 金城縣名 浩ㅣ 尾
奔 走也 분 분 問
犇 仝
賁 勇也 虎ㅣ 賁 文
歕 吹氣 분
噴 吒也 仝
盆 盎也 분
湓 水溢 潯陽

焜 火光
煇 仝 微 文 問
掍 同也
混 濁也 ㅣ沌
渾 仝 厚皃ㅣㅣ
緷 束羽
盾 人名 晉趙ㅣ 돈 둔 軫
遁 逃也
遂 仝
遯 仝
悗 廢忘 문 문
畚 筥屬 분 분
撙 裁抑 聚也 준 준
僔 仝
繜 小衣 仝
噂 聚語 ㅣ沓
譐 仝
蓴 叢草
懇 誠也 간 간

願 欲也 원 원
愿 謹也
謜 徐語
遠 離也 ㅣ之
怨 恨也 원
楦 履範 훤 훤
增 文十二
輓 引車 만 만
汳 陳留水名 변 변 霰
鼴 地鼠 언 언
軒 肉羹 葉切 헌 헌
閫 門限 곤 곤
敦 豎也 地名 ㅣ丘 歲名 困ㅣ 돈 돈 衣 隊 寒 薦
涒 歲名 ㅣ灘 툰 툰
們 等輩 문 문
奔 急赴 분 분 問
溢 涌也 水聲 問
綣 厚意 繾ㅣ 권 권

沒 沈也 仝
𡉏 埋也
窣 行皃 勃ㅣ 솔 솔
兀 高皃 올 올
扤 動搖
屼 禿山 崛ㅣ
矹 石崖 硉ㅣ
卼 危也 䠊ㅣ
杌 頑凶 檮ㅣ 仝
卒 百人 졸 졸 猝 卒 質 ○ 仝
殚 死也 質
猝 倉遽 졸
捽 持頭 髮 졸
忽 忩也 輕也 홀 흘
曶 尚冥
昒 仝 物
笏 手版
惚 失意 恍ㅣ
芴 仝 物

水名 問
鐏 酒器 준준
樽 仝
尊 仝 존
鷷 西方雉 준
蹲 踞也 준
根 柢也 근근
跟 踵也
恩 惠也 은은
痕 瘢也 흔흔
鞎 車飾
呑 咽也 包也 탄탄
鴛 匹鳥 |鴦 원원
鵷 鳳屬 |雛
宛 西域 大| 吻
蜿 龍皃 |蜒 寒
瞀 目不明 井 寒
怨 讐也
冤 屈也
元 始也 원
沅 長沙水名
蚖 蜥蜴 蠑| 寒
螈 仝
黿 大鼈
原 高平 再也 本也
邍 古
源 泉本
謜 徐語
嫄 稷母 姜|
騵 騮馬 白腹

貇 耕也
狠 戾也 흔흔
綣 不離 繾| 권권
圈 獸欄 行不
遠 遙也
苑 囿也 文皃 원
阮 姓也 원원
舉足|豚 권 先 銑
宛 依然小皃 丘上有丘 吻
琬 圭也 美玉 |琰
蜿 龍升 | 寒
畹 三十晦
婉 美也
菀 茂木 物
烜 光明 원원
咺 兒啼 仝
增 文二十二
弮 盛棗 脩器 권권
鞬 鞱也 건건
匽 匿也 언언
堰 障水
寋 盛皃 헌헌
滾 流皃 곤곤
稛 成熟
豚 行不舉足 圈| 돈돈
鱓 鯉也 흔흔
濜 煩也 문문 문
畚 舟篷 분분
輽 車篷
苯 草叢生 |尊

瑗 大孔璧 원원
叶 無
通 韻五
震 十二 去
問 十三 去
翰 十五 去
諫 十六 去
霰 十七 去

鶻 鷹屬 |鵃 골
淈 濁也 水出
汩| 자 굴
窟 孔穴 굴
訥 言難 눌눌
吶 仝 屑
硉 石厓 |矹 률률
朏 日出 굴굴
麧 磨麥不碎 흘흘
籺 仝
齕 齧也
紇 絲下
悖 亂也 패발 隊
誖 仝 隊
孛 彗星 妖氣 仝 隊
馞 香也
桲 棃屬 榅|
埻 塵起
浡 興皃
勃 色變 仝上 仝下

元

袁 姓也 園 所以樹果 轅 輈也
猿 猴屬 猨 仝 猿 仝
爰 於也換也 援 引也拔也 媛 美皃嬋―
垣 牆也 洹 上黨水名 萱 忘憂草
暄 溫也 喧 嘩也 讙 仝(寒)
嚾 仝 諠 仝上仝下 諼 忘也
貆 貉類(寒) 狟 仝 晅 日氣
塤 樂器土音 壎 仝 增 文二十七
混 西戎―夷 馩 香也溫― 蜳 不安定蟪(物)
―(軫) 魨 毒魚河― 純 包束(眞)(軫)

阮

刡 減也 墫 舞皃―― 鱒 似鱓赤眼 齦 齧也(文)
涴 泥著物 踠 馬跌 晼 日落―晚 諼 忘也
暖 大目 叶 無 韻 韻五 軫 上十一
吻 十二上 旱 十四上 潸 十五上 銑 十六上
劂 刻刀剞―(物) 闕 門觀失也 橛 杙也 鷢 似鷹白―
軏 車轅曲木 曰 辭也謂也 粵 仝上仝下 越 度也隕也於也遠也超也發揚南蠻總名
蟨 似蟹蟩― 蚏 俗 鉞 大斧 絨 細布 增 文二十一
閼 止也塞也夭折歲名―逢單― 噦 氣逆(泰) 猲 田犬(合) 頓 單于冒―
卹 掃塵―勿(質) 膃 海狗―肭 榲 梁屬―桲(問)
囫 物完―圇 核 果中實(陌) 肭 海狗膃― 貀 仝豹文兩足

月

艴 怒色(物) 渤 海別枝―澥
蕨 薇屬 瘚 氣逆
厥 其也短也仝(物) 蹶 僵也跳也
跌也拔也 蹷 比肩獸
月 陰精 刖 足刑
樾 樹陰
泧 寒也(物)
勿 掃塵郇―
桲 禾聚(泰)
朏 月生明(尾) 鶻 鴿也

忳 悶也 飩 餛飩 圂餌 軘 兵車

庉 居也 淪 小波 率也 氣未分渾｜ (륜)(론)(돈)

圇 物完 囫｜ 瘟 疫也 (운)(온) 橒 木合歡 (운)(운)

汶 玷辱 (문) 葐 藥名 蕰｜ (분)(운) 根 引也 (은)(온)

(昆)(旱) 叶 無 通 韻五 眞十一平 文十二平 寒十四平 刪十五平 先十六平

鱖 水豚 (궐)(궐) 獗 賊勢猖｜ 䊿 后服 (궐) 掘 穿也 (궐)(물) 撅 仝 (궐) 叶 無

通 韻五 質四入 物五入 曷七入 黠八入 屑九入

昆 氣未分｜侖 人名 漢公孫 (곤)(은) 餛 圂餌 ｜飩 緷 百羽 麇 赤粱粟 (운)(군) 虋 仝

邧 秦邑名 (원) 屭 重蠶 湲 水流潺｜ (원)(선) 楥 柳屬 鶢 海鳥 ｜鶋 暖 柔皃 ｜姝

平聲 寒十四

上聲 旱十四

去聲 翰十五

入聲 曷七

寒 文一百四十七 干 盾也 犯也 求也 水涯 (간)(간)

肝 木藏 奸 犯婬 玕 美石 琅｜

虷 井中赤蟲 竿 竹挺 乾 燥也 (先)

乾 仝 琹 斫木 (간) 刊 削也 仝

旱 文六十九 稈 禾莖 (간)(한)

秆 仝 皯 面黑

䵟 仝 笴 箭材 (哿)

簳 仝 侃 剛直 ｜｜ (간)

翰 文一百十四 幹 能事 (간)(한)

榦 柘也 木本 築牆木 井闌 仝

旰 日晚 澣 水流 ｜｜

侃 剛直 ｜｜ (간) 偘 仝

曷 文一百十 葛 絺綌草 (갈)(걸)

澫 水皃 漻｜ 轕 轇轕 曠遠

鞨 仝 割 剝也

渴 欲飲 急也 (갈)(걸) 搽 手按 (나)(날)

寒

看 瞻也 看 俗非 難 不易 (난)(난) 歌
丹 赤石 (단)(단) 單 獨也大也薄也 先 銑 霰
鄲 邯— 趙都 簞 小筐 耑 物首 (단)
端 正也 仝上 仝下 褍 正幅 玄— 剬 斷齊
湍 急瀨 (단) 煓 火熾 貒 似豕
壇 祭場 (단) 檀 強韌木 木香木 驙 白馬黑脊
慱 憂也 (단) 漙 露皃 —— 團 圜也
敦 聚也 仝 灰 隊 元 阮 願 蕭 摶 擊也
闌 晩也 (란)(란) 欄 階除 木句— 瀾 大波 泣皃 汍—
襴 裳與衣連 躝 踰也 蘭 香草 一幹一花

旱

偘 仝 衎 和樂
煗 溫也 (난)(난) 煖 仝
暖 仝 元 餪 女家三日餉食
亶 信也 (단)(단) 癉 病也勞也 (단)
短 不長 (단) 斷 絕之 ○自絕 (단)
袒 偏脫 (단) 諫 檀 仝 銑 霰
但 徒也 嬾 惰也 (란)(란)
懶 仝 卵 無乳者生 (란)
滿 盈也 (만)(만) 懣 煩悶 阮 願
伴 侶也依也 (반)(반) 散 閒也姓也 (산)(산)

翰

衎 和樂 看 瞻也
難 患也阻也責也 憂也 (난)(난) 歌
愞 弱也 (난)(난) 銑 旦 早也 (단)(단)
悬 傷也 斷 決也 專一
—— 截也 (단) (단) ○ 鍛 打鐵
煅 俗 碫 礪石
腶 脯也 但 徒也 (단)
段 分片 (단) 毈 卵壞
彖 斷也 易— 椽 后服
緣 仝 先 霰 讕 誣言 逸言 (란)(란)

曷

怛 悼也 (달)(달) [illegible] 仝
妲 紂妃 —己 羍 小羊 (달)
達 往來 挑—仝 ○通也 (달)
撻 打也 澾 滑也
闥 宮中小門 獺 水狗 (달) 黠
[illegible] 仝 薘 菜名 [illegible]— (달)
辢 辛味 (랄)(랄) 辣 俗
剌 戾也 糲 脫粟 (려) 霽
捋 取也 (랄) 末 木杪 減也 (말)(말)
麧 麫也 秣 飼馬

籣 盛弩矢 巒 山銳 (뢴) 欒 似槿 ㅣㅣ瘠皃
灤 漏流遼西水名 鑾 鈴也 鸞 似鳳
圝 圓也 團ㅣ 瞞 平目 欺也 (뢴)(만) 蹣 踰也 (반)
鬘 髮長 曼 路遠 (願) 漫 水廣 ㅣㅣ 仝
鰻 鱺也 謾 欺也 (諫) 饅 餠也 ㅣ頭
鏝 鐵杇 墁 仝 槾 仝
鄤 鄭邑名 [illegible] 輩也 (뷘)(반) 般 辟也 多也
數別 (刪) 樂也 (뿐) 拌 揮棄 (뢴) 拚 仝
拚 俗 (元) (霰) 潘 河南水名 淅米汁 姓也 (元)
槃 承皿 (뿐) 柈 仝 盤 仝 屈 也

散 仝 繖 蓋也
傘 仝 饊 餦餭
筭 數也 (솬) 算 仝
籑 籩屬 (霰) 儹 聚也 (잔)(찬)
纘 繼也 (잔) 纂 集也 仝
酇 百家 (歌) 穳 鋋也
瓚 祼器 (잔) 坦 平也 (탄)(단)
疃 鹿跡 町ㅣ (퇀) 畽 仝 (阮)
鬗 鑾屬 (만) 誕 大也 乃也
育也 欺也 瀾也 安也 罕 稀也 (헌)(한)

爛 熟也 明也 瓓 玉采
亂 不理治也 樂卒章 橫流濟 (뢴)
幔 帷也 (뫈)(만) 墁 塗具
漫 徧也 謾也 渺茫 汗ㅣ 分散 瀾ㅣ 雲色 ㅣㅣ
謾 欺語 且也 (諫) 縵 繒無文 (諫)
半 中分 (뽠)(반) 絆 羈也
冸 冰釋 (뽠) 泮 半水 侯學 仝
頖 仝 𣁽 仝 水涯
伴 侶也 縱弛 ㅣ奐 叛 背也 (뽠)
畔 田界 仝 散 分離 布也 酒器

[illegible] 仝 抹 塗也 滅也 ㅣ摋
沫 西徼水名 涎也 湯華 已也
妹 桀妻 ㅣ嬉 昧 小星 日中 不明
撥 理也 轉也 (뫌)(벌) 鱍 魚皃 ㅣㅣ
蹳 跋物 襏 雨衣 ㅣ襫
墢 發土 (月) 坺 仝
茇 蒟醬 蓽ㅣ ○ 草根 草舍 (뫌)
跋 踐也 躐也 ○ 草行 本也 (뫌)
鉢 食器 盋 仝
鏺 刈刀 (뫌) 潑 棄水

寒

帤 大巾 鞶 大帶 磐 大石
鬆 卧髻 瘢 瘡痕 鷭 鳳翔 鵽名 (歌)
蟠 伏也 胖 大也 繁 馬髦飾｜纓 (元)
絣 仝 弁 詩名小｜(霰) 蹣 跛行蹣｜(산)(산)
散 仝 姍 誹謗 (先) 酸 酢也 (산)
狻 獅也｜猊 珊 海中樹｜瑚 珮聲｜｜(산)
豻 野犬 (안)(안)(刪) 犴 仝 安 徐也定也 (안)
鞍 馬鞁具 殘 害也 (잔)(잔) 戔 仝 (先)
鑽 穿也 (찬)(찬) 餐 呑食 餔也 (찬)(元) 湌 仝 (元)
囋 仝 穳 禾聚 (찬) 巑 山高｜岏

旱

罕 仝鹵 薄雲｜ 暵 乾也
熯 仝 (銑) 旱 不雨 (한)
管 截竹 主也 (관)(관) 莞 仝
琯 以玉爲管 仝 輨 轂鐵
錧 田器 仝 痯 病也 罷皃｜｜
悹 憂也 悺 仝
盥 洗面 款 誠也 叩也 (관)
歀 仝 窾 空也
梡 虞俎 椀 小盂 (완)(완)
盌 仝 緩 舒也 (환)

翰

五升藥石 肙琴曲廣陵｜(산)(산) 筭 籌也 (산)
笇 仝 蒜 葷菜
豻 野犬 (안)(안)(刪) 犴 仝獄也
岸 崖也 矸 山石
諺 剛猛不恭 (霰) 喭 仝 (霰)
案 几屬 (안) 按 抑也 察也
考也 勀也 贊 佐也 (잔)(찬)
讚 稱美 囋 仝
酇 南陽縣名 (歌) 鑽 錐也 (전)
㛑 三女 (찬) 粲 鮮好 精鑿 食仝

曷

醱 重釀｜醅 犮 走犬 (발)
拔 抽也 迴也 疾也 擢也 (隊)(黠)
軷 道祭 鈸 鈴屬
胈 股也 魃 旱鬼
薩 佛號 菩｜(사)(살) 撒 側手 擊抹｜
撤 仝上 仝下 (黠) 䊛 散也 放也
蔡 仝 (泰) 攃 仝 (살)
躂 行皃 跋｜(屑) 枿 木餘 (알)(알)
韃 仝 (屑) 轞 車載高 (屑)
遏 遮也 (알) 按 仝

欑 積木 殯|塗 (丸)
欑 木叢 仝
殫 盡也 (단)[탄]
灘 瀨也 (탄)
攤 開也 布也 按也
嘽 喘息 盛也
泣也 ||喜也 (銑)
嘆 太息
歎 仝
撣 觸也 (탄)(先)
驒 連錢 驄 (歌)
彈 丸射 劾也 抨也
寒 凍也 (한)[한]
韓 井垣 |萬所封
翰 羽也 幹也
汗 突厥 酋可 |
邗 吳水名 |溝
邯 趙都 |鄲 (覃)
官 職也 (관)[관]
倌 主駕人
涫 沸也
棺 櫬也
莞 小蒲 (潸)
菅 仝 (刪)
冠 冕弁 總名
觀 諦視
寬 裕也 (관)
髖 髀上
岏 山高 巑| (완)[완]
刓 剸也

懣 不分 漫| (한)[한]
澣 濯衣
浣 仝
增 文十 四
赶 逐也 (건)[간]
趕 仝
愞 弱也 (銑)(箇) (연)[단]
狟 似猿 猵| (단)[단]
餅 餅也 (번)[반]
趲 逼也 (잔)[찬]
亶 舒閒 ||| (탄)[탄](先)
潬 沙渚 (탄)
憚 勞也
悍 強狠 (한)[한]
館 客舍 (관)[관]
舘 俗
斡 轉也 運也
脘 胃腑
叶 無

璨 玉光 璀|
燦 明也
竄 逃也 放也 (찬)
爨 炊也
攢 簇聚 (찬)
炭 燒木 (탄)[탄]
歎 太息
嘆 仝
灘 歲名 涒|
憚 忌難 (탄)
彈 行丸
僤 疾也
判 剖也 (판)[판]
泮 仝
漢 嶓冢水名 天河 丈夫賤稱 (한)[한]
暵 乾也
熯 仝 (銑)
翰 毛羽 (한)
瀚 北海

頞 鼻莖
餲 飯餲 臭也 (卦)
靄 雲皃 (泰)(賄)
藹 仝
閼 止也 塞也 趙城 ||與 人名 陶唐 |伯 (先)(月)
堨 以土 障水 (屑)
斡 旋也 (왈)
捾 取也
攃 摩也 (차)[찰](살)
礤 粗石
巀 山高 |嶭 (짜)(屑)
囋 高聲
掇 拾取 (뒬)[탈]
剟 削也 擊也 (屑)
毲 織毛
捝 除也 (뒬)
脫 免也 遺也 誤也
或 肽 (泰) ○治肉 自解 (월)
侻 輕也 狡也

抏 仝挫也 忨 貪也 蚖 毒蛇 (元)
羱 野羊 剜 削也 (완) 豌 胡豆
蜿 龍動蟠｜ (元)(阮) 完 仝也 (완) 歡 喜也 (환)(환)
懽 仝 驩 馬名 仝 貛 野豕
讙 譁也 (元) 桓 亭郵表威也 (환) 貆 貉屬 (元)
絙 緩也 丸 圜也｜｜易直 汍 泣皃｜瀾
芄 莞也｜蘭 紈 素也 綄 候風羽
瓛 桓圭 萑 薍也 (支) 增 文二十九
杆 僵木 (간)(간) 靬 弓衣 (건) 襌 衣不重 (단)(단)
匰 盛廟主器 觛 似家角｜ (단) 剸 斷也 (전)(단)(銑)(先)

寒

通 韻五 軫 十一 上
吻 十二 上 阮 十三 上
潸 十五 上 銑 十六 上
捍 衛也 扞 仝
垾 堤也 悍 勇也
釬 臂鎧 銲 仝
汗 人液 閈 里門 馯 惡馬｜突 貫 穿也 (권)(관)
冠 加也 首也 盥 澡手 館 客舍 舘 俗
祼 酌鬯灌地 灌 澆也 仝 矔 瞋目 瓘 圭也
爟 烽火 鸛 水鳥 似鵠 觀 示也 闕也 容也 道宮封土 壯麗壯｜
玩 弄也 (원)(완) 翫 狃習 忨 仝 妧 好皃
腕 臂也 (완) 捥 仝 掔 仝 (先) 惋 驚歎
喚 呼也 (환)(환) 奐 大也 仝上 仝下 煥 明皃 渙 流散

旱

翰

奪 攘取 (탈) 敓 仝
愒 恐之 (할)(할)(霽)(泰) 喝 訶也 怒聲 仝(曷)
猲 田犬 (月)(洽) 曷 何也 (할)
害 仝 (泰) 褐 賤服
鞨 東夷 鞂｜ 毼 毛布
鶡 似雉 善鬬 (文) 活 水聲 (괄)(활)(괄)
佸 會計力皃 ｜｜ (활)
聒 聲擾 括 挈也 撿也
至也包也 (괄) 适 疾也
筈 箭末 栝 檃也 仝上 仝下

曷

鷩 鵰也 攔 遮也 (란)(란) 爛 光皃||
欗 桂類木| 樠 松心木| (만)(元)(문) 縵 繒無文寬
心調絃 (諫) 蔓 菁也 (願) 𩅰 雨露濛|
搬 運也 (반)(반) 䈲 魚笱 番 南海地名
|罠 (문) (元)(諫)(歌) 䝭 短尾犬| 狐 (반) 縏 小囊
𨆪 屈足 瀊 水回 蹣 跛行 |跚 (만)
𩆍 小雨 (산)(산) 攢 簇聚 (찬)(찬) 酇 百家 (찬)
韓 井欄 (한)(한) 馯 東夷別名 (한) 𥈽 目不明瞭
井 (한) (元) 豲 豕屬 (완)(환) 叶 無
通 韻五 眞 平 十一 文 平 十二

換 易也 (환) 逭 逃也 增 文二 十三 盰 目張 (간)(간)
攤 按也 (난)(탄) 鴠 似雞 鶡| (단)(단) 疸 黃病 癉 仝 (箇)
椴 似白楊 (단) 灡 淅瀾 |漫 (란)(란) 爛 敗也 瀾 米泔
曼 無極 |衍末 也 (만)(만)(願) 靽 駕牛具 (반)(반) 胖 半體肉 (판)
孿 雙子 (산)(산) 濽 汗酒 (찬)(찬) 攛 擲也 (찬) 瓚 祼器 (찬)
訑 放也 慢| (탄)(탄)(支) 誕 仝 鼾 鼻息 (한)(한)
骰 射韝 涫 沸也 (관)(관) 鑵 汲器 漶 不分 漫| (환)(환)
叶 無 通 韻五 震 去 十二 問 去 十三
願 去 十四 諫 去 十六 霰 去 十七
笪 覆舟 筭 喇 言急 喝| (랄)(랄) 眛 目不明 (멸)(말) 韎 東夷 |鞨 茉 柰花 |莉 𦪇 大船 (발)(말)

檜 柏葉松身 (泰) 萿 瑞草
鴰 九尾 |鳥 鶬 闊 廣也 (괄)
繓 結也 (죄)(철) 攥 手把
撮 挽也 ○四 圭抄取 (촬)
襊 緇布冠 (최) 豁 疏也 (활)(할)
濊 礙流 || (泰)(隊) 活 不死 (활)(괄)
越 蒲席 瑟孔 (月) 增 文二 十二
𤸫 內熱病 (갈)(月) 怛 巨狼 (다)(달)
呾 相呵 疸 頭瘡 疙|

元十三 平 刪十五 平 先十六 平

巘 山高巘ㅣ (아)(얼)(屑) 撥 逼也 (자)(찰) 咱 己稱 咄 嗟也 (돌)(돌)(月) 殺 殳也 (泰)

稅 解也 (탈)(泰) 蝎 蛸蠐桑蠹 (해)(할)(月) 蠚 龍兒 鬝 束髮 (괴)(괄) 髻 仝 佸 至也 (괄)(활)(활) 括 閑也 (괄) 叶 無

通 韻五 質四入 物五入 月六入 黠八入 屑九入

平聲 刪十五

刪 文六十六 姦 詐也 姦也 (간)(간) 姧 仝 菅 茅也 姓也 (寒) 閒 隙也 中也 弩 名黃ㅣ (한) 閒 俗非 蕑 蘭也 艱 難也 囏 古 慳 吝也 (간) 鬜 鬢禿 馯 馬青黑也 姓 (寒) 豻 野犬 (寒)(翰) 斕 文兒 斒ㅣ (란)(란) 蠻 南夷 (만)(만) 鸞 比翼鳥 朌 賦也 (반)(반)(文)

上聲 潸十五

潸 文四十二 簡 札也 手版 略也 易也 (간)(간) 柬 仝上 仝下 揀 分別 赧 慙赤 (난)(난) 赧 仝 戁 悚懼 矕 視兒 (만)(만) 潸 涙兒 (산)(산) 產 生也 嵼 山曲 嵼ㅣ

去聲 諫十六

諫 文四十九 諫 諍也 諷也 (간)(간) 閒 隔也 廁也 瘳也 訾也 迭也 間 俗非 澗 山夾水 礀 仝 覵 覸也 瞯 仝 鐧 車間鐵 襉 裙襵 慢 怠也 (만)(만)

入聲 黠八

黠 文五十一 戛 戟也 轢也 考也 齟齬ㅣㅣ (개)(갈) 戞 俗非 秸 稾也 (佳) 稭 仝 鞂 仝 扴 括也 恝 無憂 (卦) 頡 轢也 減也 (屑) 鶷 敔也 (개) 楬 仝 (月)

頒 文 賜也 攽 仝 鴿 文 大鳩
般 還也布也人名 魯公輸一 寒 班 列也 仝
斑 駁文 斒 文皃 一斕 虨 虎文
扳 引也 仝○攀 판 攀 自下援上 판 刪 除也 산 산
潸 涙皃 訕 謗也 山 土聚
顏 容也 안 안 殷 赤黑色 안 文 吻 跧 伏也 전 先 전
孱 懦弱 잔 潺 水流 一一 僝 惡罵 一僽
眅 眼多白 판 판 嫺 雅也 習也 한 한 閑 防也 仝上 仝下
閒 暇也 安也 간 癇 癲病 憪 愉也
覸 覗也 瞯 仝 鷳 似雉 白一

澾 藍田水名 眼 目也 안 안
僝 具也 잔 잔 孱 仝
轏 兵車 輚 仝
棧 閣道 [illegible] 迅飛
琖 爵也 잔 盞 仝
醆 酒微清 剗 削也 잔 잔
剷 仝上 仝下 鏟 損削
[illegible] 大籥 [illegible] 炙肉具
撰 述也 찬 銑 霰 籑 仝上 仝下
饌 具食 霰 版 判也 반 판

謾 欺也 仝 寒 翰 嫚 侮易
縵 緩也 寒 翰 襻 衣系 판 반
朳 仝 盼 美目
盻 仝 霽 訕 謗也 산 산
汕 罩也 魚游水 朝鮮水名
鴈 陽鳥 안 안 贗 僞物
晏 晚也 안 鷃 鴳屬
鴳 仝 棧 閣道 잔 잔
綻 衣縫解 綻 仝
[illegible] 仝 袒 仝 旱

擖 葉 刮也 拔 擢也 挺也
殺 戮也 삭 살 寘 卦
[illegible] 俗 卦 [illegible] 仝
鎩 長矛 翦除 卦 樧 似茱萸
撒 散也 曷 齾 鈌齒 알 얄
軋 車輾 알 圠 山曲 無涯 坱一
揠 拔也 [illegible] 似貙 一貐
猰 仝 札 小簡 夭死 찰 찰
扎 拔也 仝上 仝下 紮 纏弓弝
蚻 小蟬 哳 鳥鳴 嘲一

刪

關 扃也 門牡 通也 |石機也 由也 白也 (관)(관)(관)
癏 病也
擐 貫也
矜 無妻 (환)(眞)(蒸)
鰥 大魚 仝
綸 青綬 (眞)
⿰口官 鳥鳴 ||
頑 愚也 (완)(완)
彎 持弓 關矢 (만)
關 仝 (만)
灣 水曲
還 返也 償也 復也 顧也 (환)(환)(先)
環 璧屬 圜也
鐶 圜郭 有孔
轘 繯氏 地名 |轅
寰 圻內
圜 繞也 (先)
闤 市垣
鬟 髻也
鍰 六兩
湲 水流 潺| (元)(先)
增 文七
藖 莝餘 草 (한)(간)
反 順習 (元)(阮)(반)(판)
檈 關門機 (산)(산)
虥 虎淺毛 (잔)(잔)
澴 波皃 旋| (환)(환)
䴉 飛皃 ||

潸

板 仝木 片
蝂 似蜆 蝜|
鈑 鉼金
限 界也 (한)(한)
閬 門閾
僩 武皃
撊 忿皃
綰 繫也 (완)(완)
睅 大目 (환)(환)
睆 光鮮 睍| 仝
晥 明皃 仝
莞 笑皃 (寒)
增 文七
暕 陰朝 日明 (간)(간)
犍 畜也 (산)(산)
驏 不鞍 騎 (잔)(잔)
昄 大也 (반)(판)
眅 眼多 白 (판)
鋎 刀也 (환)(환)
攌 綰也

諫

鏟 損削 (찬)(찬)
篡 奪也 (찬)
辦 具也 (반)(판)
瓣 瓜中 實
莧 馬齒 (한)(霰)(霰)
骭 脛骨 (한)
慣 習也 (관)(관)
串 仝 (霰)
摜 帶也
丱 束髮
亂 葵也 (완)(완)
患 憂也 (환)(환)
宦 仕也 閹人
環 繞也
還 仝 (先)
擐 貫也
轘 車裂
豢 養也
幻 譸張 妖術
眩 仝 (霰)

黠

刹 僧寺 (찰)
察 監也
詧 仝
獺 食魚 獸 (달)
八 少陰 數 (팔)(배)
捌 破也 仝上 仝下
朳 無齒 杷
瞎 目盲 (할)(할)
劼 刀作
黠 慧也 姦也 (혜)
鎋 車軸 鐵
轄 仝
[illegible] 仝
劼 用力 愼也
刮 剔也 削也 (괄)(괄)
貀 似貍 (놀)(놀)
刷 拭也 (솰)(솰)
刖 足刑 (月)(왈)(알)
茁 草出地壯也 (좔)(찰)(質)(屑)

黠 全
叶 無
通 韻五
叶 無
通 韻五
增 文四°
扳 引也 (판) [반]
滑 利也達也鄭地名 (화) [활] (月)

眞 十一平
文 十二平
元 十三平
軫 十一上
吻 十二上
番 遞也次也 (반) (元) (寒) (歌)
猾 狡也
磆 藥名 ｜石

寒 十四平
先 十六平
阮 十三上
旱 十四上
疝 三陰急痛 (산) [산]
弮 弩弓 (권) [권] (先)
增 文十八
嘎 鳥聲｜ (갸) [갈]

銑 十六上
叶 無
通 韻五
价 特也 (괘)
扴 垢也

震 十二去
問 十三去
願 十四去
翰 十五去
霰 十七去
鬝° 禿人 (개)
疕 瘡也 (나) [날]

帓 幣也 (마) [말]
袹 始喪服
眑 惡視
鳦 玄鳥 (質) (마) [말]
擦 摩之急 (차) [찰]
汃 水皃 彭｜ (파) [팔]
叭 吹器 喇｜
圐 駝聲 (하) [할]
閜 門聲

妠 小兒肥皃婠｜ (나) [날] (合)
婠 體好 (와) [왈]
嗗 飲聲
穵 穴中見 (좌) [찰]
叶 無
通 韻五
質 四入
物 五入

月 六入
曷 七入
屑 九入

御定奎章全韻上

御定奎章全韻 下

平聲 先十六

先 文二百五十三
愆 過也 (건)[건]
僁 俗
䙴 韆
褰 扱衣
攐 仝
騫 虧也 蹂進 ｜｜
乾 天也 健也 (건)(寒)
虔 敬也 殺也
焉 何也 (연)[언] ○ 語助 決辭 (연)
蔫 不鮮
菸 仝 (魚)
嫣 美皃 笑態 (연)
漹 西河 水名 (연)
堅 固也 (견)[견]
肩 髆也
鵳 鷂屬
甄 陶也 察也 免也 明也 (眞)
豜 大豕
麉 鹿有力
鵑 子規 (견)
涓 小流 ｜｜

上聲 銑十六

銑 文一百三十四
蹇 跛也 驕傲 難也 (건)[건](阮)
謇 直言 (阮)
件 分次 (건)
鍵 鑰也 (阮)
巘 山峯 (연)[언](阮)
讞 議獄
甗 甑也 (阮)
齴 齒露
柬 小束 (견)[견]
趼 胝也 皮起
繭 蠶衣
蠒 俗
絸 仝
畎 田溝 (견)

去聲 霰十七

霰 文一百四十一
彥 美士 (연)[언]
諺 俗言 (翰)
唁 弔生
喭 仝 (翰)
見 視也 (견)[견](현)
絹 繒也 (견)
睊 側目
悁 躁急
狷 有所不爲
罥 綰也 係取
遣 祖奠 (견)
譴 責也
俔 譬諭
晛 日氣 (년)[년]
碾 轢物 器

入聲 屑九

屑 文一百九十三
孑 單也 (겨)[결]
揭 起也 長皃 ｜蹶皃 ｜ (齊)(月) ○高擧 (겨)
桀 秀皃 ｜｜ ○ 凶 暴夏王號 (겨)
朅 去也 (겨)
傑 才也 特立 (겨)
杰 梁公子名 仝
榤 雞杙
渴 水盡 (月)
竭 盡也 (月)
碣 石特立 (月)(齊)
孼 庶子 (여)[얼]
孽 仝上 仝下
蠥 妖也

先

睊 視皃
蠲 潔也 除也
开 平也 (견)
汧 扶風 水名
岍 雍州 山名
牽 引也 牲也
掔 仝 (翰)
撁 俗
秊 穀一熟 (년) [년]
年 仝
傎 倒也 (뎐) [뎐]
顚 仝頂也
顛 仝
巓 山頂
癲 狂也
瘨 病也 仝
窴 塞也 (뗜)
塡 仝上 仝下 (鎭)(震)
闐 鼓聲 ㅣㅣ
田 地可耕
畋 獵也
佃 治田 仝
鈿 金華飾
沺 水無際
連 續也 還也 (련) [련]
蓮 荷實
漣 小波 ㅣ漪
聯 連也
憐 愛也 哀也
怜 俗非 (靑)

銑

甽 仝
羂 挂也
罥 仝
遣 送也 祛也
ㅣ逐也 發也 (견)
犬 大狗 (견)
撚 執也 (년) [년]
涊 垢濁 淟ㅣ
典 五帝書冊也 法也 (뎐) [뎐]
腆 厚也 (뎐)
琠 瑱也
淟 垢濁 ㅣ涊
㥏 慚也
覞 面見 仝
殄 絶也 (뗜)
輦 挽車 駕人 (련) [련]
璉 盛黍稷器 瑚ㅣ
臠 切肉 (련)
孌 美好

霰

輾 轉輪 治穀
殿 軍後 下功 呻也 ㅣ屎 鎭也 ○大 (뎐) [뎐] 堂(뗜)
瑱 充耳 (뎐)(震)
電 陰陽激耀 (뗜)
奠 薦也 陳也 定也
甸 王畿五百里 (徑)
佃 治也 獵也
鈿 寶飾器
淀 淺泉
闐 西域于ㅣ
⿰女延 欺慢語 (靑)
澱 滓也
鍊 治金 (련) [련]
煉 仝
練 繒也 仝
湅 熟絲
楝 似槐 苦ㅣ
揀 擇也 (潸)
戀 慕也 (련)

屑

櫱 木肄生 (얼)
糵 酒媒 麴ㅣ
嶭 山皃 嶻ㅣ (얼)
讞 議獄
⿰車獻 高皃 ㅣㅣ (얼)
槷 射的
臬 仝上 仝下
闑 門橛
嵲 山皃 嶻ㅣ
臲 危也 ㅣ卼
隉 仝
齧 噬也
結 締也 (결) [결]
紒 仝 (霽)
拮 手口共作 ㅣ据 (質)
袺 執衽
潔 淸也
絜 麻耑 仝 (결)
⿰木絜 汲水具 ㅣ槹

零 西羌 先ㅣ (靑)(徑)　攣 拘也 戀也　眠 翕目
瞑 仝 (靑)(迥)(徑)　綿 纊也　緜 仝 不絶ㅣ
櫋 屋上聯　邊 畔也　籩 竹豆
胼 皮堅 ㅣ胝　跰 仝　軿 婦人車 (庚)(靑)
駢 駕二馬 (靑)　玭 珠母 (眞)　蠙 仝 (眞)
先 始也 前也　蹮 舞皃 蹁ㅣ　躚 仝
⿰足鮮 仝　仙 不死　僊 仝
仚 仝　鮮 腥魚 潔也 善也　鱻 仝
宣 布也　瑄 大璧　脧 縮也
涎 口液　次 仝　璿 美玉

免 脫也 (問)　冕 大夫以上冠　俛 俯也　㝃 生子
勉 勖也　葂 人名 蔣ㅣ閭
莬 仝　緬 遠也
湎 溺酒 沈ㅣ　勔 勉也
沔 流滿 漢水別名　黽 弘農縣名
ㅣ池 (軫) (庚)(梗)　澠 仝 (軫) (蒸)
扁 署也 姓也 ○乘石皃　諞 巧言　褊 衣小
惼 性狹　辮 紐也

麪 麥末　麵 俗
面 顏也　偭 鄕也 背也
⿰面眞 汙血 ㅣ炫　瞑 劇也 潰亂 (卦)
ㅣ眩 (靑) (迥)(徑)　眄 斜視
徧 周也　遍 仝
變 化也 叓也　卞 兗州縣名
姓也 躁也 法也　汴 陳留水名
忭 仝 (願)　忭 喜也
昪 仝 日光　抃 拊手
拚 仝 (元)(寒)　弁 周冠 (寒)

⿰扌絜 仝　桔 仝 桑名ㅣ梗
玦 佩玉 (霽)　駃 馬父 驘子
ㅣ騠　觖 鈌也 ㅣ望
⿰弓夬 縱弦 彄　決 行流 斷也 仝
决 俗非　抉 剔也
訣 別也 方法　鴂 子巂 鷤ㅣ (錫)
觼 有舌 鐶　⿰角夐 仝
鐍 篋前 鎖處 仝　譎 詐也
潏 泉涌 杜陵 水名 (質)(質)
挈 提也 (霽)　契 勤苦 ㅣ闊

璿 古　璇 仝　漩 回泉
旋 仝　旋 迴也疾也淩也鐘縣
還 復返 仝(刪)(諫)　羶 羊臭(션)　挻 揉也
埏 和土爲器(연)　扇 ㅣ涼　煽 火熾
單 歲名ㅣ閼 大ㅣ于(션)(寒)　禪 靜也 僧也
蟬 蜩也　嬋 好皃 ㅣ娟　撣 牽引 ㅣ援(寒)
鋋 小矛　煙 火氣(연)(인)(眞)　烟 仝
咽 喉也　胭 仝上 仝下　臙 紅藍汁ㅣ脂
燕 名公所封　肩 骨酸　淵 止水(원)
囦 古　鼘 鼓聲ㅣㅣ　蜎 蠋皃ㅣㅣ

編 仝　辯 善言
辨 別也 仝　緶 褰裳
鳽 二歲鷹　銑 金澤鐘角(션)(션)
跣 足親地徒ㅣ　洗 潔也律名
姑ㅣ官名 ㅣ馬(薦)　毨 毛更生
鮮 少也　尠 俗
蘚 苔也　癬 麋也
癬 乾瘍　獮 秋獵
燹 野火(훤)　選 擇也遣也
數也須臾 少ㅣ(션)　善 良也(션)

頨 仝　閞 欂櫨 憂苦ㅣㅣ
栟 仝　匾 筥也
便 利也安也近也卽也淩也
霰 米雪(션)(션)　霓 仝
先 當後而前ㅣ之　線 縷也
綫 仝　選 擇也(션)
羡 貪慕(션)(연)　旋 繞也(션)
漩 回泉　煽 火熾(션)
扇 箑也扉也動也　繕 補也寫也(션)(敬)
膳 美食　饍 仝

(션)(霰)(物)　閟 終也(계)
鼓 器破　甗 仝
涅 染黑(녈)(녈)　㘿 礬后
篞 中管　苶 疲皃(葉)
窒 塞也(뎔)(뎔)(質)　闑 門閉
耋 八十(뎌)　耊 仝
𢧄 仝　姪 兄弟子(質)
絰 麻在首腰　咥 嚙也(眞)(質)
垤 蟻封　迭 更也
趹 蹶也　昳 日昃

娟 好也 悁 憂忿 延 及也 연
筵 竹席 綖 冠覆 蜒 百足 蟲蚰
一龍皃 蜿一 埏 地際八一除 也墓道 연
妍 美好 研 磨也 窮也 沿 順流
鉛 青金 蝝 蝗子 銑 緣 因也 翰
捐 棄也 鳶 鷙鳥 蔦 仝
燃 燒也 연 戁 古 肰 仝是也
堧 隙地 銑 㬉 仝 壖 仝
蠕 蟲行 一一 軫 蝡 仝 軫 撋 挼莎 煩一
擩 仝 箋 表識註也 書也 전 전

譠 仝 鄯 西域 一善
單 山陽縣名一 父姓也 寒
墠 除地 祭處 鱓 似蛇無鱗 歌
鱔 俗 熯 火盛 敬也 旱 翰
兗 九州之一 연 연 渷 濟水 別名
沇 仝 抁 動也
衍 廣也 演 長流 仝
戭 高陽才子 檮一 軫
輭 柔也 銑 耎 仝
軟 俗 蝡 蟲行 軫

單 大也姓也山陽 縣名一父 寒
禪 除地 傳位 擅 專也
嬿 安順 一婉 연 연 鷰 玄鳥
燕 仝上 仝下 醼 合飲
讌 仝 宴 安也 仝
嚥 呑也 咽 仝
餰 饜飽 銑 衍 廣也 연
莚 不斷 蔓一 掾 官屬
緣 衣純 飾 翰 㬉 隙地
羨 延也餘也盛 皃 徑也 연

佚 緩也 一蕩 質 瓞 再生 小瓜
䕸 櫼草 梯一 茣 仝
列 位序 陳也 렬 屑 烈 光也 業也
威也寒氣 一一 仝 洌 清也 朝鮮水名
冽 寒也 栵 栗也 霽
迾 遮遏 迣 仝
裂 破也 繒餘 颲 烈風
劣 弱也 屑 埒 庳垣 封道 等也
鋝 六兩 蔑 無也 멸 屑
篾 析竹 蠛 似蚋 一蠓

牋仝 諓巧言 檅小栗
椾香木 籛彭祖姓 濺疾流｜｜
湔洗也 煎熬也 鬋鬐皃
韉鞍具 戩仝 鐫刻也(전)
銓衡也(전) 輇枙車仝 佺仙人偓｜
絟細布 拴揀也 詮具也
跧伏也(찬) 荃香草蓀也 筌取魚竹器
痊病瘳 悛改也 前後之對(전)
錢貨泉 全完也(전) 牷純色牲
鱣鯉類黃魚(전) 儃不進｜佪(旱) 邅難行迍｜

蠕仝(軫) 碝珉也
瑌仝 瓀仝
愞劣弱(旱)(翰)(箇) 懦仝(虞)(箇)
翦齊斷(전)(전) 剪俗剤｜刀也
揃仝 戩福也盡也翦也
錢田器｜鎛 餞酒食送(전)
雋鳥肥(전) 臇臛也
吮嗡也 展舒也(전)
輾臥不周｜轉 轉動也運也(전)
剸截也(寒) 僎具也(전)(眞)

硯石可研墨 研仝
箭矢也(전)(전) 煎熬也
濺水激 湔仝
餞酒食送(전) 戰鬪也(전)
顫掉也 檀丹轂衣(旱)
驏馬浴土 傳旅舍驛遞信也
(전)○賢人之書(찬) 轉遷也運之
囀聲轉 饌具食(전)(潸)
篹仝上仝下(旱) 撰述也(潸)
譔仝 薦進也藉也

蠛汙血 滅絕也火熄
搣手拔 鷩雉屬(별)(별)
鼈龜屬蔽也 鱉仝
彆弓戾 彆仝
別辨也解也○離也異也(별)
峢漢陽山名大｜ 閉塞也(霽)
撆擊也(폐) 撇仝
瞥暫見 覕仝
蹩跛也(별) 屑潔也勞也碎末
不安｜｜輕視不｜(셜)(설) 屑仝

邅 全 氈 毛席 旃 之也全上全下
旜 曲柄旗 饘 厚粥 飦 全
餰 全 鸇 晨風 栴 香木丨檀
專 擅也(젼) 剸 全(寒) 顓 蒙也全
篿 折竹卜筳丨 甎 甓也 塼 全
鱄 美魚 廛 市舍(젼) 鄽 全
纏 繞也束也 躔 踐也日運 瀍 河南水名
澶 頓丘地名丨淵 椽 榱也(젼) 傳 轉也授也
船 舟也 千 十百(쳔)[천] 阡 田間道
芊 草茂丨丨 遷 徙也謫也 韆 鞦韆戲鞦丨

撰 述也持也具也則也(潸)
譔 全 篆 史籒所作
書轂約夏丨鐘帶(젼) 瑑 璧文
淺 不深(쳔)[천] 踐 蹋也(젼)
俴 淺也 闡 闢也(쳔)
繟 帶緩 幝 車弊丨丨
嘽 緩聲(寒) 蕆 備也
舛 相背(쳔) 喘 疾息
歂 全 蝡 蟲動丨蝡
顯 明也著也(현)[현] 韅 駕馬具在背

(젼)[쳔]〇全⿰金存(젼) 茜 茅蒐(쳔)
蒨 草茂全 倩 好口輔士
美稱女壻(敬) 輤 柩車之蓋
⿰金存 再也(젼) 洊 全
荐 薦席全 栫 籬也
賤 卑也 ⿰石延 展繒石(쳔)
釧 臂環(쳔) 穿° 貫也
片 判木半也(편)[편] 騗 躍上馬
絢 文皃(현)[현] 駽° 鐵驄
見 露也(현)[현] 覞 俗

卨 殷祖 契 全[셜](齊)(物)
偰 全 楔 棖也
紲 繫也 絏 全
緤 全 泄 漏也姓也(霽)
洩 全(霽) 渫 治井全(葉)
媟 慢也 暬 全
褻 衷衣全 辥 奚仲所封
薛 莎也全 躠 旋行蹩丨
⿱辥言 全(曷) 僁 小聲丨丨
雪 凝雨洗也 設 陳也(셜)

先

泉 水源 (쳔)
燀 炊也 (쳔)
川 通流水 (쳔)
穿 通也 鑽也
遄 速也 (쳔)
篅 竹器 盛穀
圞 仝
天 至高無上 (텬)(텬)
蝙 ㅣ蝠 仙鼠 (변)(편)
鯿 縮項魚
編 次簡 錄也 婦人假紒 副ㅣ
鞭 馬策
箯 竹輿
篇 聯章 (편)
艑 小舟
扁 特也 小也 人名 輪ㅣ 仝
偏 側也
翩 飛皃 ㅣㅣ
便 安也 習也 安也 辯也 ㅣㅣ 足恭 ㅣ辟 佞也 (변)
楩 南方大木
蹁 足不正
諞 巧言
平 ㅣ辨 治 (평)(경)
儇 慧也 (현)(현)
蠉 蟲行
嬛 輕麗 便ㅣ (현)
翾 小飛 輕薄

銑

峴 山小而險 襄陽山名 (현)
琄 玉皃 ㅣㅣ (현)
鞙 刀鞘 仝
鞁 仝
泫 露光 涕流
鉉 貫鼎擧者
菤 卷耳 (권)(권)
卷 膝曲 不舒
捲 仝
圈 畜閑 (권)(권)(원)
增 文四十二
搴 拔取 (건)(건)
嵼 山屈曲 ㅣ嵼
囝 閩人呼兒
豣 麤也 (견)(견)
襺 袍也
筧 通水竹
梘 仝
狷 褊急 (견)

霰

縣 五鄙
眩 目無常主 潰亂瞑ㅣ (현)(현)
炫 明也
袨 好衣
玹 石次玉
衒 自媒
⿰貝玄 仝
眷 顧也 (권)(권)
睠 仝
卷 書可捲
倦 疲也 (권)
院 館有垣 (원)(원)
瑗 大孔璧 (원)(원)
援 助也 (원)
媛 美女 (원)
增 文二十四
讞 議獄 (언)(언)
繾 不已 ㅣ綣 (견)(견)
涀 高陵水名

屑

說 告也 辭也 解也 (셜)(셰)(열)
舌 在口辨味 (셜)
揲 ㅣ閱 蓍持 (셜)(뎝)
揑 仝
爇 燒也 (셜)
焫 仝
吶 言緩 (눌)
悅 喜也 (열)(열)
說 仝 (열)
閱 歷也
噎 食塞 (열)
咽 聲塞 嘎ㅣ
抴 拕也 (예)(예)
拽 仝 (예)
熱 溫也 (열)
卩 示信 符ㅣ (졀)(졀)
節 操也 仝上
仝下 ○ 仝 截 (졀)
岊 高皃

奎章全韻

下先 銑 霰 五 屑

譞 多言 懁 辨急 獧 疾也跳也
鋗 銅銚 駽 鐵驄 賢 善也 (현)
贒 仝 弦 弓絃 絃 八音之絲
蚿 百足蟲馬ㅣ 舷 舟邊 玄 幽遠黑赤 (현)
兹 仝 (支) 縣 繫也絕也 懸 仝
棬 屈木爲器 (권)[권] 圈 屈木爲圓 仝 (阮)(願)
卷 曲也冠武好皃樂名大ㅣ 弮 弩弓 (諫)
惓 謹也ㅣㅣ (권) 拳 屈手 仝 捲 氣勢用力
ㅣㅣ收也仝 鬈 髮好 婘 好也
權 反經稱錘攝官 顴 頰骨 員 官數 (권)[원] (文)(問)

獧 仝 蜎 井中蟲ㅣ蠉 (견)
(현)[뎐] (青) 蹍 踐也 (년)[년] 趁 仝 (震)
跈 仝 蜒 蛇屬蝘ㅣ
娗 不開ㅣ通眡ㅣ (青)
塡 病也ㅣ瘰 (眞)(震) 揵 負擔 (련)[련]
連 遲久難也 丏 不見 (면)[면]
匾 不圓 (변)[변] 艑 小舟 (변)
蘚 戶籍 (션)[션] 洒 肅皃水深
(蕎)(蟹)(賄) (卦)(馬) 罥 網也 (견)
膳 美食 (션) 蟺 相糾蜿ㅣ

牽 挽也 涎 ㅣㅣ光澤 (뗜)[뎐]
健 雙生 (련)[련] 孿 手足曲 (련)
孌 美好 澠 大水澠ㅣ (면)[면]
縼 牛馬繫 (션)(셕) 鏇 轉軸
騸 去畜勢 (션) 善 ㅣ之 (션)
曣 日出無雲ㅣ曣 (연)[연]
蜎 深廣蜵ㅣ 邅 轉也 (젼)[젼]
纏 約也繳也 綪 赤繒 (쳔)[쳔]
串 穿也 (쳔)(諫) 竁 穿地 (霽)
眴 目動 (현)[현](震) 洵 遠也 (眞)

楶 欂櫨 切 割也近也
迫也門限 (쳐)(霽) 竊 盜也私也淺也
竊 俗 齥 齒差
截 斷也 (졀) 㦰 仝
絕 斷也 (졀) 折 斷也曲也挫也
毁也天也封壇泰ㅣ (져)(셜)(霽) 晢 星光ㅣㅣ (霽)
晣 仝 喇 仝 (霽)
浙 錢塘水名 淛 仝 (霽)
拙 不巧 (졸) 梲 梁上楹
蕝 束茅表位 (霽) 蕞 仝 (霽)(泰)

奎章全韻

先

圓 天體 圜 仝(刪) 湲 水聲 潺|(元)(刪)

增 十九 文四 攓 拔取 (건)[건] 搴 仝

騝 驪馬黃脊 (건) 犍 蜀郡 |爲(元) 鍵 鑰也(阮)

腱 筋本(願) 揵 舉也(阮) 鄢 楚都 |郢

(연)[언](阮) 嘕 笑皃 (현)[헌] 嫣 長皃(언)

仚 輕舉 銒 酒器 (견)[견](靑) 枅 屋櫨(齊)

䅌 麥莖(견) 蹎 仆也 (뎐)[뎐] ⿰馬眞 馬額白

滇 益州水名 搷 擊也(뎐) ⿰壴眞 鼓聲

鰱 鱮也 (련)[련] 棉 木綿 (면)[면] 骿 幷脇 (변)[변]

褼 衣皃 褊| (션)[션] 廯 廩也 姍 行皃 ||(寒)

銑

縯 長也 (연)[연](軫) 綖 冠覆

⿱艹耎 木耳(년) 譾 淺也 (젼)[젼]

鬋 鬋皃 襢 丹縠衣(젼)

襢 仝 袒 盧不障(亶)

燀 炊也 (쳔)[쳔] 荈 晚茶(쳔)

腨 腓腸 蚕 寒蚓 (뎐)[뎐](覃) 睍 好皃 睍睆 見||(현)[현]

晛 日氣 鋧 小鑿 俔 譬喻 繯 絡也

叶 無 通 韻五 軫上十一 吻上十二

阮上十三 旱上十四 潸上十五

霰

莧 商陸(현)(諫) 絭 攘臂繩[권](願)

叶 無 通 韻五

震去十二 問去十三

願去十四 翰去十五

諫去十六

屑

轍 車跡(쳘) 澈 水澄 鐵 黑金 (텰)[텰] 銕 仝

哲 智也 (쳘)[쳘] 喆 仝

誓 讋也 惙 憂也 |(쳘)

餟 祭酹 祭酒 祭(霽) 醊 仝(霽)

輟 止也 綴 聯也(霽)

錣 策耑鐵 啜 泣皃 多言

○仝 歠(철) 掣 挽也(쳘)(霽)

徹 通也 周稅 ○仝撤(쳘)

撤 抽也 剝也 ○除去(쳘)

聅 矢貫耳 歠 大飲(쳘)

驖 赤黑馬 餮 惡獸 饕|

姺 仝(眞) 㪊 人名秦九方 —(현)[연](眞)

闕 單于妻— 氏(月)(曷) 蜵 淡廣 —蜎 (천)

櫞 似橘 枸— (연) 瑌 珉也 (연) 戔 委積 ——

(천)[전](寒) 駩 白馬黑脣 (천) 竣 退立 (眞)

縓 絳色 膞 陶人作器具 (전) 仟 千人 (천)[천]

攓 揷也 扦 仝 裕 靑皃 ——

㮟 木長 (천) 𤟤 似猨 —狚 (편)[편] 褊 衣皃 —褼 (선)[선]

縼 縫衣交糸 (선) 𥗴 難也 (眞)(현)[현] 泫 水滨 困— (현)

䗴 長曲 連— (선)[선] 踡 不伸 —踊 隕 均也 幅— ——

(연)[연](彰) 叶 無 通 韻五

血 水穀精氣 (혈)[혈] 烕 滅也 翓 飛上 (혈) 頡 直項 仝(黠) 擷 捋取 纈 文繒

絜 挈也 —矩 九河之一 (결) 𢄔 帶也 隽 頭斜 穴 窟也 (혈) 增 文三十六

釨 戟也 (결)[결] 偈 用力 疾也 (결)(霽)○ 堨 堰也 (개)(曷) 鍥 鎌也 (결)[결](霽) 髻 竈神 (霽)

跇 步疾 (계) 㓞 刻也 (계) 捏 捻聚 (녈)[녈] 凸 高起 (텰)[텰] 軼 車相過 侵突 (質) 摕 捎取

蛚 蛩也 蜻— (렬)[렬] 茢 苕帚 桃— 戾 罪也 乖也 (霽) 捩 拗也 攦 仝(霽) 挒 仝

糏 粥也 (멸)[멸] 搣 作事不正 —揳 撇 拂也 (별)[별] 潎 水激 —冽 (별) 批 手擊 (霽)(비)(紙) 揳 作事不正

枻 正弓具檠 — (霽) 折 斷猶連 (절)(셜)(霽) 癤 瘡也 (저)[절] 鯽 魚名 鼢鼠所化 巀 山高 (재)(曷)

茁 草初生 (줄)(質)(黠) 準 鼻頭 隆— (彰) 畷 田間道 [철](쳘)(霽) 剟 刊也 割也 (曷) 罬 鳥網 泬 空皃 —寥

耶僻同 (혈)(혈) 吷 小聲 [illegible] 投桩 (혜) 叶 無 通 韻五 質 四入

物 五入 月 六入 曷 七入 黠 八入

眞平十一 文平十二 元平十三 寒平十四 刪平十五

平聲 蕭十七

蕭 文一百九十七
驍 健也 (효)(교)(요)
澆 沃也 薄也
潚 仝
憿 覬非倖望
僥 仝 僞也 (요)
徼 求也 循也 抄也 邀也 仝
梟 不孝鳥 擕蒲采名 健也 (교)
蟂 似蛇害人 丨獺
嬌 女態
憍 恣也
驕 馬六尺 仝 (교)
鷮 長尾雉
趫 善走 (걀)
蹻 企也 (樂)
蹺 仝
橇 泥行所乘 (靈)
鞽 仝
喬 木上竦 (뎍)
橋 水梁
僑 旅寓
轎 竹輿

上聲 篠十七

篠 文八十四
皎 月白 (료)(皿)
曒 明也
皦 玉石白
璬 玉佩
繳 纏也 (藥)
矯 正曲詐也 擅也 勇皃 丨丨
撟 擧手 仝
蹻 擧足武皃 丨丨強直 (藥)
敿 繫也
褭 駿馬 騕丨 (뇨)(요)
裊 曳皃 仝上 仝下
嫋 柔長皃 丨丨娜弱皃 (藥)
㒡 美也 細腰 僄丨
嬲 戲擾
嬈 苛也 仝 (요)
鳥 羽族總名 (뎌)(됴)
蔦 寄生草
窱 窔遠 窈丨 (뎌)
朓 晦月見
挑 弄也 引調 (語)(豪)

去聲 嘯十八

嘯 文八十三
叫 呼也 (됴)(皿)
嘄 仝
噭 吼也 仝
徼 境也 循也
譥 痛呼
竅 穴也 (걀)
嶠 山道 (교)
溺 沒也 (됴)(요)(錫)
尿 仝
釣 釣魚 (됴)(됴)
弔 問終傷也 (錫)
吊 俗 (錫)
蔦 寄生草
糶 賣米 (됴)
粜 俗
眺 視也 望也
覜 三年大聘
趒 越也
跳 仝
調 選也 賦也 樂律 音丨丨韻致 才丨丨計也 丨度 (됴)(丸)
蓧 耘田器
莜 仝

蟜 蟺也 蕎 白花穀｜麥 莜 荊葵
翹 擧也 刁 畫炊夜擊｜斗 風動｜｜(됴)[됴]
凋 傷也瘁也 鵰 鷲也 雕 仝上仝下
琱 治玉 彫 畫文仝 敦 仝上仝下
(灰)(隊)(元)(阮)(願)(寒) 弴 畫弓(元) 祧 遷廟(됴)
恌 偸薄 佻 仝 挑 撥也取也
輕儇杖 荷(語)(豪) 跳 躍也(됴) 蜩 大蟬
調 和也柔也(尤) 條 小枝 鞗 革轡
儵 好游魚(尤) 鰷 仝 聊 耳鳴賴也(료)[료]
膋 腸脂 膫 仝 僚 同官

窕 幽閒窈｜(됴) 掉 搖也 嬥 好皃
了 訖也慧也(료)[료] 繚 繞也 爒 火炙
燎 放火照也 僚 好皃戲也 嫽 仝
瞭 目明 蓼 辛菜(屋) 眇 偏盲微也(묘)[묘]
渺 水皃｜瀁 杪 木末 秒 禾芒
緲 微也縹｜ 淼 大水 藐 遠也小也
弱也輕視(覺) 篠 細竹(쇼)[쇼] 謏 小也誘也(宥)
謏 俗 小 微也 少 不多(쇼)
紹 繼也(쇼) 佋 介行｜介 柖 桍檔
杳 冥也(요)[요] 窈 深遠｜窱 窅 仝

銚 燎器 掉 搖也 藋 藜類
嬥 不仁｜嬈 𤻲 治病(료)[료] 療 仝
鐐 美金 䍡 魚網 𥜒 柴祭天
尞 明火仝 燎 仝 𡏼 周垣
獠 蠻種(巧) 料 度也理也祿也材也
妙 精微小也好也少年(묘)[묘] 玅 仝
廟 前殿廳事祠堂 庿 仝 嘯 吹聲(쇼)[쇼]
歗 籥 笑 喜而啓齒 咲 仝
肖 似也小也 鞘 刀室(肴) 韒 仝
少 幼也(쇼) 燒 野火爇也 卲 高也(쇼)

蕭

寮 小窻 仝　鐐 白金 爐也　㙩 周垣
撩 取物　遼 遠也 契丹國名　嶚 高也
轑 轉也 蓋弓 (豪)　璙 玉名　嘹 鳴聲 ｜亮
鷯 桃蟲 鷦｜　飉 風聲　飂 仝 (尤)
寥 空也　廖 人名 周名 伯｜仝
憀 悲恨　料 量也 理也　敹 擇也
苗 禾秀 (묘)(豆)　描 畫也　緢 旄絲
貓 烏圓　猫 俗　蕭 高也 馬鳴
｜｜肅也 ｜檣 (쇼)(全)　簫 管樂 參差　箾 仝 (覺)
彇 弓弭頭　蠨 蟰子 ｜蛸　瀟 永州水名

篠

眑 幽靜 仝(有)　夭 屈也 短折 (皓)　殀 仝
溔 大水 渺｜　鷕 雉鳴　遶 圍也 (요)
繞 纏也 仝　擾 亂也 順也　沼 曲池 (쇼)(丞)
[扌周] 刺也 (됴)　趙 造父所封 仝　垗 葬地
兆 十億 灼龜坼 仝　旐 龜蛇旗　肇 始也 敏也
剿 絕也 殺也 (죠)(丞)　剿 仝　勦 勞也 仝(肴)
愀 色變 (쵸)　悄 憂也 ｜｜　表 上衣 外也
識也 明也 箋也 (표)(표)　褾 袖端 卷帙飾　標 木末
[山票] 山巔　鰾 魚胞 可作膠 (표)　縹 帛靑 白色
醥 清酒　膘 脅後　皫 禽毛變色

嘯

邵 晉邑 仝　召 仝(丞)　劭 勸勉
窔 室東南隅 (요)(교)　穾 仝　宎 仝
要 約也 樞也 欲也　燿 照也 (요)　耀 仝上 仝下
曜 光也　鷂 隼也　釂 飲酒盡 (쵸)(丞)
皭 白也 (樂)　爝 炬火 (樂)　照 明也 (죠)
炤 仝 (樂)　曌 仝 武后名　詔 上命 告也 敎也
僬 ｜｜ 行皃 (쵸)(丞)　醮 冠娶祭　[礻焦] 仝
穛 縮少　陗 山峻 (쵸)　峭 仝
哨 多言 ｜｜　俏 好皃 ｜措　誚 責也 (쵸)
譙 仝　噍 齧也　勡 劫也 (표)(표)

｜湘雨聲｜｜ 飅 涼風 翛 羽聲｜｜
宵 夜也小也 霄 天氣 痟 渴病
逍 自適｜遙 綃 綺屬 銷 鑠也
消 滅也仝 哨 口不正 硝 石藥硭｜
蛸 桑蟲螵｜(看) 燒 爇也 韶 舜樂
磬 仝 佋 廟位｜穆 昭 仝
幺 小也｜麼 么 俗 怮 憂也(有)
邀 招也 要 求也察也勒也仝上仝下
腰 身中 䙅 衣襻 葽 王萯草盛
喓 蟲聲｜｜ 夭 和舒｜｜(皓) 妖 巧也蠱也孼也

蔈 落也 摽 擊也拊心仝 殍 餓死仝
莩 仝 曉 曙也開愉 皛 明也
增 文二十 譑 發罪糾｜ 蟜 龍兒夭｜
糾 舒遲窈｜笠 輕舉(有) 誂 相誘
佻 獨行｜｜ 撩 扶也取也 昭 明也｜｜
宊 室東南隅 偠 細腰｜傷 騕 駿馬｜褭
瞗 視兒眇｜ 舀 抒臼 嬈 亂也
駣 馬三歲 漅 盧州湖名(看)
湫 隘下 麨 糗也 剽 末也
麃 鹿藿 潟 水遠渺｜ 叶 文三

剽 剌也仝 漂 水中打絮 驃 黃馬勁疾
增 文二十五 撟 蹂也 轎 小車籃輿
⿰高亢 不安｜⿸虍亢 嘹 鳴也病呼 嫽 好兒
繚 纏也 膫 炙也 廖 姓也
蟉 龍兒蛁｜(有) 魈 山精 ⿸虍亢 不安⿰高亢｜
澆 人名寒浞子 約 契也信也(樂) 姚 勁疾嫖｜
灂 漆也(覺) 召 呼也 趭 走也
⿸疒焦 減縮｜瘁 燋 灼龜炬 消 峻波
俵 分畀 僄 輕也 彯 黃飾
嫖 勁疾｜姚 票 仝 叶 文五

蕭

媄 仝 祅 災也 訞 巧言

堯 陶唐氏號 (요) 僥 短人僬ㅣ (교) 嶢 山高嶕ㅣ

遙 遠也 隃 仝(虞) 傜 使也

韭 擧夭切毛詩 署 聲烏切班固賦 酒 子小切毛詩

通 韻二 巧 上十八 皓 上十九

效 去十九 号 去二十

篠

憂 一笑切齊人歌 署 馨叫切班固賦

繡 先弔切毛詩 倒 都妙切毛詩

虐 空照切毛詩 通 韻二

嘯

傜 仝 䌛 仝上 仝下 (尤)(宥) 謠 徒歌 愮 悸也 鰩 飛魚 搖 動也 瑤 美玉 窯 燒瓦竈 窰 俗

颻 風動飄ㅣ 軺 小車 䡖 仝 蘨 草盛 陶 和樂ㅣㅣ舜臣皐ㅣ (豪)(号) 姚 姓也美好ㅣ嬈急疾剽ㅣ 珧 蜃屬江ㅣ

銚 溫器 (됴) 褕 后服ㅣ翟 (虞) 饒 益也豐也 (요) 橈 短櫂 (巧)(效) 蕘 采薪 擾 馴也 昭 明也 (쇼)(죠)(篠) 炤 仝 (藥) 釗 勉也弩牙

朝 早也東國ㅣ鮮 ○ㅣ廷覲也 (죠) 潮 海濤噓吸 (됴) 鼂 姓也 晁 仝 焦 傷火 (쵸)(篠) 𪓐 仝灼龜不兆 燋 仝然火 蕉 莖絲可紡芭ㅣ

鷦 桃蟲ㅣ鷯 膲 無形之腑三ㅣ 噍 鳥聲啁ㅣ 椒 似茱萸山巔 鍫 臿也 (쵸) 鍬 仝 樵 柴也 (쵸) 譙 羽殺ㅣㅣ門樓麗ㅣ姓也

憔 憂也ㅣ悴 顦 仝 癄 仝 嫶 仝 招 呼也 (쵸)(皿) 怊 失意ㅣ悵 (쵸) 弨 弓弛 超 跳也 貂 鼠屬 (됴)(豆)

鼦 仝 迢 遠也ㅣ遰 (됴) 苕 鼠尾陵ㅣ 髫 童子垂髮 齠 毁齒 猋 犬走 (뵤)(표) 飆 疾風 飄 仝○回風 (표) 熛 火飛

標 擧也表也記也木杪 票 仝 幖 幟也 杓 (樂) 斗柄 穮 除田穢 穮 仝 藨 山莓 仝 瀌 雪皃 ||

鑣 馬銜 臕 肥皃 儦 行皃 || 漂 浮也流也 (표) 僄 輕也 嫖 仝 慓 急也 翲 飛皃 瓢 瓠也 (표)

薸 浮萍 囂 喧也 (효)[효] 枵 虛也星次玄| 鴞 惡聲鳥 梟 仝 歊 氣出 嘵 懼聲|| 憢 仝 增 文四十七

穚 禾秀 (교)[교] 劭 勸勉 (쇼) 招 擧也揭也 (쵸) 斛 斛旁耳 (됴)[됴] 庣 仝 銚 田器|鍒 (요) 朓 晦月見 苕 葦華 (됴) 橑 椽木 (료)(됴)[료](皓)

瞭 目明 簝 食器 (豪) 獠 夜獵 (巧) 繚 纏也 翏 飛皃 熮 火皃 漻 清深 (有) 潦 仝 嵺 山深 |嶆

肖 衰微 (쇼)[쇼] 捎 除也動皃 |搖 (肴) 俏 反琴聲 紗 急戾 (뇨)[뇨] 宎 深窔聲 䍃 瓶也 (요) 嗂 喜也 猺 蠻種

鷂 采雉 嬈 美皃 (요) 襓 劍衣 鐎 刁斗 (쵸)[쵸] 嶕 山巓 𥢆 吹簫勸役 (쵸)(尤) 幧 帕頭 鉊 大鎌 (쵸) 船 吳船 (됴)[됴]

岧 山高 (됴) |嶢 摽 擊也麾也 (표)[표] 麃 武皃 (肴) 螵 桑蟲 |蛸 嘌 疾也 (표) 彯 組皃 || 剽 輕也末也 (표) 嗃 虛大 (효)[효](号) 熇 炎氣 (屋)(樂)(沃)

獢 短喙犬 驕 仝 [교] 驍 健也 [교] 叶 文七 舟 防遙切詩毛 休 虛嬌切陸雲詩 踰 餘昭切易林 瘳 憐蕭切詩毛 秋 七遙切詩逸

遶 尺驕切楚辭 憂 于喬切略三 通 韻二 肴 平十八 豪 平十九

平聲八 肴十

肴 文七 十五 **呶** 譊聲 (교)[고] **怓** 心亂

硇 石藥 丨砂 **茆** 鳧葵 (묘)[모] (有) **茅** 菅也 仝

蝥 毒蟲 斑貓 **聱** 不聽 丨牙 (오)[오] **謷** 不肖 悲泣 (호)

嶅 山多石 **磝** 仝 **包** 裹也 (보)[보]

枹 木叢生 (尤)(虞) **苞** 蘪也 本也 包也 茂也 仝

胞 胎衣 (포) **泡** 浮漚 **拋** 擲也

脬 膀胱 **庖** 廚也 (뽀) **跑** 蹴也

咆 嗥也 **匏** 瓠也 **炮** 毛炙肉

炰 仝 **麃** 麞屬 (蕭) **麅** 仝

上聲八 巧十

巧 文二 十七 **爪** 手足甲 (잘)[조] **笊** 撈飯竹器 丨籬

璅 車蓋玉 **獠** 西南夷 **獠** 仝 (蕭)(嘯)

飽 食多 (보)[보] **鮑** 饐魚 (뽀) **鞄** 重也

絞 縛也 急也 (갸)[교] **狡** 狂也 猾也 **姣** 好也

佼 仝 **鉸** 交刃 刀 **攪** 手動亂之

搞 仝 **巧** 好也 慧也 (걀) **撓** 擾也 攪也 (갈)[교]

戼 辰名 (막)[묘] **卯** 俗 **昴** 西陸宿

茆 鳧葵 (有) **齩** 齧也 (얍)[요] **咬** 仝

拗 折也 (교) **炒** 熬也 (찰)[초] **煼** 仝

去聲九 效十

效 文四 十七 **皃** 容儀 (모)[모] **貌** 描 (覺)

䫉 仝 **罩** 罾類 (잘)[조] **箌** 仝

罺 覆鳥 **笊** 撈飯竹器 丨籬 **抓** 爪刺

棹 檝也 (잘) **櫂** 仝 **儤** 連直 (보)[보]

爆 火裂 (覺)(藥) **礮** 機石 (팔) **砲** 俗

鉋 刷刀 (뽀) **覺** 夢醒 (覺)(갈)[교] **敎** 訓也 王命

挍 檢也 **校** 械也 計也 獵也 軍官 仝 [교]

較 不等 相角 (覺) **鉸** 釘也 裝飾 **窖** 地藏

窌 仝 **磝** 石不平 (걀) **磽** 仝

交 友也合也飛皃|| 蛟 龍屬眉交

咬 鳥聲|| 嘐 仝 郊 邑外

茭 乾芻 鮫 海鯊人魚 鵁 睛交而孕|鶄

敎 效也使爲 膠 黏膏不通固也鳩學難鳴|| 萊州木名

轇 長遠|轕 嶛 山聳 艽 藥名秦|

敲 橫撾短杖 磽 石地磐石 墝 瘠土

鐃 小鉦 譊 恚呼 弰 弓末

捎 取也掠也良馬蒲|| 鞘 鞭也

蛸 蠨蛸子|| 艄 船尾 梢 木杪仝

颵 風聲 髾 髮末 筲 竹器容斗二升 旓 旗旒 坳 地不平 凹 仝 嘲 謔也 抄 略也取也和也謄寫

謅 相弄 增 文四 筊 小簫竹索

膠 和也攪也|| 橈 曲木 稍 漸也

叶 無 通 韻二 篠上十七

皓上十九

墝 土不平 骹 脛骨 淖 泥也

鬧 喧囂 橈 弱也折也 稍 漸也小也

麇食 樂 好也 靿 靴頸

袎 襪頸 抄 略也謄也 鈔 仝楮幣

訬 輕也 豹 似虎圜文 鼩 鼠屬飛食虎豹 孝 善事父母 效 象也倣也功也驗也獻也

効 仝 傚 法也仝 佼 好皃|| 恔 快也 恔 仝 斅 教也學半

增 文十 酵 酒母起麪 珓 占具环|| 榷 杠也 敲 擊也 撓 擾也屈也

拗 心戾捩也 踔 踶也 趠 超也五月風舶| 嗃 大叫 校 夏學

叶 無 通 韻二 嘯去十八 号去二十

鈔 仝 巢 鳥栖 㶆 廬州水名 虓 虎聲 猇 仝 唬 仝 哮 豕驚聲 涍 南郡水名 嗃 恚聲

髇 鳴鏑 嘐 仝 烋 氣健忽｜ 肴 俎實 餚 仝 殽 仝上仝下 淆 水濁混｜ 崤 弘農山名 爻 交也效也

增 文十八 罞 麋罟 媌 美好 靤 柔革工 漻 水皃｜滈 骹 脛骨 撓 抓也擾也 啁 聲也｜嘐

罺 撩罟 䉤 大箵 譟 代說 巢 山高嶕｜ 轈 兵車 勦 勞也輕捷 鄗 滎陽山名敖 嘐 誇語｜

詨 叫呼 謞 仝 筊 小簫竹索

叶 無

通 韻二 蕭十七平 豪十九平

平聲 豪十九

豪 文一百二十 高 崇也 膏 脂也

篙 進船竿 皋 岸也澤也告也緩也姓也虎皮｜比頑皃｜｜

睾 仝 皐 俗 滜 仝

橰 汲水機桔｜ 咎 虞臣｜繇 鼛 大鼓

上聲 皓十九

皓 文八十八 皓 白也 暠 白皃

鎬 仝 縞 素也 稾 禾稈

藁 俗文草 槀 仝 杲 日出

考 老也父稱稽也成也擊也 攷 古

去聲 号二十

号 文七十七 誥 文言告曉 告 報也啓也

郜 文王子所封 縞 白繒 膏 潤也

犒 餉軍 犒 仝 到 至也

倒 顚也 禱 求福 導 引也

橐 韜也 羔 羊子 餻 餌也

糕 仝 尻 (고) 脽也 猱 (노)[노] 猿屬

獿 仝 猺 齊山名 獶 長尾大

刀 一刃兵錢也 (도)[됴] 魛 鮆也

忉 ㅣㅣ憂也 舠 小船 叨 (도) 濫也

滔 漫也 ㅣㅣ流皃 韜 藏也 慆 悅也 ㅣ久也 ㅣ

謟 疑也 縧 編絲 絛 仝

綢 纏也 韜也 (도) 洮 隴西水名 挑 往來相見

(蕭)(條) ㅣ達(語) 饕 貪也 弢 弓衣

匋 (도) 瓦器 陶 仝上 (蕭) 仝下 綯 糾絞

栲 山樗 拷 打也 槁 木枯

槀 仝 燺 火乾 薧 乾魚

祰 禱也 惱 (뇌)[노] 懊ㅣ 燒心 嫍 仝

憹 仝 碯 文石 碼ㅣ 瑙 仝

腦 頭髓 擣 舂也 (도)[조] 搗 俗

禱 求福 倒 仆也 島 水中有山

隝 仝 道 路也 蹈也 理也 順也 (도)

䆃 擇也 治粟 瑞禾 稻 稌也 老 年高 (로)[로]

恅 心亂 栳 栲ㅣ 栁器 橑 椽耑 木 (蕭)

潦 雨水 路上流水 寶 珍也 瑞也 (보)[보] 珤 仝

道 言也 由也 䆃 擇也 治粟 瑞禾 翿 翳也 舞所執

纛 羽葆幢 軍中 皁旗 仝 (沃) 燾 覆也

幬 禪帳 仝 (尤) 悼 傷也 蹈 踐也

盜 賊也 陶 ㅣㅣ馳皃 (蕭) 勞 慰也 (로)[로]

儤 仝 潦 積水 淫雨 澇 仝

嫪 恪也 士無行 ㅣ毐 耄 九十歲 (모)[모]

眊 目少精 仝 芼 擇也 菜食 旄 老也 狗足毛

鴇 鳥輕毛 冒 覆也 貪也 涉也 (職)

帽 頭衣 瑁 圭冒 (隊) 媢 妬疾

報 荅也 論囚 (보)[보] [illegible] 媟也 (遇) 喿 鳥羣鳴 (소)[조]

豪

啕 多言 掏 擇也 騊 良馬 ㅣ駼
萄 蔓果 葡ㅣ 淘 澄汰 醄 極醉 酕ㅣ
逃 避也 咷 哭聲 號ㅣ 桃 辟惡之木
鼗 小鼓 鞀 仝 鞉 仝
濤 大波 檮 斷木 ㅣ杌 頑凶 翿 翳也 舞所執
颾 風聲 勞 倦也 功也 (로)[로] 撈 沈取
牢 畜欄 窂 固也 仝 蹽 野豆
轑 轢也 (蕭) 簝 食器 (蕭) 醪 濁酒
毛 毫也 (모)[모] 髦 翦髮 夾囟 俊也 芼 菜食
旄 幢也 丘前高 騷 愁也 擾也 (소)[?] 搔 爬也

皓

保 守也 養也 傭也 葆 草盛 韜藏 褓 小兒被
緥 仝 堢 小城 堡 仝
鴇 似鴈無後趾 㛮 兄妻 (수)[소] 嫂 俗
埽 糞除 掃 仝 燥 乾也
襖 袍也 (와)[오] 燠 熱也 (屋) 懊 恨也
媪 老嫗 夭 斷殺 (蕭)(篠) 早 晨也 (자)[조]
蚤 齧人 跳蟲 仝 璪 玉飾冕 玉 澡 洗也
繰 紺色 藻 水草 有文 薻 仝
繅 薦玉 采藉 棗 赤心 果 慅 憂也 (소) ㅣㅣ
慘 仝 (感) 皁 黑色馬櫪 賤隸 櫟實 (조)

号

噪 仝上 譟 仝下 羣呼 燥 乾也
瘙 疥也 埽 糞除 掃 仝
傲 倨也 (오)[오] 慠 仝 鏊 燒餅器
驁 駿馬 樂也 敖 動搖 奡 人名 寒浞子
奧 內也 (오) 澳 水隈 (屋) 隩 仝 (屋)
墺 四方 仝 (屋) 燠 熱也 (屋) [illegible] 妒食
懊 恨也 竈 竈突 (조)[조] 躁 急進
趮 仝 操 守也 琴曲 (조) 慥 言行相應 ㅣㅣ
造 至也 就也 糙 米穀雜 漕 水運 (조)
暴 猛也 侵也 急也 晞也 顯也 徒搏 鄭地名 (포)[?](屋) 㬥 仝

慅 動也 颾 風聲 繅 繹繭
繰 仝 臊 犬豕膏臭 艘 船總名
艘 仝 敖 遊也 (오)[오] 遨 仝
熬 煎也 獒 犬四尺 鼇 大鼈
鰲 俗 螯 蟹大足 螯 仝 蟹屬倒行
驁 駿馬 嗸 衆口|愁| 嗷 仝
璈 樂器 翱 遨遊 雲|翔 鏖 殺也 (오)
糟 酒滓 (조)[조] 醩 俗 遭 遇也 巡也
操 把持 (조) 曹 局也 輩也 振鐸所封 (조)
槽 潲器 馬| 酒| 螬 地蠶 蠐| 嘈 聲也

皂 俗 造 作也 草 百卉 文藁
苟簡| |(초)[조] 艸 仝 討 治也 尋也
誅也 訶也 (토)[토] 稻 蜀黍 抱 持也 (포)[포]
好 美也 (호)[호] 昊 元氣 廣大 (호) 皞 明也 帝號
太|少 |仝 暤 仝 皓 仝 (고)
浩 廣大 |肰 澔 仝 顥 大也 白皃
皜 仝 (고) 灝 水勢 鄗 常山 邑名 (肴)(藥)
鎬 溫器 武王所都 滈 長安 水名 增 文三
䮭 鳥驄 (보)[보] 艁 舟爲梁 [조](조) 晧 日出 (호)[호]
叶 無 通 韻二 篠 上 十七 巧 上 十八

虣 仝 虐也 曝 曬也 (屋) 𨡔 一宿酒
瀑 疾雨 沫也 (屋) 菢 鳥伏卵 秏 稻也 減也 (호)[호]
耗 仝 (모) 好 愛也 和也 璧孔 号 教令 (호)
號 仝 名稱 号 風聲 (蕭) 增 文十一
靠 凭倚 (고)[고] 臑 臂節 (노)[노] 耗 亂也 (호)(모)[모]
毷 解也 氉 煩悶 毷| (소) 謷 志遠 (肴)(오)[오]
鄵 鄭地名 (조)[조] 鑿 穿空 (조)(藥) 套 重沓 (토)[토]
皋 呼也 (호)[호] 皐 俗 叶 無
通 韻二 嘯 去 十八 效 去 十九

艚 小舟 漕 衛邑名 褒 奬也 (보)[포] 裦 仝 袍 長襦 (포) 蒿 蓬屬 眯目氣 蒸君ㅣ (호)[호] 薅 除草 毫 長毛 (호)

豪 智過百人 仝 濠 鍾離水名 壕 城下池 蠔 蚌屬 號 呼也 譹 仝 嗥 咆也 仝

【增】文十六

褿 衣[illegible] (조)[조]

幍 巾帽 艘 舸也 (단) 鞫 鼓木 皐ㅣ (도) 餇 餌也 冷ㅣ 澇 扶風水名 (로)[로] 簩 竹名 利可爲觚 氂 旄牛尾可爲旌旄 (모)[모](支) 犛 仝 (支)

酕 極醉 ㅣ醄 溞 淅米ㅣㅣ (소)[소] 廒 倉也 (오)[오] 爊 煨也 (오) 嶆 山深 (조)[조] 嚻 呼痛 (호)[호] 嵃 弘農山名 (호)[호]

【叶】無

【通】韻二

蕭 十七 平 肴 十八 平

平聲 歌二 十

【歌】文一百四十五

歌 詠也 (가) 謌 仝 哥 兄也 仝

茄 芙蕖莖 (가)[가](非)(麻) 迦 釋ㅣ佛號 (麻)

柯 枝也 斧柄 牁 繫舟杙 南粵郡名 牂ㅣ

戨 仝 呿 張口 (非)(魚) 珂 石次玉 螺屬 (가)

上聲 哿二 十

【哿】文七十六

哿 可也 (가)[가] 舸 大船

笴 箭幹 (旱) 可 許也 (가)(職) 軻 車軸不遇 轗ㅣ

坷 不平 坎ㅣ 岢 太原山名 ㅣ嵐 那 何也 (나)[나]

娜 美皃 婀ㅣ 裸 赤體 (라)[라] 躶 仝

去聲 箇二 十一

【箇】文四十七

箇 數也 枚也 (가)[가] 個 俗

个 仝 明堂旁室 軻 車軸不遇 轗ㅣ (가)

坷 不平 坎ㅣ 稬 稻之黏者 (나)[나] 糯 俗

那 語助 彼也 柰 蘋婆 仝(泰) 奈 俗非 (泰)

軻 車軸不遇 轗ㅣ
伽 僧居ㅣ藍 (가)
那 何也 大也 於也盡也 安也 (나)[나]
難 盛皃 (寒)(翰)
儺 驅疫 仝
挼 摧也 (灰)
挼 俗非 (灰)(灰)
多 衆也 勝也 (다)[다]
羅 鳥罟 綺也 列也 (라)[라]
蘿 托松而生 女ㅣ
籮 箕也 筐也
鑼 軍樂 銅ㅣ
儸 健而不德 傂ㅣ幹 辨僂ㅣ
饠 餅也 饆ㅣ
灑 長沙水名 汨ㅣ
欏 似枇杷 桫ㅣ
囉 歌助聲
鸁 似驢 驢父馬母
騾 俗
鸁 蚌屬
蠡 仝 (支)(齊)(薺)
螺 俗
鏍 小釜
樏 穀積
覼 好視 委曲 ㅣ縷
摩 研也 撫也 (마)[마]
魔 鬼也

鸁 仝
鸁 仝
鸁 細腰 蜂螺ㅣ
攞 裂也
㦬 慙也
䯁 仝
砢 石皃 磊ㅣ
癵 疥也
瘰 仝
蠡 仝 (支)(齊)(薺)
蓏 草實
麼 細小 (마)[마]
麽 仝
我 己稱 (아)[아]
硪 山高
騀 馬搖頭 駊ㅣ
婀 美皃 ㅣ娜 (아)
娿 仝
左 右之對 (좌)[좌]
瑳 玉色 笑皃 (차)[차]
嚲 垂皃 (다)[다]
朶 木下垂
朵 俗
綵 冕前垂
埵 堅土
種 小積
鬌 兒遺髮 (支)
妥 安也 (타)
媠 好也
惰 懶也

愞 弱也 (銑)(旱)(翰)
懦 仝 (銑)(虞)
癉 勞也 (다)[다] (旱)(翰)
大 巨也 (泰)(箇)
邏 巡也 (라)[라]
摞 理也
磨 石磑 (마)[마]
些 語辭 (사)[사] (麻)
餓 飢也 (아)[아]
佐 助也 (좌)[좌]
左 仝
磋 磨治 (차)[차]
唾 口液 (타)[타]
涶 仝
拖 曳也
馱 負荷 (타)
惰 懶也
播 揚也 (파)[파]
譒 敷也 仝
簸 揚米
破 壞也 (파)
賀 慶也 (하)[하]
穫 秾秞
過 經也 越也 誤也 愆也 (과)[과]
課 稅也 試也 (과)
堁 塵起 塕ㅣ
臥 寢也 (와)[와]
涴 汚也 (와)(阮)
汙 仝 (虞)(遇)(麻)

歌

磨 治石 劘 削也 挲 摩也 (서)(사) 抄 仝 娑 舞容 婆― 鈔 水盆 ―鑼 杪 似枇杷― 欏 莎 藥草香附子 煩擱挼― 獻 (사) 酒樽 犧 仝 (支) 傞 舞皃 ―― 蓑 雨衣 唆 小兒相應 唱― 梭 織具所以持緯 莪 蒿屬 (어)(아) 哦 吟也 娥 好皃 峨 山高 嵯― 俄 頃速 傾皃 蛾 蠶蛹所化 也腹飽 睋 視也 鵝 舒鴈 阿 大陵 曲也 倚也 比也 棟也 美皃 慢應 (가)(아) 痾 病也 疴 仝 𡣗 不洩 婀― 搓 挼也 ―挪 (차)(자) 瑳 玉色 笑皃

哿

鮓 魚子 楕 器狹長 墮 落也 (支) 埵 堂塾 射堋 柁 正船木 (타) 舵 仝 杝 俗 袉 裾也 拕 曳也 跛 足偏 廢 (파)(피) 簸 揚米 頗 頭不正 僅可 (파) 叵 不可 尀 仝 哿 大笑 ― (가)(사) 荷 負也 (하) 菓 木實 (과)(과) 果 仝 敢也 驗也 裹 包也 蜾 細腰蜂 ―蠃 顆 物一頭 (과) 鎖 鑰也 鋃鐺 (쇄)(솨) 鏁 仝 瑣 細也 猥屑 ―― 璅 仝 坐 跪也 (좌)(자) 脞 細碎 叢― 火 炎上 (화)(화) 禍 災也 (화)

箇

剉 折也 (좌)(좌) 莝 斬芻 挫 推也 夎 詐拜 座 床也 (좌) 坐 被罪 行所止 仝 貨 財也 (화)(화) 和 應也 調也 徒吹 (하) 增 文九 磨 磨也 (마)(마) 娑 吐蕃 都邏 (서) 作 為也 造也 起也 (자)(좌) 遇 藥 磋 跌也 過也 (차)(자) 剁 所也 佗 加也 (타) 呵 噓氣 責也 (하)(허) 荷 擔也 加也 (하) 裹 包也 (과)(과)

叶 文四 地 唐過切 章九 螫 式夜切 周賦班 駞 徒卧切 毛詩 靡 模卧切 易 通 韻一

禡 二十二去 鬖重不嫷蒿蔚滿 手脂錫竟綺橢

磋 磨治 蹉 跌也 失時 丨跎 嵯 山高 丨峨 (支)

醝 白酒 (차) 瘥 小疫 (卦) 䑩 鹹也

䈑 籠屬 痤 癤也 [虘阝] 沛邑名

酇 俗 (寒)(旱)(翰) 佗 彼稱 (타)(타) ○ 自得委丨 (타)

他 俗 它 仝上 仝下 蛇 虵屬 (支)(麻)

拕 曳也 拖 仝 詑 欺也 自足 (支)

駝 封牛 橐丨 (타) 驝 俗 鮀 吹沙魚 迱 行皃 逶丨 迤 仝 (支)(紙) 池 并州水名 滹丨 (支) 沱 大雨 滂丨 仝 跎 不遇 蹉丨

跎 仝 酡 醉顔 酡 仝 紽 縫也 陀 長坂 不平 陂丨 陁 仝 坨 俗 鼉 似龍而長 鱓 仝 (銑)

驒 連錢驄 (寒) 馱 負荷 波 浪也 (파)(파) 碆 石鏃 磻 仝 (寒) 番 勇皃 丨丨 (元)(寒)(諫) 嶓 梁州山名 丨冢 膰 大腹 (元)

坡 阪也 (파) 陂 長阪不平丨 陀 仝 (支)(寘) 玻 寶石 丨瓈 頗 不正 偏丨 婆 老嫗 (파) 皤 頭白 訶 責也 (하)(하) 呵 仝 噓氣 笑聲

禍 仝 骫 仝 夥 多也 (箇) 輠 車膏器 [車咼] 仝 騍 不正 (馬)

增 文二十 衺 衣皃 衺丨 (나)(나) [方多] 旗皃 旑丨 [木衺] 木盛 槮丨 儺 行有度 盛皃 柔順 猗丨

爹 父稱 (다)(다) 邏 巡也 (라)(라) 褢 衣皃 丨衺 (하)(하) 旑 旗皃 丨[方多] 欏 木盛 丨槮 猗 柔順 丨儺 (支)(紙)

躲 避也 (타)(타) 揣 忖度 (紙) 捶 仝 (紙) 挆 仝 摇也 隋 山高 (타) 陊 壞也 (타)(紙)

駊 馬搖頭 丨騀 (파)(파) 剮 割也 (과)(과) 倮 狹隘 儸丨 婐 女侍 (와)(와) 叶 無

通 韻一 馬 二十一上

何 曷也 (하)問也 河 四瀆之一 荷 芙蕖擔也 怨怒｜｜ 苛 小草細也 菏 蕧草 (가) 戈 平頭戟 (과) 過 經也 渦 淮陽水名

鍋 溫器 科 程也條也 (과) 蝌 蛙子｜蚪 窠 巢也穴也 薖 寬大 譌 謬也 (와)[와] 訛 仝動也 吪 仝 鈋 刓也

囮 鳥媒 渦 水回 (와) 窩 穴居 萵 菜名｜苣辟蟲 踒 足跌 倭 海中國日本 (支) 矬 短也 (좌)[좌] 鞾 鞮屬 (화)[화] 靴 仝

禾 稼總名 (화) 和 順也調也 仝 龢 仝小笙 咊 古 增 文十四 菏 山陽水名 (가)[가](하) 鴚 鵝也 挪 揉物 (나)[나]

纚 索皃｜｜ (리)[라](支)(紙) 麼 細小 (마)[마] 麿 仝 嬤 母也 ⿰糸阿 縞練 (아)[아] ⿰目差 春也 (차)[차] 齹 齒差 艖 小舸｜艑 (麻)

⿰田差 殘穢田 ⿰齒阝 楚地名 (차)[차] 鉌 車鈴 (화)[화] 叶 文九 儀 牛何切毛詩 義 牛何切尚書 宜 牛何切毛詩 齬 魚何切張衡賦 胎 湯河切道藏歌

佐 遭哥切太玄 霄 桑何切道藏歌 離 良何切易 虞 元俱切毛詩 通 韻一 麻 二十一平

平聲 麻二十一

上聲 馬二十一

去聲 禡二十二

麻 文一百二十二 加 增也陵也 (가)[가] 笳 吹卷蘆葉

耞 打穀具連｜ 枷 因械 仝 珈 笄飾 六｜

馬 文五十七 檟 山楸 (가)[가] 榎 仝楚也

賈 售直姓也 (賈) 嘏 福也 假 至也

禡 文九十一 駕 馬在軛中 (가)[가] 架 杙也起屋

嫁 女適人 稼 種穀 價 售直

跏 屈曲趺坐 痂 乾瘍 駕 鴐屬一鵝

嘉 美也褒也 佳 仝(佳) 迦 瞿曇號釋一(歟)

家 居也 葭 蘆也 麚 牝鹿

麍 仝 豭 牡豕 挐 牽引(나)(녀)(魚)

拏 仝(魚) 拿 俗 麻 枲屬(마)(마)

蟆 蟾類蝦一 蟇 俗 沙 疏土(사)(사)

砂 仝 紗 絹屬 鯊 鮀也鮫也堅皮

鯋 仝 髿 髮垂鬖一 衙 官府(아)(아)

牙 牡齒大將旗 芽 萌也 枒 木枒杈一

枒 車輞仝(아) 涯 水際(支)(佳) 鴉 烏也(아)

假 非眞也且也借也仝(陌) 斝 玉爵

馬 乘畜(마)(마) 灑 汛也(사)(새)(蟹)(卦) 洒 仝(霽)(蟹)(卦)(銑)

傻 不仁(사) 葰 上黨縣名一仁 雅 正也素也(아)(아)

疋 仝 啞 瘖也(아)(陌) 瘂 仝

鮓 魚葅(자)(자) 姹 美女(차)(차) 奼 仝

打 擊也(타)(타)(梗)(迥) 把 握也(파)(파) 閜 大開(하)(하)

下 底也(하) 廈 大屋 夏 大也中國諸一

禹國號禹樂大一大組仝 寫 摹畫輸也(사)(새) 瀉 洩水

捨 釋也(샤) 舍 仝 社 主土神(샤)

炧 燭燼 野 郊外(야)(야) 壄 古

賈 仝(麌) 假 借也貸也(陌) 髂 腰骨(가)(陌)

禡 軍祭(마)(마) 罵 詈也 傌 仝

嗄 聲變(卦)(사)(새) 厦 旁屋 迓 迎也(아)(아)

御 仝(御) 衙 仝 訝 疑怪

砑 碾也 亞 次也就也(아) 婭 兩壻相謂姻一

稏 稻名䆉一 啞 鳥聲一一(陌) 迓 次第行

詐 僞也(자)(자) 咋 大聲(陌)(陌) 詐 慙語

溠 豫州之浸 乍 暫也(자) 䄍 年終祭

蜡 仝 詫 誇也(차)(차) 咤 叱怒

吒 仝 姹 美也 奼 仝

麻

鴉仝 丫岐頭 樝似木瓜榠
｜(자) 柤木閑仝 叉交手(차)(佳)
[차] 杈岐枝 椏仝 靫箭室鞴｜(佳)
差舛也擇也人名楚景｜(支)(佳)(卦) 鎈錢也
茶茗也(차) ⿰木茶俗非 苴浮草(魚)
楂浮木鵲鳴｜ 查仝察也 槎仝桴也邪斫
巴蜀東地名蛇也尾也(바)[파] 笆竹籬
芭甘蕉 豝牝豕 葩花也(파)
爬搔也(빠) 杷平田器似杏枇｜
琶馬上樂琵｜ 呀張口(햐)[하] 谺谷空谽｜

馬

埜仝 也語助 冶爐鑄
若縒皃｜｜僧居蘭｜｜(야)(藥) 惹引也
姐母稱(져)[쟈] 她長女仝 担取也(쟈)
飷食無味 者語助(쟈) 赭赤也
且語辭姑也又也(쳐)[져](魚)(語) 撦裂開(챠)
⿰奢鬼醜也 奲寬大 哆脣下垂
寡少也(과)[과] 剮剔人肉 冎仝
銙帶飾十三｜(과) 骻腰骨 髁仝(哿)
瓦燒土蓋屋(와)[와] 踝足骨(화)[화] 增文十一
椵柚屬(갸)[가] 瘕腹病 瑪美石｜瑙(마)[마]

禡

差°異也(차)(支)(卦) 霸把持諸侯之權(파)[파](陌)
伯仝(陌) 灞長安水名 欛刀柄
杷°仝○平田器(빠) 靶轡革 弝弓弣
帊衣襆(파) 帕仝 怕懼也
罷休也了也黜也(빠)(支)(蟹) 穲稻名｜稏
罅孔隙(햐)[하] 嚇笑聲恐動(陌) 詫誑也
諕仝 謑怒言(혜)(齊)(薺) 暇閒也(햐)
夏春之次 下降也 苄地黃
卸脫也(셔)[샤] 瀉洩水 謝辭也絕也
退也衰也拜賜(쎠) 榭臺有屋 ⿰氵射本出瞻諸山

鰕 鯢也水蟲長鬚 霞 日旁彤雲 (하) 赮 赤色 仝
遐 遠也 瑕 玉病 仝 鍜 頸鎧 一(자)(저)
碬 礪石 蝦 蟾屬 一蟆 騢 駁馬
些 少也 (사)(새) 尖 仝 衺 不正 (사)
邪 仝(야) 斜 橫也 仝(야) 奢 侈也 (사)
賒 遠也 貰也 畬 火種田 (여) 蛇 虺屬 (사)(이)(타)
虵 俗 闍 城臺 闉一 耶 疑辭 (야)
邪 仝 下地汚 一名 王號 渾一 (야) 琊 齊郡 琅一
鋣 劍名 鏌一 釾 仝 斜 梁州 谷名
衺一 (야) 嗟 咨也 (차) 罝 兎罟 (저)

碼 俗 庌 廡也 (아)(야) 苴 和糞草土 赦 釋罪 (사) 舍 止息也 屋也 貰 賒也 (세)(사)
也 蕃姓 (야)(이) 喏 應聲 (야)(이) 麝 似麞 麝香 射 發矢 (사)(야)(석) 躲 仝
奓 開也 (차)(자) 跨 不進 踦一 (과)(고) 耍 戲也 (사) 夜 暮也 (야)(이) 射 奉官名 僕一 (야)(사)
叶 無 通 韻一 哿 二十上 藉 薦也 借也 助也 (자)(적)(석) 蔗 沙糖 一草甘 (자)
柘 山桑 仝 樜 仝 鷓 越雉 一鴣 炙 燔肉 (자) 借 假也 (차)(자) 胯 股間 (과)
袴 仝 跨 騎也 越也 化 變也 (화) 華 西嶽 山 (화) 崋 仝 嫿 女容 媠麗
樺 皮可 貼弓 㯫 仝 鱯 似鮎 擭 機檻 (확)(화) 摦 寬也 吴 譁也
𡖉 仝(화) 增 一 文十 ⿰忄家 鬱布 稅一 (가) 醡 壓酒具 (자)(차) 榨 仝 侘 失意 一傺 (차)
汊 歧流 ⿰足叉 歧路 壩 障水 (파) 爸 父稱 儸 健而不德 一㑩
這 此也 嗻 歎也 鳥鳴一一 叶 無 通 韻一 箇 二十一

遮 斷也(차) 車 輅也姓也(차)(거)魚 瓜 蔓生蓏(과) 媧 古之聖女(와)佳 緺 靑紫綬(와)佳 蝸 陵螺|牛(와)佳 騧 黃馬黑喙(와)佳 騙 仝 奢 奓也(사)

誇 大言 侉 仝 姱 好也 哇 淫聲兒啼吐也(와)(왜)佳 娃 美女(와)佳 蛙 蝦蟆(와)佳 鼃 仝佳 䵷 仝淫聲

洼 陝西地名 渥|佳 窪 溝也 窊 汙下 汙 鑿地 仝 遇 虞 檛 箠也(좌)(좌) 撾 仝 撾 擊也 髽 喪髻

花 荂也(화)(화) 華 仝○榮也色|也|夏(화) 蘤 仝 紙 驊 駿馬|騮(화) 譁 讙也 鏵 兩刃臿 鏵 仝 增 文二十三

袈 佛衣|裟 笯 鳥籠 遇 裟 佛衣袈|(사) 毟 毛皃毟|氉 渣 滓也(자) 扠 挾也(차) 釵 婦人歧笄 佳 艖 小舸艑| 歌 搽 塗飾(차)

涂 仝 沮洳 虞 耙 腊屬(파)(파) 鈀 兵車鉏屬 疤 瘢痕 舥 浮梁(파) 蕸 荷葉(하)(하) 茄 落蘇|子 歌 梛 似椶 櫚

枒 仝(야) 挪 挼手|挪揄 爺 父稱 砑 似玉|碟 侉 自大(과)(과) 荂 花也 叶 無 通 韻一 歌 二十 平

平聲 陽二十二

上聲 養二十二

去聲 漾二十三

入聲 藥十

陽 文二百九十三 岡 山脊(강)(강) 崗 俗

剛 強也 鋼 堅鐵 綱 總綱大繩

養 文一百十三 鏹 錢貫(강)(강)

繈 仝 襁 負兒衣

漾 文一百三十一 鋼 鍊也(강)(강)

彊 屍殭(강) 抗 拒也(강)

藥 文二百九 各 異也(각)(각)

格 長枝止也廢也角戲(격)(각)

堈 甕也 甋 仝 掆 特牛
亢 咽也蒼龍宿 肮 頸也 伉 剛正
畺 界也 (강) 疆 仝 壃 俗
繮 馬紲 韁 仝 ⿰虫畺 死蠶
殭 死不朽 僵 仆也 薑 禦溼菜
礓 礫也 橿 鉏柄檍也 姜 姓也
康 安也五達衢 (강) 穅 穀皮 糠 仝
⿰康瓦 陶器丨瓠 羌 西戎語辭 (강) 蜣 轉丸丨蜋蛣
彊 健也弓有力 (강) 強 仝過優 囊 袋也 (낭)(낭)
簹 大竹篔丨 (당)(당) 當 値也敵也直也主也卽也承也蔽也斷也

慷 感息丨慨 忼 仝
彊 勉也 (강) 曩 鄉也 (낭)(낭)
瀼 夔州水名流皃泱丨
黨 朋也偏也五百家 (당)(당)
讜 直言 党 羌種丨項
儻 卓異倜丨或然之辭 (탕)
曭 日不明 朗 明也 (랑)(랑)
莽 毒魚草深草丨丨粗率鹵丨 (망)(망)(麌)(有)
漭 大水沆丨 罔 無也 (망)
誷 誣也 網 罟也

亢 高極抵也蔽也仝上仝下
炕 乾也北地煖牀 閌 門高
伉 匹也健也直也藏物仝
犺 健犬怪獸丨狼 強 勉也自是 (강)
灢 水濁 (낭)(낭) 儴 緩也
盪 大盆 (당)(당) 當 底也質錢中也
擋 料理擗丨 讜 言中理
攩 搥打 儻 卓異倜丨
或然之辭 (탕) 倘 俗
埌 塚也 (랑)(랑) 浪 波也不敬謔丨

閣 樓也食皮棧道端直丨丨
腳 脛也 (각) 脚 俗
恪 敬也 (각) 卻 退也 (각)
却 俗 諾 應也 (낙)(낙)
洛 弘農水名 (락)(락) 雒 仝鵅鵋
珞 頸飾瓔丨 酪 乳醬
硌 石皃磊丨 駱 白馬黑鬣
絡 聯也脈也經丨 烙 燒灼
落 零也聚也宮室始成祭
樂 喜也 (效)(覺) 濼 濟南水名 (박)(沃)

陽

鐺 囚鎖｜鋃
璫 耳珠
襠 袴屬
唐 堯國號大言
塘 陂也
螗 蜩也
煻 煨火
溏 淖也
糖 飴也
鎕 仝
餳 仝
瑭 玉名
榶 棣也
堂 正寢盛皃｜｜
棠 杜也
螳 臂有斧｜蜋
郞 男稱官名
廊 廡也
蓈 莠屬
稂 仝
瑯 沂州郡名｜琊
浪 均州水名滄｜陽武地名博｜朝鮮郡名樂｜
桹 船版
榔 嶺外果檳｜仝
琅 似珠｜玕宮門鋪首倉｜
狼 似犬銳頭白頰
鋃 囚鎖｜鐺
硠 石聲｜｜

養

輞 輪外
惘 失志憹｜
魍 山鬼一脚｜魎
蝄 仝
榜 木片標題也
膀 仝
髣 相似｜髴
仿 俗
彷 仝
昉 始也
紡 網絲治麻｜績
倣 效也
顙 額也
嗓 喉也
搡 擊也搷｜
𤸷 馬病
爽 明也忒也
鷞 鷹也｜鳩
塽 地高明｜塏

漾

閬 高門
蒗 郡渠名｜蕩
妄 誕也
忘 不記
望 瞻也人所仰
朢 月盈
謗 毀也
搒 進船
榜 仝
旁 交橫｜午
傍 倚也近也
竝 仝
徬 附行
訪 問也
舫 方舟
防 禦也止水
妨 害也
放 逐也逸也捨也
喪 亾也失也
仰 恃也資也

藥

幕 帷在上
莫 無也定也薄也
大也謀也茂也｜｜
膜 肉間幕脈
鏌 劍名｜鋣
摸 手捉｜搽
漠 清也磧鹵沙｜
瞙 目不明
塻 塵也
瘼 病也
寞 無聲寂｜
博 普也貿易
搏 手擊
鎛 鉏類
餺 麪湯｜飥
髆 肩甲
膊 仝○磔也
溥 水名
簙 局戲六｜
鑮 大鐘

蜋 臂有斧螳| 랑
忙 心迫 망 망
邙 洛陽山名 北|
茫 廣大||
芒 仝上仝下 ○草端 랑
恾 憂皃
蘉 勉也
忘 不記 랑
亾 無也逃也 (亡)
莣 似茅
鋩 刃端
望 瞻也怨也
幫 治履鞞帖事 物旁取 방 방
鞤 仝
幇 仝
縍 仝
謗 毁也
彭 多皃||(庚)○ 壯也近也 빵
滂 沛也 팡
汸 仝
雱 仝
霶 仝
霶 仝
鎊 削也
磅 石聲 (庚)
旁 混同|礴(庚)○ 溥也歧道交橫 |午仝傍 빵

仰 舉也慕也 앙 앙
坱 塵也 앙
泱 水皃 滃|
詇 早知 앙
䬬 飽也
快 懟也 |
鞅 牛羈 仝
駔 壯馬 會買 장 장 賣|儈
髒 亢直 骯|
奘 大也 짱
蒼 草野莽| 창 창
𠜎 皮傷 창
搶 突也著也爭取
帑 金幣所藏 탕 탕 (虞)
蕩 大也||法 廢板||無撿 東放| 탕
盪 滌也動也 震也推也

盎 盆也盛也 || 앙
怏 懟也 || 앙
䬬 飽也
葬 藏也 장 장
塟 仝
藏 物所蓄 짱
臟 精氣所藏
壯 大也 장
狀 類也形容
札也牒也 짱
刱 始造 창 창
創 懲也傷也 仝
愴 傷也悽|
滄 寒也
湯 熱沃 裸體 盤| 탕 탕
盪 滌器陸行舟 ○推| 땅
宕 洞室放也 땅
踼 逸也跌|

薄 迫也○疾驅| |박○○不厚草 叢少也 뽝
欂 壁柱椽也
煿 火乾
爆 仝(效)(覺)
襮 黼領表也 (沃)
膊 割肉 팍
粕 酒滓糟|
魄 仝 탁 (陌)○志行衰惡落| 뽝
泊 靜也艤舟 뽝
箔 簾也
簿 仝(虞)
礴 地形旁|
亳 湯所都
縛 繫也 뽝
索 繩也盡也散也
懼也縈紆蕭|| 삭 색 (陌)
𢹂 手捉 摸|

陽

旁 仝 踴 急行 跟― 방 傍 側也 近也 漾

彷 徘徊 ―徨 徬 仝 方 舫舟 矩也 嚮也

術也 今也 板也 常也 比也 방 坊 邑里 ○仝 防 방 芳 香氣 芬―

蚄 害稼 蟲蚄 ― 肪 脂也 枋 檀也 敬

妨 害也 魴 鯿也 縮項 방 房 室在旁也 俎宿

天駟名 ○秦宮 阿― 방 防 禦也 隄也 桑 蠶所食 상 [상]

喪 仝 喪 亾也 失也 喪 古

霜 凝露 상 鸘 神鳥 鷫― 鷞 仝

驦 良馬 驌― 騻 仝 孀 寡婦

卬 我也 앙 [앙] 昂 擧也 軍容 ―― 央 中也 盡也

養

簜 大竹 沆 大水 漭―

沆 北方露氣 ―瀣 항 [항] 骯 亢直 ―髒

頏 聲也 兩 再也 偶也

二十四銖 량 [량] 魎 山鬼 一脚 魍―

蜽 仝 想 思也 상 [상]

鯗 魚腊 象 大獸 長鼻牙 쌍

像 形也 肖似 橡 栩實

樣 仝 襐 首飾

賞 償功 玩也 상 上 登也 進也 쌍

養 育也 憂心―― 賤役厮― 양 [양]

漾

碭 文石 逿 倒也

吭 鳥咽 항 [항] 笐 衣架

桁 仝 庚 行 等輩 剛強

―― 庚 梗 敬 諒 信也 량 [량]

涼 薄也 掠 奪也

倞 遠也 敬 亮 明也

量 斛穀器五― 限也 度―

悢 悲也 兩 車數

緉 雙屨 相 視也 助也

儐也 導也 상 [상] 餉 饋也 상

藥

惡 不善 악 [악] 遇 堊 白土

咢 徒擊鼓 악 諤 直言 謇―

愕 驚也 崿 崖岸

鍔 劍端 齶 齒齦

鰐 似鼉 呑人 鱷 仝

蕚 華跗 蘁 仝 遇

鄂 江夏 縣名 鶚 鵰屬

噩 嚴肅 ―― 作 造也 起也

作 始也 行也 잔 [작] 遇 箇 昨 隔宵 짝

酢 客酌主人 遇 怍 慚也

鮮明丨 丨(양) 鴦 匹鳥 鴛丨 殃 禍也
秧 仝 鉠 鈴聲丨丨 秧 禾苗
泱 水皃丨丨 霙 雲皃丨丨 臧 善也 (장)[장]
贓 吏受賄 牂 繫船杙南越郡名丨牁
牂 牝羊 仝 牂 仝 斨 方銎斧 (장)
藏 隱也 (장) 戕 殺也 莊 嚴也六達衢 (장)
裝 裹也齎也丨束 粧 粉飾 妝 仝
牀 卧榻 (장) 床 俗 滄 寒也 東海
均州水名丨浪 (창)[장] 倉 庾也 蒼 深靑 華髮 丨浪
鶬 水鳥丨鴰 黃鳥丨鶊 搶 集也 突也

痒 膚欲搔 癢 仝上 仝下
懩 有藝欲達技丨 瀁 水皃 滉丨
壤 肥土 (양) 攘 擾也
穰 豐也 人多 浩丨 奬 勸也 (장)[장]
槳 楫也 槳 仝
蔣 姓也 長 大也 孟也
尊也 養也 (장) 掌 手心 主也
丈 十尺 老稱 (쟝) 杖 殳類 所以
扶行 挺也 仗 兵器 儀丨
敞 曠也 (챵)[챵] 氅 析羽爲衣

饟 仝 向 姓也 炎帝
後所封 (향) 上 高也 尊也 (샹)
尚 曾也 庶也 高也 飾也 配也 猶也 上也 嘉也
償 還也 (상) 釀 醞酒 (양)[양]
漾 隴西水名 (양) 瀁 仝
羕 水長 様 式也
恙 病也 養 奉上
煬 炙燥 暴也 颺 風飛
讓 謙也 責也 (양) 醬 醢也 (장)[장]
將 帥也 匠 工也 (쟝)

怎 仝 柞 櫟也 (陌)
餎 相謁食麥 (遇) 鈼 釜也
筰 竹索 笮 仝 (陌)
糳 精米 (착)[착] 鑿 鮮明丨
仝 (号) ○ 鑿 也 穿也 (작) 縒 亂也 丨綜 (착)
錯 雜也 舛也 誤也 鑢也 金塗 (遇)
託 寄也 (탁)[탁] 侂 仝
飥 麪湯 餺丨 馲 脊有肉鞍 丨駝
驝 仝 橐 無底 囊也
丨 仝 力丨 欂 刀斗

奎章全韻

陽

拒也 飛 掠(창) 槍 (庚) 稍也 蹌 趨也 ㅣ舞皃

創 傷也 (창) 瘡 瘍也 仝 鏜 鍾聲 (탕)[탕]

湯 熱水蕩也 商王號 (상) 航 方舟 (항)

杭 仝 頏 鳥飛上下 頡ㅣ ⿰亢羽 仝

行 列也 複姓中ㅣ 河內山名太行 市長 (庚)(梗)(敬) 孃 母稱 (낭)[낭]

娘 少女 仝 良 善也 頗也 (량)[량] 蜋 轉丸 蟲蜣ㅣ (랑)

粮 糗也 糧 仝 梁 負棟 木橋也

樑 俗 粱 粟類 五穀之長 量 槩度 多少

涼 薄也 凉 薄寒 仝 ⿺風京 北風

輬 臥車 轀ㅣ 襄 除也 贊也 平也 駕也 成事 (상)[상]

養

⿱敞鳥 仝 廠 屋無壁

⿰忄敞 驚皃 ㅣ怳 惝 仝

鋹 利也 昶 通也 明也

響 聲也 (향)[향] 嚮 兩階間 仝

曏 前時 蠁 蛹也 布穀ㅣ 肸ㅣ

饗 歆也 享 獻也 仝

廣 闊也 (광)[광] 枉 曲也 抑也 (왕)[왕]

往 去也 (왕) 迋 古

皇 光皃 ㅣㅣ 怳 狂皃 惝ㅣ (황)[황]

晃 明也 (황) 幌 帷幔

漾

障 隔也 塞也 (장) 墇 仝

嶂 峯也 瘴 熱病

帳 帷也 張 設也 自大

仗 兵器 倚也 (장) 杖 持也

長 度也 餘也 冗也 多也

脹 腹滿 (장)[창] 漲 泛溢

悵 失志 (창) 韔 弓室

倡 導也 唱 發歌 仝

暢 通也 瑒 圭瓚

鬯 香草 鬱ㅣ 弢弓 曏 前時 (향)[향]

藥

[illegible] 仝 柝 俗也

托 手推 拓 斥開 不耦

落ㅣ 覆姓 ㅣ跌 仝 (陌) 袥 衣衿

籜 竹皮 蘀 葉落

鐸 大鈴 (탁) 度 忖也 (遇)

⿰忄度 俗 壑 谷也 坑也 (학)[학]

臛 肉羹 ⿰月霍 仝

矐 失明 ⿰目隺 仝 (覺)

郝 扶風 地名 嗃 嚴厲 (肴)(效)

蠚 毒螫 謔 戲調 (학)

纕 佩帶 驤 馬騰 相 共也 質也
廂 廡也 湘 零陵水名 烹也 緗 淺黃
箱 篋也 翔 (샹) 回飛 祥 福也 災異
詳 (양) 審也 庠 虞學 賞 (샹) 行賈
商 金音 湯國號 裁度 仝 傷 損也 創也
殤 夭也 湯 水皃 ㅣㅣ(탕) 觴 酒巵總名
尚 主也 ㅣ書 (샹) 常 旗也 久也 經也 棣也 倍尋
裳 下衣 嘗 揬味 試也 曾也 秋祭
鱨 黃頰魚 償 酬也 還也 陽 陰之對 山南水北 明也 佯ㅣ 自得也 ㅣ(양)(뎡)
昜 仝上 仝下 暘 日出

皝 人名 晉慕容ㅣ ⿰月荒 月昏 ㅣ⿰月黨
慌 昏也 ⿰忄黨ㅣ不分明 ㅣ惚
恍 仝 增 文二十五
⿰日亢 (강)(강) 陌也 ⿰鹵亢 鹽澤
⿰酉亢 仝 ⿰月黨 月昏 ㅣ⿰月荒 (당)(당)
烺 (랑)(랑) 火皃 浪 不精 要孟ㅣ
蟒 (망)(망) 大蛇 㬊 不明 曭ㅣ
孟 不精 要ㅣ浪 (맹) 磉 柱下石 (상)(상)
騻 良馬 驌ㅣ (상) 醠 濁酒 (앙)(앙)
⿰酉央 仝 佒 體不伸 偃ㅣ (앙)

向 趨也 北牖 仝 上仝下 (샹) 嚮 對也 珦 玉名
誑 (광)(광) 欺也 誆 仝
迋 仝 (왕) ⿱狂心 詐也 惑也
曠 (광) 遠也 矌 目無珠
壙 墓穴 纊 細綿
絖 仝 撗 充也
擴 仝 王 興也 長也 盛也 保有天下 (왕)(왕)
旺 光美
暀 仝 汪 陽門 縣名 ㅣ陶

鶴 仙禽 丹頂鳥 肥澤ㅣㅣ (학)
鸖 仝 貈 似狐 善睡
貉 仝 涸 水渴 (학)
⿰冫各 凍凌 ㅣ澤 皬 鳥白 ㅣㅣ
屩 (각)(각) 草履 蹻 走皃 楚盜 ㅣ ○莊ㅣ ㅣ(교) ○驕見ㅣ
噱 (갹) 大笑
臄 口上肉 醵 合錢飲酒 (거)(갹)
䂮 (략)(략) 磨刃 ⿱㓞君 仝
掠 奪取 拂過 剠 仝
略 簡也 慧也 理也 計畫也 ㅣ 大要 大ㅣ 仝

陽

楊 椰也 械也 析ㅣ　煬 融也 鑠也　鍚 馬額飾

敭 明也　揚 擧也 仝　颺 風飛

瘍 頭瘡　痒 病也 仝　羊 柔毛 畜

徉 徙倚 徜ㅣ　佯 詐也　詳 仝 (샹)

洋 水皃 ㅣㅣ 瀾也　鴹 一足鳥 ㅣ鸉　禳 祈也 (샹)

攘 竊也 推也 除也 逐也 捋也　瀼 露多 ㅣㅣ

穰 禾莖 豐也　瓤 瓜中　勷 急遽 勯ㅣ

漿 酢也 米汁 (쟝)　螿 蟬屬　蔣 水草 菰ㅣ

將 漸也 送也 卽也 領也 奉也 ○請也 仝鏘 (쟝)　鏘 玉聲 (창)

瑲 仝　蹡 行皃　漒 水激 ㅣ山ㅣ

養

惕 放也 (탕)　倆 巧也 技ㅣ (량)

裲 衣當胷背 ㅣ襠　蟓 桑蠶 (샹)

潒 水急 漭ㅣ　晌 半刻 搏ㅣ (샹)

磢 以石去垢 (창)　迋 欺也 (광)

滉 水皃 ㅣ瀁 (황)　榥 書牀

曭 旱熱　叶 文五 ㅣ (탕)

騁 齒兩切道藏歌　炳 彼兩切郭璞贊

勇 羽兩切老子　競 其兩切毛詩

怲 彼兩切毛詩　通 無

兄 滋也 (경)　叶 文八

漾

況 發語辭 (황)　貺 賜也

增 文十三　狼 陽武 地名

莨 毒草 ㅣ菪

枊 繫馬柱 (앙)　醠 濁酒 (앙)

倉 喪也 (창)　鐋 平木器 鑢

菪 莨菪 毒草 (탕)

翃 上下不定 詡ㅣ (항)

廣 橫量 ㅣ輪 (광)　迋 勞也 (왕)

況 矧也 (황)　况 仝 寒水

竟 居亮切郭璞贊　病 被旺切黃庭經

藥

削 刮也 侵也 除也 書刀 (샥)

爍 光皃 灼ㅣ (샥)　鑠 銷金

勺 飲器 一升 (쟉)　杓 仝

芍 可離 ㅣ藥　汋 激水聲

約 纏也 檢也 誓也 儉也 簡也 期也 大率 (약)

葯 白芷　藥 治病草 (약)

躍 跳也　龠 容千二百黍

瀹 漬也 滌也 薄熟　鑰 關牡

爚 火飛 ㅣㅣ　禴 夏祭

礿 仝　籥 似笛 文舞所執

牆 垣也 (쟝) 廧 仝 墻 仝

檣 帆柱 嬙 嬪也 薔 花名 丨薇

蘠 仝 章 文也 表也 (장) 漳 上黨 水名

樟 木名 橡丨 璋 半珪 障 隔也

墇 仝 鄣 莒邑 名仝 嫜 舅姑 姑丨

麞 鹿屬 無角 獐 仝 彰 明也

張 開也 夸也 弦弓 粻 糧也 長 常也 永也 (쟝)

萇 羊桃 丨楚 腸 心肺 腑 場 除地

暘 仝 塲 俗 昌 盛也 (챵) [唱]

倡 俳優 娼 女樂 仝 閶 天門 丨闔

怲 秘旺切 詩毛 盟 眉旺切 黃庭經 猛 眉旺切 太玄 夢 莫浪切 道藏歌

映 於亮切 郭璞賦 泳 于放切 毛詩 通 無

膗 酷也 瘧 痁病

弱 劣也 (약) 蒻 蒲白

篛 竹皮 箬 仝 嫋 弱也 丨丨 (篠) 若 如也 汝也 順也 預辭 香草 杜丨 盛多 丨丨 (馬) 雀 依人 小鳥 (쟉) [작]

爵 位也 飮器 仝 爝 炬也 (嘯) 鵲 綠背白腹 乾丨 (쟉) 碏 石雜色 恭也 皵 皮皴

猎 良犬 宋丨 踖 仝 嚼 噬也 (쟉) 焯 明也 (쟉) 炤 仝 (蕭) (嘯) 灼 燒也 仝

勺 挹取 周公 樂 (작) 彴 橫木 橋略 丨 (覺) 妁 媒也 (쟉) 酌 挹也 審擇 參丨 斫 斬也 斮 仝 (覺)

繳 生絲 著弋 (篠) 禚 齊地 綽 寬也 (챡) 繛 仝上 仝下 婥 美好 丨約 逴 蹇也 (覺)

著 被服 置也 (챡) [착] (魚) (御) ○附也 黏也 殷樽 (작) 着 俗非 婼 不順 (챡) 矍 驚顧 丨丨健 皃丨鑠 (곽) [곽]

戄 仝 [확] 玃 大猿 郭 外城 (곽) 槨 外棺 椁 仝 躩 屈足 (곽)

廓 空也 (곽) 鞹 皮去毛 漷 魯水 名 (陌) 擴 張大 臒 善丹 (확) [확] 蠖 屈伸 蟲尺 丨

陽

蔃 似蓀 ｜蒲
猖 狂也 縱裂 披｜
倀 失道 ｜｜虎鬼
香 芳也 (향)[향]
薌 仝
鄉 五州
光 輝耀 (광)[광]
洸 水湧 武皃 ｜｜
胱 水腑 膀｜
韹 車橫木
匡 正也 方也 (광)
筐 筥屬
恇 怯也
眶 目匡
狂 心病 (광)
軖 紡車
尪 曲脛 弱也 (왕)[왕]
汪 池也 滉廣 ｜｜
王 君也 (왕)
荒 蕪也 廢也 大也 四穀不升 (황)[황]
肓 膈也
衁 血也
黃 地色 (황)
潢 積水 池天 河
璜 半璧
簧 笙舌
皇 君也 大也 正也 始也 盛皃 ｜｜
惶 懼也

藥

饐 味薄
矱 度也
彠 仝
韄 收絲器
彏 弓急 張(확)
霍 南嶽 武王 弟叔處所封 (확)
藿 豆葉 香草
癨 吐病
靃 飛聲 ｜｜
彍 弩滿
彉 仝
戄 驚懼 (곽)
穫 刈穀 (확)(遇)
鑊 釜屬
濩 煑也 汙也 滉廣 蠖｜ 湯樂(遇)
嬳 作態
增 文二十三
裕 裓縫 (각)[각]
剫 剔也 (락)[락]
瞙 冥也 (막)[막]
濼 陂澤 (락)(팍)[막](沃)
蠚 虺屬 (학)[학]
崿 崖也 (악)
昔 角理 錯｜ (착)[착](陌)
厝 礪石 (遇)
魄 失業落｜ (탁)[탁][박](陌)
澤 水結 洛｜ (택)
澤 潤也 星名 格｜ (陌)
劇 治木
鄗 晉邑 (학)[학](肴)(皓)
謞 崇讒慝
熇 熾也 (沃)(蕭)(屋)
蜋 蜉蝣 (락)[락]
鄀 楚邑 (약)[약]
皭 白也 (작)[작](嘯)
躇 超也 (착)[착](魚)
攫 搏也 (각)[각]
钁 大鉏
攉 奮迅 揮｜ (확)[확]
擭 捕獸機檻 (확)(禡)(陌)
叶 文十九
玊 說岳切易林
屬 說岳切班固賦
怯 乞約切易林
葉 逆約切易林
的 子藥切潘岳賦
滌 毒藥切班固賦
木 木各切馬融頌
室 施灼切易林
沃 鬱縛切夏民歌
闔 曷各切班固賦
夜 弋灼切毛詩
邑 弋灼切杜篤賦
櫟 歷各切毛詩
耄 慕各切毛詩

隍 城下池 徨 裴佪彷｜ 偟 仝

庶 職略切毛詩 藨 即略切毛詩 藉 陟略切毛詩 慘 七各切毛詩 莣 慕各切毛詩 通 無

遑 急也暇也 湟 金城水名 艎 大舟艅｜ 蝗 螽也 篁 竹叢竹田 餭 黍餳餦｜ 媓 堯女娥｜ 煌 火光｜｜ 凰 雌鳳

增 文四十一 瓬 缾也 (앙)[앙] 罡 北斗天｜ 慷 激昂｜慨 (강) 慶 福也乃也 (강)(敬) 艢 舟也 (당)[당] 儅 不遜｜突 (당) 搪 仝塞也 筤 幼竹 (랑)[랑]

踉 急行｜蹌 (랑) 汒 恩遽｜若 (망)[망] 硭 沛邑山名｜碭 杗 大梁 (망)(庚) 硭 石藥｜硝 望 月盈 挷 捍也 (방)[방] 搒 掠打 (敬) 篣 仝

蒡 藥名忍冬 綁 縛也 膀 水腑｜胱 (빵) 螃 蟹也 榜 屋斜角 (앙)[망] 庄 田舍 (장)[장] 吭 咽也 (항)[항] 桁 械也｜楊 (庚) 踉 躍也跳｜

(랑)[랑] (랑) 鸉 一足鳥｜鶬 (상)[상] 徜 裴佪｜徉 (쌍) 嫦 羿妻｜娥 霷 十月 (양)[양] 蘘 藥名｜荷 (양) 餦 黍餳｜餭 (장)[장] 桄 麪樹｜榔 (광)[광]

僙 武皃 劻 急遽｜勷 (광) 㡛 掩也練絲 (황)[황] 瑝 玉聲 (황) 騜 馬黃白 驜 仝 堭 室無壁 喤 兒泣｜聲 (庚)｜

叶 文二十二

觥 姑黃切劉楨賦 攻 姑黃切龜策傳 宮 俱王切班固銘 京 居良切班固賦 金 居良切林易 庚 居郎切毛詩 東 都郎切楊泉賦 登 都郎切林易 談 徒黃切急就篇

壇 徒黃切九歌 農 奴當切潘岳頌 兵 逋旁切毛詩 明 謨郎切九歌 猛 謨郎切太玄 民 謨陽切龜策傳 秦 玆良切林易 瞻 諸良切毛詩 身 尸羊切九章

虛 虛王切道藏歌 觀 古黃切師曠歌 完 胡光切九章 美 仲良切劉向頌 通 無

平聲 庚二十三

(庚) 文二一百十二 京 高丘大也王居 十兆憂也 ｜｜ (경)(경)
麠 大鹿一牛尾一角 麖 俗 驚 馬駭懼也
荆 楚也 庚 更也償也堅強 ｜｜ (경)
鶊 黃鳥 鶬｜ 更 改也代也 耕 犁田
明 全 卿 公之次 (킹) 輕 不重
傾 仄也寫也圮也空也 (킹) 頃 頭不正 仝
勍 強也 (깅) 黥 墨刑 鰮 海大魚 鯢 ｜｜
鯨 仝 擎 擧也 檠 燈架正弓器
檠 仝 瓊 赤玉 (깅) 璚 仝

上聲 梗二十三

(梗) 文七十七 儆 戒也 (깅)(경)
警 寤也 檠 燈架正弓器
儆 仝 景 大也明也
光也像也 (영) 暻 明也
憬 覺悟 境 界也
頸 項也 耿 介也光也
小明 ｜｜ 璟 玉光 (경)
囧 窻明 梗 直也塞也 (깅)
綆 緊也 大略 鯁 魚骨

去聲 敬二十四

(敬) 文七十三 敬 肅也恭也 (깅)(경)
竟 窮也終也 鏡 鑑也
獍 似貙虎眼梟｜ 勁 強健
繕 仝 (敬) 慶 福也賀也 (깅)(陽)
競 爭也 (깅) 竸 俗非
倞 強也 仝 (漾) 令 善也命也
長也 (령) 命 敎也使也
名也出於天 (명)(명) 柄 柯也 (병)(명)
枋 仝 (陽) 棅 仝

入聲 陌一十

(陌) 文二一百十六 佫 至也 (각)(백)
假 仝 (馬) 格 式也量也正也
究也化也來也仝上仝下 (각)(藥) 敋 鬪也
骼 骨也 髂 仝 (禡)
砮 山蔥 鬲 趙地名 (錫)
膈 心脾之間 隔 塞也
篇 竹障 革 生皮改也 (職)
綌 麤葛布 (격) 辟 君也除也 (벽)(벽)
(覓) 法也 辟也 徵也 (冊) 璧 瑞玉

薴 香草 丨苧 儜 憂也 甇 仝上 仝下
嬣 獨也 嬛 仝(先) 瞏 驚視
獰 惡也 (녕)(녕) 儜 弱也 呼聲 傖丨 令 使也 鏆聲
(령)(靑) 丨丨 (링) 明 光也 顯也 (밍)(명) 朙 古
明 仝視也 盟 涖牲 䳟 似鳳 鷦丨
鳴 鳥聲 名 號也 聲稱 洺 易陽 水名
兵 戎也 戰器 (빙)(병) 并 合也 及也 同也 絣 振繩 墨(병)
帡 幄也 軿 車馬聲丨 輷(뼝)(先)(靑)
觪 弓皃 丨丨 (싱)(셩) 騂 赤牲 仝 ⿰牛辛 仝
垶 赤土 ⿰土羍 古 餳 飴也 (씽)(陽)(靑) 罘罳

骾 仝 哽 咽塞
綆 汲索 絖 仝
傾 俄也 (경) 頃 百畝 仝
⿰絲幷 枲屬 (迥) 打 擊也 (딩)(뎡) (馬)(迥)
領 項也 統也 (링)(령) 嶺 山坂
袊 婦人上服 直丨 皿 盂屬 (밍)(명)
餅 麪餈 (빙)(병) 䴵 仝
鉼 金鈑 仝 併 和合 竝也
竝 仝 屏 蔽也 蕭牆
丙 陽火

怲 憂也 丨丨 屏 除也 棄也 (靑)
摒 仝 料理 丨擋 併 竝也 兼也
并 仝 迸 散走 (뱅)
𨒂 仝 搒 進船 (陽)(漾)
榜 仝(養)(漾) 竝 皆也 (뼝)
㼾 仝(迥) 病 疾加
性 天理 (싱)(셩) 姓 係統 生也 子丨
聖 睿也 通也 (셩) 晟 明也 熾也 (씽)
盛 多也 茂也 娍 美也
鞕 堅強 (잉)(영) 硬 仝

甓 [illegible] 壁衣 躄 跛也
碧 石次玉 青美 (靑)(漾) 擘 擗也 大指
檗 黃木 蘗 仝
僻 邪也 陋也 癖 腹病 偏好
擗 拊也 開也 ○拊心
闢 開也 椑 棺也 (支)(齊)
腊 乾肉 (시)(셕) 昔 古也 始也
夜也 仝(藥) 惜 吝也 憐也
舄 履也 磶 礎也
潟 鹹土 席 簟也 藉也 (씨)

聲 音也敎也名譽(싱)
成 就也樂一終(씽)
城 築土所以盛民
誠 無僞審也°
盛 容受薦穀粢ㅣ
郕 魯邑
筬 織具所以持經
韺 帝嚳樂(잉)[illegible]
英 華也智出萬人雲皃ㅣㅣ仝
瑛 玉光
霙 霰也雲皃
攖 觸也
嬰 孩也繫也仝
瓔 美石
纓 冠系馬鞅
瞏 充也(잉)
楹 柱也
贏 有餘
嬴 秦姓
籯 籠屬
瀛 大海°
迎 逢也迓也
營 度也軍壘往來ㅣㅣ(윙)
塋 葬地
榮 華也茂也屋翼
縈 繞也
精 眞氣專一

怲° 憂也ㅣㅣ
邴 鄭邑
昞 明也
炳 仝
昺 仝
抦 持也
秉 禾束仝
省 察也(싱)[셩](셩)
箵 小籠笭ㅣ
惺 悟也ㅣㅣ(靑)
景 明有境(깅)[illegible][명]
影 仝
郢 楚都(잉)
浧 沈也
穎 穗也錐鋩
潁 水名陽城
癭 瘤也
永 長也(윙)
井 泉也九百畝連續ㅣㅣ(징)[졍]

迎° 壻迓婦親ㅣ
暎 相照(힝)
映 仝
詠 吟也(융)
咏 仝
泳 潛行水中
禜 除災祭
醟 酗酒
淨 無垢(찡)[졍]
瀞 仝
靚 粧飾明也
靘 仝(徑)
穽 坑也
正° 平也當也
直也定也長也(징)
政 以法正民
証 諫也
遉° 邏候(칭)
偵° 問也仝
鄭 周叔友所封(쪙)

席 大也
夕 暮也
汐 夕潮
穸 墓穴窀ㅣ
釋 解也沙門(시)
嬪 嫁也
適 往也樂也安也悟也偶肰仝(錫)
奭 大也怒皃(釋)
襫 雨衣襏ㅣ
螫 毒蟲
石 山骨(씨)
祏 藏主石室
鉐 鍮也
鼫 五技鼠
碩 大也仝
射 指物而取(역)(禡)(禡)
役 使也(위)[역]
疫 癘也

靈也熟也細也 [징][정] 睛 目精 菁 三脊茅菜名蕪
丨蔓丨精英丨華丨葳兒丨丨 蜻 蟋蟀丨蛚胡離丨蛉
鶄 以睛交鵁丨 晶 精光美石水丨 旌 析羽置竿表也
旍 仝 情 意也實也 [졍] 貞 正也 [징]
楨 築具丨榦 禎 祥也 正 歲首射侯畫布
征 伐下行也索也 鉦 鐃也 脡 炙魚肉
鯖 仝 [쳥] 檉 河柳 [칭] 赬 赤色
經 仝 呈 示也露也 [졍] 程 式也限也
準也課也道里 酲 酒病 裎 裸體
珵 佩玉珩也 淸 淨也 [칭][청] 晴 雨止無雲 [졍]

靜 寂也 [쪙] 竫 安也 仝
穽 坑也 阱 仝
整 齊也 [징] 逞 快也 [칭]
請 乞也謁也扣也 [칭][청]
梬 小柹丨棗 [잉][영] 騁 馳也 [칭][칭]
礦 銅鐵樸 [광][굉] 鑛 仝
卝 仝 [황] 獷 麤惡
冷 寒也 [링][령][迥] 猛 勇也 [뮝][밍]
艋 小舟舴丨 黽 鼃也 [黽][銑]
省 禁署簡也 [싱][싱][셩]

鋥 磨劍 凊 寒也 [칭][청]
倩 借也壻也 [蒨] 請 謁也秋朝見 [쪙]
平 定物價漢官廷尉丨 [삥][평][先]
評 量也證也 敻 遠也 [휑][형]
娉 娶也 [핑][빙][靑] 聘 諸侯相問 仝
瞠 直視 [쳥][징] 瞸 俗
橫 不順理 [횡][횡] 更 再也 [깅][깅]
孟 長也始也勉也姓也 [밍][밍][養]
盟 河內邑名丨津 生 產也 [싱][싱]
諍 諫也 [징][징] 爭 仝

譯 傳言 [이] 懌 悅也
襗 彤祭 繹 理也 仝
驛 置騎 嶧 鄒縣山名
醳 苦酒 墿 街道
斁 厭也解也 [遇] 圛 回行
射 律名無丨山名姑丨 [엳][禡][禡]
亦 又也 弈 圍棊
奕 大也美也憂心丨丨累世丨葉
帟 小幕 易 變也象也
涿州水名 [寘] 蜴 蝎虎蜥丨

睲 仝 睛 受賜 抨 彈也 (핑)(평)
怦 心急 ㅣㅣ 平 正也 和也 坦也 均也 (삥)(先)
苹 蘋蕭 評 品論 量也 訂也 枰 棊局
兄 長也 (훵)(헝)(漾) 亨 通也 (힝)(헝) 脝 脹皃 膨ㅣ
珩 佩玉 (횡) 桁 屋橫木 (陽)(漾) 衡 秤也 車軛 眉上 (횡)
蘅 香草 杜ㅣ 莖 草幹
䪫 顓頊樂 觵 酒器 七升 (굉)(굉) 觥 仝 剛直 ㅣㅣ
泓 水深 (횡)(횡) 轟 羣車聲 (횡) 輷 仝
訇 大聲 訇ㅣ 鍧 鐘鼓聲 鍧ㅣ 諻 大聲
黌 學舍 (횡) 橫 縱之對 衡 仝 (형)

庚

眚 災也 杏 似梅而甘 (행)(힝)
荇 水菜 接余 莕 仝
倖 寵也 佞也 覬非望 儌ㅣ
幸 冀望 車駕所至 福喜 仝
增 文十八 熲 光也 (경)(경)(迥)
炅 光也 (경) 莄 藥名 苦ㅣ (경)
棸 樿穀 (귕)(迥) 偋 密也 斥也 (병)(병)
屛 車蔽 ㅣ星 蛃 白蟫 寎 三月 窉 俗
省 省也 (싱)(셩) 靚 妝飾 (쪙)(졍) 竫 停安 裎 裸體 (칭)
𪎭 皮厚 麥 (광)(굉) 卝 金玉樸 (굉)(굉)(굉) 蜢 蝗類 蚱ㅣ (밍)(밍) 㾪 瘦也 (싱)(싱)

梗

行 言跡 巡視 (힝)(힝)(陽)(漾)
增 文八 檠 有足几 (경)(뎡)
擎 擧也 偋 隱僻處 (병)(병)
婧 貞潔 (칭)(쳥) 詗 刺探 (형)(迥)(횽)
掙 刺也 (징)(쳥) 幀 畫幅
橙 仝 叶 無
通 韻一 徑 二十五去

敬

場 疆也 逆 不順 迎也
積 襞也 (지)(젹) 積 聚也 仝 (寘)
磧 水渚有石 沙ㅣ 迹 步處 前人所留
跡 仝 蹟 仝
鯽 似鯉 色黑 鰿 紫貝 仝
借 假也 (禡) 踖 敬皃 踧ㅣ
耤 王田 (쪄) 籍 簿書 仝
藉 雜亂 狼ㅣ 盛也 ㅣ甚 (禡)
炙 炮肉 (지)(禡) 摘 手取 (젹)(錫)
謫 責也 讁 仝

陌

鐄 大鐘 宏 大也 閎 衖門 仝
紘 組也冕飾 維也八ㅣ 竑 度也
鈜 金聲 翃 飛皃ㅣㅣ 嶸 山峻 崢ㅣ
谹 仝 鍠 鐘鼓聲ㅣㅣ 喤 喧也 泣聲
ㅣㅣ 賡 續也 ㅣ載 羹 臛也 和五味
仝(陽)
秔 稻不黏 粳 俗 阬 塹也
坑 仝 牼 牛膝骨 誙 羣ㅣㅣ
硜 小人ㅣㅣ 䃘 仝 鏗 金石聲 ㅣ鏘
盲 無瞳 宲 屬梁(陽) 蝱 齧人蟲
蝱 仝 氓 民也 甿 仝

行 巡視(陽)(漾) 叶 無 通 韻一 迥 二十四上 赤 南方色 空盡 脊 背也
蹐 小步 刺 穿也撥也黥也 ㅣㅣ刃之 拏舟私語 塉 薄土 瘠 瘦也 隻 一枚
摭 拾也 拓 仝(藥) 蹠 履踐 足下 跖 仝 尺 十寸 蚇 屈伸 蠖ㅣ
斥 指也開也逐也 望也澤鹵鹹地 擲 投也 擿 仝(錫) 躑 跳皃 ㅣ躅 蹢 仝(錫)
虩 懼皃 ㅣㅣ 赫 明也赤也盛也 ㅣㅣ 爀 火色 嚇 怒也 戟 有枝兵
撠 挶持 隙 壁孔 閒也 郄 仝 郤 姓也 仝 屐 木履 谻 倦也
劇 甚也 仝 搹 捉也 益 增也 嗌 喉也 齸 麋鹿粻 膉 肥也
⿰益阝 地名 虢 所封 ㅣ仲 蟈 鼃屬 ㅣ螻 幗 婦人冠巾 ㅣ 摑 打也 敋 仝
馘 截耳 砉 皮骨聲 騞 仝 湱 波激聲 嚍 言聲 ㅣㅣ 劃 刻也
攫 手取 畫 界也分也書也 止也計也 獲 得也 客 賓也 揢 手把

庚

萌 草芽 甍 屋棟所以承瓦 鄳 江夏縣名
生 産也出也不熟語辭 笙 匏音
牲 牛羊家犧 鉎 鐵衣 甥 姊妹子女壻
鼪 鼬鼠 猩 似猿能言 狌 仝
鸎 黃鸝 鶯 仝文皃 鸚 能言鳥鸚鵡
嚶 鳥聲 櫻 含桃 罌 缶也
甖 仝 罃 仝 嫈 好皃
爭 競也辨也 箏 絃樂 丁 伐木聲
錚 金聲 琤 玉聲 崢 山峻崢嶸
[illegible] 仝 鐺 鼎類 鎗 金石聲鏗鎗 仝

陌

陌 田間道 貊 北方夷靜也 麥 來麰 衇 血絡 脈 仝 脉 俗
脈 哀視相視 覛 仝 霢 小雨霢霂 驀 越也 貘 似熊食鐵 百 十十
伯 長也 柏 椈也向陰指西 栢 俗 迫 逼也 苩 藍也 [illegible] 井甃
拍 打也 珀 松脂所化琥珀 霸 月始生 魄 人生始化 仝 白 西方色告也
帛 繒也 舶 海舟 索 求也盡也法也 愬 驚懼 槭 隕落
摵 俗非 梀 梀也 溹 小雨 嘖 幽深 齰 齧也 齚 仝
咋 仝 戹 災也 厄 仝 阸 限也塞也礙也迫也仝 阨 仝
軶 轅端橫木 軛 仝 搤 握也 捉 仝 扼 仝 餩 飢也
啞 笑聲 腋 肘間 掖 持臂仝上仝下 袚 大衣縫 液 津也 額 顙也
額 仝不息 詻 論訟 迮 起也迫也 窄 狹也 柞 除木 笮 矢服

槍 彗星欃ㅣ (陽) 瞠 直視 棖 楔也 (정)
橙 橘屬 (橙) 傖 賤稱 繃 束也 (붕)(븽)
綳 仝 棚 仝 祊 廟門祭
閍 宮門仝 伻 使人 烹 煮也 (퓡)
亨 仝 (형) 砰 水石聲ㅣ磞 磅 地形ㅣ礴 (陽)
澎 水聲ㅣ湃 棚 棧也 (붕) 輣 兵車
弸 弓強 (蒸) 騯 馬盛ㅣㅣ 彭 鼓聲ㅣㅣ
盾也ㅣ排仝 (陽) 行 步也往也路也用也運也五ㅣ (항)(힝)(陽)(漾)
增 文三十八 儜 小言 (닝)(녕) 鬇 髮亂鬇ㅣ
栟 椶也ㅣ櫚 (빙)(병) 宬 藏史所 (씽)(셩) 濙 水聲ㅣㅣ (잉)(영)

舴 小舟ㅣ艋 咋 大聲 (식)(禡) 諎 大聲 唶 仝 鳥聲ㅣㅣ (禡) 責 誚也求也任也望也迫取 (卦)
簀 牀棧 簟也 幘 覆髻 嘖 爭言 讀 仝 磔 裂也 冊 編簡 (최)
策 仝 謀也馬箠 葉聲ㅣㅣ 筴 仝 (葉) (洽) 筞 仝 柵 寨也 編木 蹜 磨豆
墌 裂也 坼 仝 拆 俗 宅 居也 (딕) 擇 選也 睪 仝
澤 陂也恩也潤也濯也 (樂) 翟 河南縣名陽ㅣ ㅣ姓也 (錫) 瞁 考事慘刻 穀穅不破 (뎍)(뎍)
核 果子 仝 (月) 絯 大絲 (蟹)(灰) 輅 車前木 輅 仝 (遇) 翮 勁羽 增 文三十五
挌 擊也 (긱)(격) 骼 有枝角 薜 山麻 (빅)(벽)(霽) 捭 開也折也 (蟹) 霹 迅雷ㅣ靂 (빅)(錫) 鷿 似鳧ㅣ鷈 (皿)
釋 淅米ㅣㅣ (시)(셕) 縌 綬系 (이)(역) 睪 伺視 蹐 踐也 (지)(젹) 鶺 雝渠ㅣ鴒 (지)(젹) 墌 基址 (지)
跅 無檢ㅣ弛 (탁) 彳 小步ㅣ亍 謚 笑皃 (寘)(익)(익) 虢 水裂ㅣㅣ (귁)(괵) 膕 曲膝 劃 破聲 (획)(획)
諫 速也 嫿 好皃 (卦) 嚄 多言ㅣ唶 纑 乖戾ㅣ緯 (卦) 攂 擘也 纗 佩刀絲 (遇)

瑩 瑱也 琇｜ (迥)(徑) 蠑 守宮 ｜螈 佂 懼皃 ｜營 (징)(정)

絚 馬飾 鵛 題肩 蟶 蚌屬 (칭)

遉 邏候 偵 仝 圊 溷廁 (칭)(청)

訇 大聲 ｜訇 (굉)(횡) 坪 大野 (평) 薨 蟲飛 ｜｜

(훙)(훙) (蒸) 颵 暴風 (훙) 吰 鐘鼓聲 ｜噌

谹 谷響 宖 網綱 紘 仝 宏 屋響 彋 弓聲 嫇 姎婦 嫈｜ (밍)(밍) 黽 楚地 隘｜ (軫)(銑) 譻 小言 ｜譻 (잉)(잉) 猙 似狐有翼 (징)(징)

玎 玉聲 ｜玲 (青) 橕 邪柱 (칭) 樘 古 撐 俗非 掁 觸也 (칭) 鬡 髮亂 ｜鬡 甹 驅馳 ｜｜ (빙)(핑)(陽)(漾) 儚 不得己｜

｜陽 (漾) 蟚 似蟹 ｜蜞 (팽) 膨 大腹 ｜脝 叶 文十一 弓 姑弘切 九歌 夢 莫藤切 揚雄賦 中 諸仍切 易 延 於營切 揚雄賦 楊 以征切 馬融賦

年 奴京切 哀時命 天 佗經切 易 令 古靈切 詩毛 均 諸盈切 離騷 奠 唐丁切 考工記 悶 眉兵切 易 通 韻二 青 二十四平 蒸 二十五平

平聲 青二十四

上聲 迥二十四

去聲 徑二十五

入聲 錫十二

喀 欬聲 ｜｜ (킥)(긱) 𡁸 吐聲 駱 驢父牛母 駃｜ (킥)(긱) 百 勵也 行杖道 驅五｜ (벽)

莫 靜也 定也 (遇)(藥) 佰 百人長 (빅)(벽) 夜 東海縣名 (이)(여)(禡) 嶅 山高 ｜｜ (익) 蚱 蝗類 ｜猛 (작)(적)

坧 丘也 (척) 格 抵捂不入扞 ｜ (흑)(힉)(격)(藥) 叶 文十一 局 訖力切 詩毛 凝 鄂力切 楚詞

峉 鄂力切 易林 代 湯得切 太玄 背 必益切 詩毛 法 非律切 漢書 蠹 常隻切 易林 意 乙力切 天問

又 夷益切 詩毛 異 逸職切 詩毛 來 錄直切 詩毛 通 韻二 錫 十二入 職 十三入

青 文八十九
經 織縱絲常也 過也 書也 營也 界也 (경)[뎡]
涇 安定水名
扃 關也 (경)
駉 馬皃 ||
坰 郊也
寧 願詞 安也 何也 (녕)[닝]
丁 當也 盛也 民夫 (뎡)[딩](庚)
釘 鐵尖 矛名 鈴|
玎 玉聲 (庚)
仃 獨行 伶|
行 仝
汀 水際 (텽)
鞓 皮帶
綎 綬也
絰 仝
亭 旅館 泰安山名 云|聳立|| 化也 至也 (뎡)
渟 水止
停 止也
婷 好皃 娉|
娗 仝 (銑)(霰)
廷 朝位 正也
庭 門內 直也
霆 疾雷
莛 草莖
筳 竹片

迥 文五十五
熲 光也 (경)[딩](梗)
剄 刎也
謦 小欬 (경)
綮 筋肉結處 肯|(薺)
檠 檠轂 (경)(梗)
絅 仝
顈 似苧 仝上 仝下
褧 仝 (梗)
苘 仝
蘔 俗
⿰寧頁 頂顚 (녕)[닝]
濘 泥也
頂 顚也 (뎡)[딩]
酊 醉皃 酩|
艼 仝
打 擊也 (馬)(梗)
鼎 烹飪器
挺 拔也 (뎡)

徑 文六十三
徑 小道 (경)[깅]
逕 仝
俓 直也 仝
經° 織縱絲縕也
罄 盡也 (경)
磬 石樂 騁馬 僂折 縊也 激事 掉|
謦° 小欬
甯 願詞 姓也 (녕)[닝]
濘° 泥也
佞 捷給 諂也 才也
訂° 平議 (뎡)[딩]
矴 錘舟石
釘° 金鈑
飣 貯食 |餖
顁 額也
定 營室星 熟肉 仝
○安也 汝也 止也 (뎡)
錠 有足豆

錫 文一百十三
激 疾波 (격)[긱]
擊 打也
墼 土塼
鶪 伯勞 (격)
⿰馬狊 仝
鷁 仝 鷁 語| 舌 (鬲)
闃 靜也 (격)
惄 心飢 (닉)[니]
愵 憂也 仝
嫡 正室 (뎍)[디]
適 從也 親也 專也 主也 仝 (陌)
鏑 箭鏃
滴 水點
樀 檐也
蹢 蹢也 (陌)
甋 塼也
的 明也 實也 帳中
菂 蓮子 (藥)

蜓 赤卒蜻｜(銑) 靈 神也(령)[령] 霛 古
櫺 檻也 醽 美酒｜醁 蠕 桑蟲螟｜
蛉 仝赤卒蜻｜ 䑫 舟有總 舲 仝
蘦 甘草 苓 仝藥名茯｜ 令 使也鐶聲
｜｜複姓 ｜狐(庚)(敬) 泠 凉意泉聲｜｜ 齡 年也
鈴 鐸也 聆 聽也 玲 玉聲｜瓏
軨 獵車 鴒 雝渠鶺｜ 翎 鳥羽
瓴 似瓶仰瓦 囹 獄也｜圄 笭 漁具｜箵
零 落也餘也(先) 蕶 草落 澪 水名
冥 暗也(밍)[밍] 暝 俗 溟 海也
青

梃 杖也 艇 小船
鋌 銅鐵成片 珽 大圭
侹 長也 頲 直也
訂 平議 町 田區畔埒｜疃
酩 醉皃｜酊(밍)[밍] 茗 晚茶仝
鞞 刀室(빙)[빙](齊) 琕 仝
頩 斂容(핑) 竝 比也皆也
倂也相扶近也(삥)(漾) 並 仝(敬)
醒 醉解夢覺(싱)[싱] 熒 聽惑(횡)[횡]
瑩 仝(庚) 濙 小水洴｜
迥

庭 激過逕｜(뎡) 廷 朝位正也(뎡)
暝 夕也(밍)[밍] 瞑 目閉(先)(霰)
醒 醉解夢覺(싱)[싱] 靘 青黑(찡)[찡](敬)
掅 捽也(칭)[칭] 聽 聆也待也
謀也從也(딩)[딩] 鎣 飾也磨也(횡)[횡]
瑩 潔也玉色(庚) 瀅 小水
脛 脚也(힝) 亙 通也(긍)[긍]
恆 月弦偏也(蒸) 緪 急張(蒸)
堩 道也 鐙 馬鞍足踏
豆跰(등)[등](蒸) 隥 梯也
徑

菂 仝 馰 馬白額
靮 馬韁 弔 至也(嘯)
弔 俗(嘯) 逖 遠也(뎍)
逷 古 敵 當也仇也
匹也拒也(띡) 狄 北方曰｜樂吏
荻 萑也 翟 雉也后服(陌)
籊 竹皃｜｜ 糴 市穀
籴 俗 迪 進也順也開也
頔 好也 笛 管樂
遾 仝 覿 見也
錫

螟 食禾蟲 蓂 知時草ㅣ莢 銘 志也
荓 草名馬帚人名趙青ㅣ使也 (핑)(평) 竮 行不正竛ㅣ
甁 汲器 (삥) 缾 仝 洴 漂澼ㅣ澼
屛 蔽也ㅣ風雨師ㅣ翳 (梗)(敬) 星 萬物之精
點點ㅣ ㅣ (싱)(셩) 鯹 魚臭 腥 生肉仝
胜 仝犬膏臭 醒 醉解夢覺 惺 了慧ㅣ憽 (梗)
青 茂也 ○東方色 (칭) ㅣㅣ (징)(쳥) 聽 聆也受也
從也 (팅)(텽) 廳 治官事處ㅣ 萍 蘋也 (삥)(평)
馨 香遠聞語辭 寧ㅣ (힝)(형) 形 象也體也 (형)
刑 法也 侀 成也 硎 砥石

瀅 仝水澄 詗 明悟知處
告 (敬) 脛 腳也 (혀)
踁 仝 逈 遠也 (경)
逈 俗非 洞 寒也仝
炯 光也 肯 骨閒肉可
也 (징) (긍) 冋 仝
肎 仝 等 齊也輩也
綴也待也 (딩)(등) 拯 救也 (징)(증)
軿 軿車 冷 寒也 (링)(령) (梗)
婞 狠也ㅣㅣ (헝)(헝) 悻 仝

嶝 小坂仝 磴 仝
墱 飛陛 鄧 南陽州名 (띵)
蹬 失道蹭ㅣ 堋 窆也 (븽)(븡) (蒸)
塴 仝 勝 優過鳥名
戴ㅣ婦人首飾 (싱)(승) (蒸) 榺 織機
乘 車也史也雙物四數 (싱) (蒸)
甸 治也仝 (徵) 嵊 剡縣山名
凝 止水水堅 (잉)(응) (蒸)
應 答也當也小鞞王門 (잉) (蒸)
甑 鬵屬 (징)(증) 贈 送遺 (찡)

歷 經也 (리)(력) 曆 數也象也仝
靂 迅雷霹ㅣ 瀝 餘滴滲也
癧 瘰癧也 䍥 煙火羃ㅣ
櫟 柞屬 櫪 仝馬皂
皪 白皃的ㅣ 𤾢 仝
轢 車踐 礫 小石
瓅 珠色玓ㅣ 躒 動也
酈 南陽縣名姓也 鬲 鼎屬 (陌)
鑉 仝 覓 求也 (미)(먹)
塓 塗也 冪 覆也

靑

鉶 羹器
型 鑄法
邢 周公子所封
鈃 (先) 酒器
陘 山絶
娙 女官
滎 河南水名
熒 光也ㅣㅣ
螢 腐草所化丹鳥
濴 洄旋瀠ㅣ
㑥 行不正伶ㅣ (핑)[빙]
增 文二十八
絅 急引捕魚 (띵)[뎡]
嚀 囑詞叮ㅣ (닝)[녕]
叮 囑詞ㅣ嚀 (딩)[뎡]
疔 毒瘡
桯 牀前几 (팅)
㹢 猿屬 (띵)
鼮 豹文鼠
葶 大薺ㅣ藶
鄳 長沙縣名 (링)[령]
䍅 大羊
麢 仝
羚 仝
伶 樂人
竛 行不正ㅣ竮
彾 仝獨行行ㅣ
昤 日光ㅣ曨
朎 月光ㅣ朧

迥

涬 自肰溟ㅣ
脡 脯朐 (띵)[뎡]
瞑 閉目 (先)(霰)
叶 無
通 韻一
增 文四
溟 自肰ㅣ涬 (밍)[명]
殑 欲死ㅣㅣ (싱)[승]
榎 二十三上
稱 愜也副也擧也等也衣單複具仝 (蒸)
謍 仝 (送)(東)
增 文十四
另 別異 (링)[령]
零 落也 (先)
騰 帶囊 (띵)(蒸)
凌 氷室 (릥)[릉](蒸)
鱦 魚子 (씽)
譍 以言對 (힝)[응](蒸)

徑

證 驗也 (징)
興 悅也比也感物而發意ㅣ況 (힝)[흥](蒸)
凭 依几 (삥)[빙](蒸)
孕 懷妊 (잉)[잉](震)
媵 從嫁
賸 增加 (싱)
剩 俗非
瞪 直視 (찡)[징]
秤 衡也 (칭)[칭]
懜 不明ㅣㅣ悶 (밍)[밍](東)
[illegible] 一足行 (깅)[뎡]
寧 如何ㅣ馨 (닝)[녕]
凳 牀屬 (딩)[등]
橙 仝 (庚)
稜 田片 (링)(蒸)
蕂 胡麻苣ㅣ (싱)[승]
蹭 失路ㅣ蹬 (칭)[층]
賸 餘也 (잉)(씽)[싱]

錫

冪 仝
鼏 鼎蓋仝
幎 幔也仝
幭 車覆
幭 仝
[illegible] 仝
幦 髹巾仝
汨 長沙水名 (月) ㅣ灑
壁 垣也軍壘 (비)[벽]
鼊 似龜
繴 鳥網
霹 迅雷ㅣ靂 (픠)(陌)
劈 剖也
澼 漂也
甓 瓴甋 (삐)
緆 細布 (시)[셕]
錫 鉛類賜也
裼 袒衣裘單 (霽)
析 分也破木

怜 慧皃 (先) 毨 毛結 榠 似木瓜｜
樝 (밍)[명] 瞑 翕目 (先)(霰) 鄍 晉邑
軿 輕車 (삥)[뼝] (先)(庚) 駢 齊邑 (先) 郱 齊地
簈 車蔽 簈｜ (싱)[셩] 鯖 青色魚有枕骨 (칭)[쳥] (庚)
娉 美好｜婷 (핑)[빙] (敬) 叶 無
通 韻二 庚二十三平 蒸二十五平

叶 無 通 韻一 敬二十四去
淅 汰米 雨聲｜瀝 蜥 蛇醫｜蜴
晳 人白 晢 仝 艗 青雀舟 (이)[익] 鷁 似鷺而大 仝 鶂 仝鵝 鳴｜｜ 鷊 綬草 旨也
勣 功也 (적)[젹] 績 緝也 仝 寂 靜也 (쩍) 宗 仝 慼 憂也 (칙)[쳑] 慽 仝
戚 親也 仝上 仝下 鏚 斧也 墄 階甃 鼜 夜戒鼓 倜 不羈｜儻 (틱)[텩] 俶 仝 (屋)
惕 敬也 憂懼 怵｜ 悐 仝 踢 足蹴 剔 解肉 趯 跳也 ｜｜ 瞁 失意視
滌 灑也 除也 (띡) 踧 行平易｜｜ (屋) 鬩 鬪也 (힉)[혁] 矜 矛也 欯 笑聲 殈 卵裂 (흑)
檄 長牒 羽｜ (혀) 覡 男巫 喫 食也 (기)[긱] 毄 勤苦 用力 仝 溺 没也 (니)[닉] (嘯) 增 文二十 狊 張翅 犬視 (격)[격] 湨 河內 水名 鼳 小鼲長須而賊
商 木根 果蒂 (디)[뎍] 妬 女無子 (遇) 玓 珠色 ｜瓅 摘 挑發 拓果 (틔) (陌) 擿 仝 (陌) 嚁 嘯聲 (띠) 逐 馳皃｜｜ (屋) 䍽 山羊 羖｜ (릭)[력] 藶 大薺 葶｜
䴬 齒病 蓂 大薺 菥｜ (미)[멱] 菥 大薺 ｜蓂 (시)[셕] 霓 雌虹 (齊) (이)[역] 鷊 吐綬鳥 硩 挑擿 周官名 ｜蔟氏 (티)[텩] 焱 火焰 ｜｜ (흑)[혁] 砉 皮骨相離聲 (陌)
叶 無 通 韻二 陌 十一入 職 十三入

平聲 蒸二十五

蒸 文一百二 薨 奄也 兢 戒也 ||
矜 矛柄 憐也 飾也 驕也 仝 眞 刪 搄 引急 긍
揯 仝 緪 大索 縆 仝 徑
能 善也 勝任 능 릉 灰 隊 登 升也 熟也 등
登 瓦豆 甑 仝 燈 錠中 置燭
鐙 古 徑 灯 俗非 簦 笠蓋
毲 罽也 毾毲 騰 馳也 躍也 등 滕 口說 魯附庸
縢 橐也 徑 螣 神蛇 謄 移書
縢 緘也 藤 藟也 [疒+縢] 痛也

入聲 職十三

註 漿 酨醋水也 醷梅漿也 濫雜糗飲之屬和水也 以酏爲醴 醴釀粥爲醴也 黍酏以黍爲粥也

職 文一百三十七 德 行道有得 四時旺氣 惠也 덕 悳 仝 嶷 小兒有識 | 의 억 支
億 十萬 安也 度也 供也 억 臆 胷也 意也 憶 念也 醷 梅漿 紙 檍 杻也
繶 履縫 中紃 薏 蓮心 寘 抑 按也 屈也 發語 謹密 || 力 筋也 勤也 력 屴 山貌 崱|
逼 迫也 驅也 핍 偪 仝上 仝下 幅 行縢 屋 愊 至誠 悃| 稫 禾密 稯| 堛 土塊
楅 持牛 |衡 屋 副 析也 宥 屋 疈 仝 祭名 辜| 㷭 火乾 煏 仝 愎 狠也
域 界也 역 棫 木叢生 樸棫 緎 裘縫 淢 疾流 蜮 沙蝨 罭 魚網
閾 門限 陟 升也 척 赩 大赤 혁 奭 仝 陌 衋 傷痛 侐 靜也 혁
洫 田溝 淢 仝 或 疑辭 未定 혹 惑 迷也 國 邦也 국 革 急也 극 陌
棘 小棗 有刺 仝 襋 衣領 亟 疾也 寘 訹 訥也 殛 誅也 極 急性

疼 仝 夌 越也(릉)[룽] 倰 仝
陵 大阜 轢也 仝 ⿰月夌 冰室(徑) 凌 仝
淩 臨淮水名 綾 紋繒 蔆 芰也
菱 俗 楞 柧也 四方木(릉) 棱 仝
稜 仝(徑) 掤 箭筩蓋(빙)[붕] 崩 山壞 天子沒(붕)
朋 友也 五貝(붕) 堋 射埒(徑) 鵬 大鳥
僧 沙門(싱)[승] 鬙 髮亂 鬅ㅣ 昇 日升(싱)
升 十合 仝上 仝下 陞 登也 勝 擧也 堪也(徑) 骰子 瓊ㅣ
繩 索也 直也 彈治 衆多ㅣㅣ(싱) 澠 臨淄水名(彰)(銑) 但也 匹也(뎌)
承 奉也 丞 佐也 凝 結也 成也

克 勝也(극) 剋 仝 損削 ⿰衤戒 衣裾 極 中也 至也 終也 窮也(끅) 得 獲也 合也(득)[더]
勒 馬頭絡銜 抑也 刻也(륵)[러] 肋 脅骨 扐 揲蓍 仂 什一 玏 石次玉 瑊ㅣ
泐 石解 泐 俗 墨 煤也 黥也 貪也 度也 五尺(믁)[머] 默 靜也 不語 嘿 仝
纆 兩股索 冒 貪也 干也 單于名ㅣ頓(묵) 北 朔方(븍)[뵈](隊) 匐 伏地 匍ㅣ(뿍)(屋) 菔 菜名 蘿ㅣ(屋)
蔔 仝 梔子 薝ㅣ 踣 僵也(宥) 僰 西南夷 即 就也 舍也 今也 只也(즉)[지] 喞 多聲 ㅣㅣ(質)
堲 疾也(質) 則 法也 助辭(즉) 賊 盜也 害也(즉) 蠈 蝗也 崱 山皃 ㅣ屴 昃 日在西(즉)[저]
昗 仝 仄 不正 仝 側 傍也 仝 測 度也(측) 惻 愴也 畟 進也 ㅣㅣ
忒 差也(특)[터] 慝 惡也 貸 借也(隊) 貣 仝 特 一牲 獨也
螣 蝗也 蟘 仝 黑 北方色(흑)[희] 匿 隱也(닉)[니] 㥾 內愧(質)
息 呼吸 止也 生也 養也(식)[시] 熄 滅火 式 法也 發語(식) 拭 刷也 軾 車前木

蒸

定也嚴整 (잉)(응)(徑) 應 當也料度之 辭姓也 (잉)(徑)

膺 胷也受也 擊也仝 譍 荅言 (徑)

鷹 爽鳩 ⿰虫鷹 寒蟬 蠅 逐臭飛蟲 (잉)

增 益也 (징)(증) 曾 姓也重也 (증) 憎 疾也

矰 田矢丨繳 ⿰曾戈 仝 罾 魚網有機

橧 聚薪以居丨巢 烝 炊也君也衆也進也厚也冬祭語辭婬也 (징)

蒸 炬也薪也 仝 ⿱艹丞 仝 ⿰月丞 牲實鼎

脀 仝 塍 畦也坪也 (찡) ⿰月⿱𠔉田 仝

乘 駕也登也跨也 因也治也 (徑) 椉 仝

層 級也 (찡)(층) 曾 嘗也乃也經也 則也反辭仝 (증)

職

杙 木局 飾 裝也 識 知也 (寘) 寔 實也 (씨) 湜 水清丨丨 殖 生也

植 置也栽也 (寘) 埴 黏土 (寘) 食 殽也啗也 (寘)(寘) 蝕 侵蝕 弋 繳射 (익)(익) 黓 黑也歲壬玄丨

杙 橛也 釴 鼎附耳 翌 明日 翼 翅也 仝上 仝下 翊 輔也 廙 行屋

稷 黍屬 (지)(직) 職 執掌主也多也 也丨丨 (지) 織 經緯相成 (寘) 樴 杙也 稙 早種禾

直 正也伸也 (찌) 敕 誡也 (치)(칙) 勅 仝 飭 整備 仝 ⿱敕鳥 水鳥鸂丨 ⿹式鳥 仝

鶒 仝 刻 鏤也 (긔)(긕) 塞 窒也 (隊)(싀)(싁) 色 顏氣五彩 (싀) 嗇 愛惜 穡 農也稼丨

劾 推窮彈治 (劾)(힉)(卦)(隊) **增** 文十九 疑 正立 (의)(읙)(支)(物) 薿 茂也丨丨 (紙) 嶷 角兒丨丨 (支)

湢 浴室 (비)(벽) 腷 意不泄丨 膊腷 (腷) 可 突厥酋丨汗 (긔)(극)(哿) 艻 香草蘿丨 (릐)(륵) 万 蕃姓丨俟

(믜)(믁)(願) 蝍 丨蛆 蜈蚣 (지)(즉) ⿰火卽 燭燼 鰂 烏賊魚 (四) 鱡 仝 萴 藥名一歲附子

稄 禾密 稫丨 (직)(즉) 廁 側也 (치)(寘) 媳 子婦 (시)(식) ⿰月息 寄肉 膱 脯脡 (시)(직) 濇 不滑 (싀)(식)

嶒 山皃 峻ㅣ 繒 帛也 鄫 姒姓國

叶 無

通 韻二 陌入十一 錫入十二

興 起也作也盛也 冰 水凍 砅 水石聲 凭 依几 憑 依也 馮 乘也相視仝 上仝下東 淜 徒涉

仍 因也洊也 陾 築聲ㅣㅣ 徵 驗也名也成也明也 澂 清也 澄 仝 懲 戒也創也 憕 心平 稱 銓也揚也擧也言也

倗 仝 僜 不著事ㅣ倰 恒 常也北嶽ㅣ山 肱 臂也 厷 仝 鞃 軾中靶 弘 大也

增 文十四 鼟 ㅣㅣ鼓聲 䉕 ㅣㅣ蟲聲 輘 轢也車聲ㅣ輷 鯪 穿山甲ㅣ鯉 弸 弓強 鬅 髮亂ㅣ鬙 㗽 空嚚弘ㅣ

䎖 翥也 騬 犗馬 艿 新舊草 扔 仝 癥 腹瘕 姮 羿妻ㅣ娥 軦 ㅣㅣ車聲

叶 無

通 韻二

庚二十三平 靑二十四平

平聲 尤二十六

尤 文二百四十九 句 曲也太伯所居吳外國高ㅣ驪夏后 勾 俗 鉤 鐵曲懸物劒也 軥 車

上聲 有二十五

有 文一百四十一 苟 誠也纔也但也草率ㅣ且 耇 老壽 笱 取魚器 枸 苦杞

去聲 宥二十六

宥 文一百六十六 冓 交積材 構 架也成也合也 購 以財求 媾 重婚和也 覯 見也

尤

枸 曲木 (虞) 篝 熏籠 溝 水瀆
韝 臂衣 緱 劒頭飾 鴝 鸜鴝聚也 (뀨)
彄 弓端 (쿠) 摳 挈衣摳也 (虞) 丘 阜也聚也 大也四邑 (큐)
求 索也 (뀨) 俅 冠皃 ｜｜恭順
球 美玉 玉磬 璆 仝 賕 贓也
銶 鑿屬 觩 角皃 觓 仝
捄 長皃 仝 (虞) 絿 急也 求也 紈 仝
毬 鞠也 裘 皮衣 逑 匹也
仇 讎也 仝 厹 三隅矛 叴 氣高 仝
頄 顴也 (支) 艽 荒野 (丑)(肴) 兜 首鎧 (두)(둑)

有

狗 犬也 垢 滓汙所集 久 暫反 (규)
玖 黑石 灸 灼也 九 數 老陽
韭 葷菜豐本 口 所以言食 (쿠) 扣 擊也
叩 問也 仝 詬 仝 釦 金飾器口
糗 乾飯 (큐) 臼 舂也 (뀨) 舅 母之兄弟
妻父 夫父 咎 愆也 災也 (豪) 謗 毀也
㲉 乳也 (누)(녹) 穀 仝 (屋) 斗 十升 (두)(둑)
㪷 俗 科 柱上木 (虞) 蚪 蝌｜
阧 峻也 陡 仝 黈 冕旁纊 纊｜ (두)
斢 仝 塿 小阜培｜ (루)(릏) 簍 籠也

宥

遘 遇也 彀 張弓 句 拘也 辦也
｜當 (虞)(遇) 勾 俗 雊 雉鳴
姤 遇也 救 護也 (쥬) 捄 仝 (虞)
究 窮也 灸 灼也 疚 病也
廄 馬舍 寇 賊也 (쿠) 扣 擊也
鷇 鳥子 舊 故也 (뀨) 柩 棺也
匶 古 耨 耘也 (누)(녹) 鎒 仝
譳 不能言譳｜ 梪 木食器 (두)(둑) 荳 仝
豆 仝上 仝下 荳 菽也 脰 項也
逗 止也 酘 重釀 竇 穴也

頭 首也(두) 婁 空也星次降ㅣ(루)[루](虞)
樓 重屋 摟 牽也 髏 首骨髑ㅣ
慺 謹敬ㅣㅣ(虞) 膢 立秋祭貙ㅣ(虞) 螻 土蟲有翅
ㅣ蛄蛙也ㅣ蟈 蔞 似艾白色(虞) 矛 鉤兵(무)[무]
鍪 兜也 鞪 仝 蟊 食苗蟲
麰 大麥 牟 大也牛鳴 仝 侔 等也
眸 目瞳 蛑 大蟹蝤ㅣ 謀 計也
繆 絲千累纏綿綢ㅣ(무)(屋) 裒 聚也(부)[부]
掊 仝把也 抔 手掬 捊 仝
掊 仝 䳕 戴勝鵖ㅣ(부) 不 未定 仝(物)

母 嬢也(무)[무] 拇 手大指 踇 足大指
鵡 能言鳥鸚ㅣ(虞) 畮 步百 畝 古
畒 仝 牡 雄也 某 代名
莽 毒魚草粗率鹵ㅣ(虞)(養) 剖 判也(부)[부]
掊 擊也 仝 培 小阜ㅣ塿(뷔)(灰) 部 統也界也(虞)
蔀 障明小席閏餘一ㅣ首(虞) 瓿 小甖
缶 盎也(부) 缻 仝(江) 否 不肰不臧(紙)
不 仝(物) 負 背荷不償背恩恃也(부)
偩 依也 仝 婦 士妻 媍 仝
阜 土山厚也盛也 叜 老稱(수)[수] 叟 俗

竇 仝(虞) 讀 文絶處句ㅣ(屋) 陋 疏惡(루)[루]
鏤 剛鐵刻也(虞) 瘻 久瘡(虞) 漏 泄也穿也
屋西北隅壺水知時 戊 十幹之中(무)[무] 茂 盛也
楙 木瓜 仝上 仝下 懋 勉也 愗 愚皃怐ㅣ
袤 延亙南北 瞀 無識ㅣㅣ(遇) 貿 交易 仝
謬 誤也(뮤) 繆 戾也錯也紕ㅣ姓也(屋)
富 豐財厚也(부)[부] 輻 競聚輳ㅣ(屋) 副 貳也稱也
首飾步搖(屋)(職) 覆 蓋也(屋)伏兵(부) ○
仆 頓也(遇) 踣 仝(職) 復 又也(부)[부]
複 重也 仝(屋) 伏 鳥抱卵(屋) 漱 蕩口(수)[수]

九

尤

紑 衣潔 芣 車前草｜苢 罘 兔罟 罘也 ｜罳
浮 泛也 盛皃 ｜｜ 蜉 蟻也 蚍｜ 罦 覆車 網
枹 鼓槌 桴 仝 屋棟 涪 廣漢 水名
掫 取也 鋑 刻鏤 鏉 仝
捘 索也 搜 俗 廋 匿也
廋 俗 溲 尿也 涭 俗
颼 風皃 ｜飀 蒐 春獵 獀 仝
獀 俗 䐹 乾魚 鱐 仝
牛 耕畜 區 四豆 匿也 姓
謳 歌也 嘔 仝 漚 水泡

有

傁 仝 瞍 無目 藪 大澤
棷 仝 籔 漉米 器 嗾 使犬 聲
溲 粉麪 偶 合也 匹也 適 肽偊也
耦 配也 耒也 仝 藕 蓮根 毆 捶擊
毆 仝 毆 仝 嘔 吐也
歐 仝 友 同志 善兄弟 右 左之 對 尊也
走 趨也 取 獲也 鯫 小人 ｜生
趣 周官 ｜馬 吼 牛鳴 朽 腐也
厚 不薄 醲也 後 前之 對 后 君也 妃也 仝
郈 魯邑 糾 繩三合 督也 彈也 察也

宥

湊 仝 嗽 仝上 仝下 瘶 上氣 欬
軟 仝 瘦 瘠也 瘦 俗
漚 久漬 佑 助也 右 仝
祐 神助 又 更也 奏 進也
走 疾趨 驅也 輳 競聚 輻｜ 腠 膚理
湊 水會 蔟 正月 律 太｜ 呪 詛也
祝 祭贊 願也 仝 縐 戲也 細絺 皺 皺 蹙
甃 井甓 [illegible] 齊飛 倅也 驟 犇也
僽 惡言 詈｜ 僝 鬬 競也 鬪 仝
[illegible] 尾星 透 通也 趧 自投

全韻玉篇 下 尤

歐 姓也 甌 盌也 鷗 似鴿水鳥
憂 愁也 (우) 優 饒也勝也倡也游也戲也
嚘 嘆聲咿ㅣ 耰 摩田器 麀 牝鹿
尤 甚也怨也 (우) 疣 贅也 肬 仝
訧 罪也 郵 步傳過也 陬 隅也 (주)[추]
鯫 小魚 諏 咨事 (추) 掫 擊柝干ㅣ
鄒 顓頊後所封 (주) 鄹 仝 騶 廄御 仝
緅 青赤色 菆 善夫草叢生 (찬) 棷 薪也 (주)
篘 籭酒 (추) 搊 手彈 愁 憂也 (수)
偸 盜也苟且 (투)[투] 媮 巧黠 仝 (유) 鍮 石似金

有

糺 仝 赳 武皃ㅣㅣ 紐 結也 (뉴)[뉴]
鈕 印鼻 杻 檍也 (츄) 忸 愧也 (屋)
狃 慣也狎也 桺 楊也 (류)[류] 柳 俗
茆 鳧葵 (看)(巧) 茆 俗 飀 緒風
罶 魚笱 懰 好也 瀏 流清
漻 仝 (료) 蟉 龍皃蚴ㅣ (류) 滫 久泔瀡ㅣ (수)[슈]
訹 誘也 (質) 手 肢也所以執持 (수)
首 頭也先也 𩠐 古 守 勿失主ㅣ
受 承也容納 (수) 綬 佩組 壽 久也
黝 黑也 (유)[유] 怮 憂皃ㅣㅣ (유) 有 無之對取也 (유)

宥

蔻 藥名荳ㅣ (구)[구] 鱟 蟹屬鬼ㅣ 怐 愚也ㅣ愗
佝 僂也 仝 詬 罵也 (구) 齅 鼻取氣 (후)
嗅 仝 后 君也妃也 (후) 逅 不期而會邂ㅣ
候 伺望 堠 記里堠 畱 停待宿ㅣ (류)[류]
廇 中庭 霤 屋水流中宮之神 仝
溜 水流下 仝 塯 瓦器 餾 飯氣饙ㅣ
瘤 疣也 窌 濟北地名石ㅣ 勠 併力 (屋)
秀 茂也榮也 (수)[슈] 琇 石次玉充耳 繡 五采刺文
綉 仝 宿 列星舍也 (屋) 岫 山穴 (수)
袖 衣袂 褎 仝 褏 仝 (유)

一三三

尤

廄 行圊 (뚜) 牏 仝築牆板 投 棄也託也
骰 博陸采具ㅣ子 帿 射布 (후) 矦 公之次維也 仝
侯 仝 喉 咽也 餱 乾食
糇 仝 鍭 箭鏃 猴 猱也
篌 絃樂箜ㅣ 樛 木下曲 (구) 摎 束也
虯 無角龍 (규) 虬 仝 畱 住也 (류)
留 俗 榴 西域果石ㅣ 騮 赤馬黑鬣
駠 仝 遛 止也逗ㅣ 瘤 流也
鶹 角鴟鵂ㅣ 飀 高風ㅣㅣ 飂 仝 (蕭)
璢 西域采石ㅣ璃 琉 仝 流 水行求也

有

丣 西方辰執也 酉 俗 槱 燎柴祭天
槱 薪也積也 仝 楢 仝 輶 輕也
誘 導也 莠 害穀草根ㅣ 牖 壁窗向也開明
卣 中罇 羑 進善商獄ㅣ里 蹂 踐也 (유)
輮 仝 揉 屈木 酒 米麴所釀 (주)
肘 臂節 (주) 紂 商辛 (주) 帚 箒也 (주)
箒 俗 掫 行夜干ㅣ 醜 穢也類也 (추)
魗 仝 丑 十二月支 杻 手械 (뉴)
增 文二十 岣 衡陽山名 ㅣ嶁 (구)
詬 罵也 抖 振動ㅣ擻 (두) 嶁 山巓 (루) (麌)

宥

獸 四足而毛 (수) 狩 冬獵天子適諸侯巡ㅣ
首 嚮也有咎自陳 收 獲多斂之 授 予也付也 (수)
綬 佩組 壽 久也 售 賣去手償也
幼 人生十年 (유) 宥 寬也 (유) 侑 配也勸食
囿 苑有垣 (屋) 狖 似猿仰鼻長尾 貁 仝
猶 似麂ㅣ豫 櫾 燎柴 蜼 似猴尾歧 (紙)
褎 盛飾禾盛進也長也 (유) 鼬 野鼠
柚 似橙而酢 (屋) 櫾 仝 揉 順也 (유)
楺 屈木 蹂 踐也 輮 車輞
糅 雜也 (뉴) 肉 壁邊 (屋) 晝 日中 (쥬)

放也輩也罩也 洑 全 瑬 冕飾玉
旒 全旂末垂 劉 剋也殺也枝葉稀疏毗ㅣ
鎦 古 鏐 美金 修 理也飾也 ⓢ수 ⓢ슈
脩 脯也長也全 羞 膳也恥也 囚 拘也 ⓢ쑤
泅 浮水 收 斂也捕也堯冠黃ㅣ ⓢ슈
讎 匹也仇也校也售也 ⓢ쓔 酬 報也
醻 全 詶 以言荅全 魗 惡也棄也
𣪠 全 幽 深也微也隱也闇也囚也 ⓢ유 ⓢ유
呦 鹿聲ㅣㅣ 嚘 吟聲呦ㅣ全 攸 所也危皃
逌 全 悠 遠也ㅣㅣ 滺 流皃

甊 甖也 萯 王瓜 ⓢ부 ⓢ부 蟊 蝗也ㅣ螽
蝜 善負蟲ㅣ蝂 擻 振動抖ㅣ ⓢ수 ⓢ수 藪 菜茹總名 (屬)
醙 白酒 ⓢ수 獀 春獵 喁 相呼 ⓢ우 ⓢ우 (冬)
髃 肩前 (虞) 腢 全 扭 手轉 ⓢ뉴 ⓢ뉴
授 予也付也 ⓢ쓔 ⓢ쓔 岰 山曲 ⓢ유 ⓢ유 眑 深遠 (篠)
蚴 龍皃ㅣ蟉 【叶】 文九 軌 己有切太玄
旭 己有切太玄 栲 去几切詩毛 起 去九切徐幹賦
道 他口切胡廣箴 包 補苟切詩毛 飽 補苟切易
鴇 補苟切詩毛 卯 扶缶切詩毛 【通】 無
僂 短醜ㅣ佝 (麌) 不 未定 ⓢ부 ⓢ부 (物) 謏 私罵 ⓢ수 ⓢ수 (篠)

咮 鳥口 噣 全 胄 兜鍪 ⓢ쥬
䩜 全 冑 胤也 伷 全
宙 居也往古來今 酎 三重酒 䌛 占辭 (籀)
籀 人名周史ㅣ全 僦 賃也 ⓢ추 ⓢ쥬 就 成也即也 ⓢ쮸
鷲 鵰類黑色多力 [illegible] 嶺名 臭 氣通於鼻 ⓢ취
殠 腐氣 畜 家養獸 ⓢ휵 (屋) 嘼 獸可養 ⓢ휴
ⓢ흑 ⓢ휴 (屋) (屋) 𤳉 全 【增】 文二十二
詬 罵也 ⓢ후 ⓢ후 餖 飣ㅣ食 ⓢ두 ⓢ두 [illegible] 全
痘 胎毒 嶁 衡州山名岣ㅣ ⓢ루 ⓢ루 (麌)
偶 適然 ⓢ우 ⓢ우 榛 小橋 ⓢ주 ⓢ주 嗾 使犬聲

滺 仝 由 (유)從也 繇 仝行皃｜

｜和柔 優｜ 油 膏也雲行｜ ｜武陵水名

甹 木生條 冘 不定｜豫 猶 似也尚也

舒遲夷｜ 仝上仝下 猷 道也謀也 蕕 臭草

輶 輕車 槱 燎柴 楢 柔木仝 庮 朽木臭 蝤 大蟹｜蛑 斿 旗旒 游 浮行仝上仝下 遊 遨也 蝣 渠略蜉｜

柔 順也耎也(유) 鍒 軟鐵 ⿰田柔 良田 蹂 踐也 韖 熟皮 腬 肥皃 揉 調順 賙 賑贍 周 匝也密也

偏也武王國號仝 輖 重載 啁 鳥聲｜噍 舟 船也服也 侜 蔽也 輈 轅也 州 五黨 洲 水中可居 譸 誑也｜張

儔 侶也(주) 幬 禪帳 疇 田也眾也誰也等也類也曩也 籌 壺矢筭也 裯 單被 綢 纏也｜繆 稠 密也 紬 大絲繒

儵 小魚 啾 小聲｜｜ 湫 池也隘也 揫 束也 揪 仝 秋 金行之時愁皃｜｜ 龝 古 楸 梓也

萩 仝蒿也 ⿰糸秋 馬紖 緧 仝 鞦 繩戲｜韆仝 鰍 鰌屬 鰌 仝大海魚｜ 鶖 扶老秃｜ 趥 行皃 酋 長也醳酒

⿰衤翏 衣不伸 ⿱艹逗 草相次 ⿰言豆 不能言｜ 後 不敢先 ⿰食𠈌 雜飯

狃 習也就也 遛 止也逗｜ 守 受之掌 設 口授 有 文也 紬 緒也綴集

叶 文九 告 居候切九章 朝 眞祐切孟詩 孚 敷救切太玄 報 敷救切國語 築 職救切岳賦

好 許候切九章 昊 許候切毛詩 道 徒厚切毛詩 六 力救切易 通 無

遒 盡也 健也 抽 拔也 (추) 媨 心動 悼也 (屋) 瘳 病愈 惆 失志 ｜悵 犨 白牛 (쥬) 彪 虎文 (뷰)(표) 滮 水流 (뮤) 烋 美也 (효)(효)(看)

休 息也 仝 咻 讙也 庥 廕也 茠 仝 貅 豹屬 貔｜ 猻 俗 髹 赤黑 桼 增 文四十四 彄 射皮 (구)(구)

抙 蒽也 病脈 蚯 土龍 ｜蚓 (구) 區 域也 分也 (우)(虞) 龜 西域 ｜茲 (支)(眞) 鼽 鼻塞 (구) 馗 九達道 (支) 獳 怒犬 (누)(누) 䨲 兔子 艛 樓艛 艓｜ (루)(루)

貗 求子家 寠 傴側 地甌｜ (虞) 髳 巴蜀 夷國 (무)(무) 恈 貪愛 ｜｜ 棓 打也 星名 天｜ (부)(부)(講) 涑 澣也 (수)(屋)(沃) 叜 尊稱○淅米 聲｜｜ (수)

叟 俗 餿 飯壞 (수) 醙 白酒 齵 齒不正 (우)(우)(虞) 髃 髆前骨 樞 似榆 (우)(虞) 漊 澤多 (우) 稯 十筥 聚 姓也 (주)(주)

齁 鼻息 (후)(후) 芤 藥名 秦｜ (구)(구)(子)(看) 蟉 龍皃 蚴｜ (류)(嘯) 弓 卷也 裗 衣縷 (류)(류) 硫 石藥 ｜黃 瀏 水清 蚰 百足 蚰｜

蜒 (유)(유) 舀 抒臼 (篠) 抭 仝 揄 仝 (虞) 薷 藥名 香｜ (우) 調 朝也 ｜飢 (주)(주)(蕭)(嘯) 鵃 鳩也 鶻｜ 躊 ｜躇 進退 (주)

篍 吹筩 (추)(추)(蕭) 蝤 木蠹 ｜蠐 (주)(유) 鵃 角鴟 ｜鶹 (효)(효) 叶 文二十 駒 居侯切 易林 鬐 居侯切 毛詩 膠 居侯切 急就篇 墟 祛尤切 易林 旗 渠尤切 班固賦

鼻 渠幽切 易林 滔 他侯切 毛詩 農 奴侯切 束晳賦 苞 逋侯切 毛詩 袍 蒲侯切 毛詩 媒 迷侯切 陳琳賦 災 將侯切 班固賦 漕 徂侯切 毛詩 霄 思留切 陸機詩

蕭 疏鳩切 毛詩 昴 力求切 毛詩 逢 將侯切 易林 德 當侯切 易 膚 居鳩切 易林 驕 居由切 易林 通 無

平聲 十 侵

侵 文九十

五｜鉦鐸 一兩兵也

今 是時 김 금
金 西方之行
紟 衣系
衿 仝上 仝下
襟 交衽
禁 勝也 當也 刧持
欽 敬也 憂心 김 ｜｜
嶔 山高 ｜崟
衾 被也
鐔 曲頸 感
琴 絃樂 금
芩 鹿食草根
如釵股樂名黃｜
肣 斂也
黔 黑色 鹽
禽 鳥也
檎 似柰 林｜
擒 捉也
捦 仝
搇 仝
崟 山高 嶔｜ 음 음
吟 咏也 嘆也 呻也
唫 仝
音 聲有節 음

上聲 十六 寢二

寢 文四十二
錦 織文 김 금
噤 口閉 금
澿 寒皃
唫 口急
廩 米藏 림 름
懍 懼皃 ｜｜
凜 寒也
飮 歠也 음 음
稟 給也 受命 품 품
品 類也 式也 품
伈 恐皃 ｜｜ 심 심
審 悉也 詳也 심
嬸 叔母
諗 告也 謀也
淰 濁也 水動
潤｜魚 騃
沈 臺駘後所

去聲 十七 沁二

沁 文三十二
僸 夷樂 김 금
禁 制也 止也 大子所居 酒器
噤 口閉
訡 仝
紟 衣系 單被 금
衿 仝
蔭 庇也 陰景 음 음
廕 仝
癊 心病
飮 予人以歠 ｜之
窨 地室
賃 傭也 님 님
臨 衆哭 偏向 以尊適卑 림 림
甚 太過 何也 씸 씸
妊 孕也 임 임

入聲 四 緝十

緝 文六十五
急 疾也 褊也 기 급
汲 引也 勤皃 ｜｜
伋 思也
級 絲次第等也
給 供也 與也 贍也
泣 無聲出涕 기
䏚 肉羹
濇 澀也 仝
及 至也 끼
笈 書箱 葉
岌 高皃 ｜｜
圾 仝
霫 雨皃 雲｜ 시 십
飁 大風
習 數飛 學也
慣也 重也 씨
槢 械也

下平 侵

瘖 不能言 喑 仝(音) 愔 靖也封姓 ㅣㅣ也(침)
陰 陽之對水南山北闇也蔭也影也背也 侌 仝上仝下
霒 雲覆日一 婬 奸也蕩也(임) 淫 過也亂也仝
霪 久雨 蟫 衣書白魚(覃) 廞 陳輿具(흠)(흠)
歆 神食氣動也 林 叢木君也(림)(림) 琳 美玉璆ㅣ
淋 沃也渥也ㅣ漓 霖 雨三日 棽 繁蔚ㅣ麗
臨 莅也監也大也 心 火藏身主(심)(심) 尋 繹也挼也
仍也俄也八尺(심) 潯 水厓 燖 火熟物
燂 仝(覃)(鹽) 鄩 河南邑名 鐔 劍鼻
鬵 似甑大上小下 灊 巴郡水名(鹽) 㴨 濅也(심)

寑

[牛冘] 牛名
[疒辛] 寒病噤ㅣ 瞫 窺見
葚 桑實(심) 椹 仝
黮 仝(感)(담) 甚 劇也尤也
飪 熟食(임)(임) 餁 仝
[飠念] 仝 衽 衣衿臥席
衽 仝 恁 念也信也
荏 大豆ㅣ菽白蘇柔也
稔 穀熟 腍 飪也
朕 天子自稱(짐)(짐) 寑 臥也居室(침)(침)

沁

妊 俗 絍 機縷
任 用也克也所負 鴆 毒鳥(짐)(짐)
酖 鴆酒(覃) 浸 清也澤也(짐)(침)
濅 仝 湛 仝(覃)(鹽)(陷)
祲 災祥日傍氣 沁 上黨水名
以物挼水(침) 㤊 恐皃ㅣㅣ
揕 擊也(짐) 枕 首據
闖 窺覘(침) 滲 下漉(삼)(삼)
譖 讒毁(참)(참) 讖 驗也符也(참)
增 文九 吟 長咏(임)(음)

緝

褶 騎服袴ㅣ(葉) 隰 下平
襲 因也重也衣單複具一ㅣ
十 數之具(씨) 什 十人仝
拾 掇也收也射韝仝(葉)(葉)
濕 霑潤 溼 仝
邑 四井(읍)(읍) 悒 憂也鬱ㅣ
浥 潤溼厭ㅣ(葉) [飠邑] 臭也
揖 拱也手著胸進也遜也(읍)
挹 酌也仝 熠 盛光螢火ㅣ燿
咠 讒也ㅣㅣ(즙)(즙) 緝 績也仝

侵 寢 沁 緝

深 仝
諶 信也 測也 (심)
忱 仝誠也

煁 無釜 竈
壬 幹名屬北 佞也大也 (심)(임)

任 堪也擔也保也姓也 仝
紝 機縷

絍 仝
侵 漸進 朘削 陵也 荒也 短少 (침)(침)

駸 馬行 疾丨
綅 絳綫
梫 桂也

祲 災祥 日傍 氣丨
碪 擣繒 石 (짐)
砧 仝

斟 酌也
針 縫具 刺病
鍼 仝 (鹽)

葴 仝誠也
蔵 馬藍
瑊 寶也 (침)

賝 仝
郴 桂陽 縣名
綝 繕也 止也

沈 沒也 (짐)
沉 俗
湛 仝 (覃) (謙)(陷)

寑 仝
鋟 鏤板 爪刻

枕 臥薦 首具 (침)
瀋 汁也 (침)

沈 仝 (심)
踸 一足 行丨 踔

趻 仝
墋 垢也 (참)(츰)

增 文四
吟 頷兒 噤丨 (임)(음)

怎 何也 (즘)(즘)
涁 流兒 (짐)(짐)

寢 兒陋 (침)(침)
叶 無

通 韻三
感 二十七上
琰 二十八上
豏 二十九上

喑 泣無聲 聚氣聲 也丨啞 (암)(覃)

㥧 如此 (금)(김)
滲 度淺 丨 (삼)(심)

袵 衣衿 臥席 (임)(임)
鵀 戴勝

僸 工人 尺 (침)
針 刺也 縫也 (짐)

罧 積柴 取魚 (合)(含)
叶 無

通 韻三
勘 二十八去

豔 二十九去
陷 三十去

諿 和也
葺 修治

輯 斂也 續也 (지)
汁 液也 (지)

戢 止也 藏也
[illegible] 角多 丨丨

濈 和也 仝
吸 內息 (흡)(흡)

噏 仝
翕 合也 聚也 盛也

潝 水聲 不善 丨丨
歙 縮也 斂也 (葉)

闟 鋋也 丨戟 闟也
立 建也 成也 (립)(립)

笠 簦也 禦雨
苙 藥名 白芷 畜欄

粒 米顆
𪗱 齧聲
入 內也 納也 (십)(입)
廿 二十
卄 俗
湒 泉出 沸丨 (지)(집)

集 聚也 安也 (씨)
嗺 嗺兒
鏶 鍱也 金鐵片
執 持也 捕也 (지)
慹 怖也 (葉)
縶 繫馬 (지)(집)

霃 久陰 森 衆木 (삼)[슴] 蔘 神草 人｜
葠 仝 蓡 仝 參 宿名 叢立
｜｜ 仝 (참) (覃)(覃)(勘) 撍 聚也 盍｜ (촘)[츰] 簪 首笄 仝 (覃)
篸 仝 (覃) 岑 山高 (잠) 涔 牛馬跡中
水雨皃 ｜｜ 嵾 山不齊｜ 嵯 (참)[츰]
增 文十三 鱘 長鼻魚 (씸)[짐] 鱏 仝

蕈 菌也 蕁 蒲類 (심) 橬 魚所息 (씸)(鹽) 鵀 戴勝 (심)[임] 椹 木質 木䟃 (짐)[짐] 罧 積柴取魚 (삼)[슴] 槮 仝 滲 漉也 襂 衣皃 ｜襹
鬖 髮垂 鬖｜ (覃) 參 不齊｜差 (참)[츰](合)(覃)(覃)(勘)
叶 文八 風 方愔切毛詩 楓 方愔切張衡賦 衆 才淫切太玄 隆 才淫切陸雲詩 僭 七尋切毛詩
終 諸深切毛詩 能 奴金切毛詩 封 孚音切天問
通 韻三 覃二十八平 鹽二十九平 咸三十平

馽 仝 蟄 和集｜｜ (칩) ○蟄藏 (찝)
澀 不滑 (습)[씁] 澁 俗 增 文十六
芨 藥名 白｜ (급)[긥] 唈 短氣鳴｜ (읍)[읍](合) 裛 書囊 香囊 衣(葉) 煜 火皃 (屋) 䐶 聚皃 戢｜ (紙)
湒 雨皃 (집)[집] 揖 ｜｜聚也 (읍) 楫 短棹 (즙)(葉) 蕺 筆管 菜(즙) 扱 斂持 (흡)[흡](洽) 岦 山皃 ｜岌 (립)[립]
霅 雨皃 ｜霫 湆 泉出 ｜潗 漐 汗出 ｜｜ (칩)[칩] 偮 耕皃 ｜｜ 鈒 戟也 (合)(삽)[습] 叶 文六
對 都聿切漢語 泰 陽得切劉歆贊 宿 息積切班彪賦 厲 力入切揚雄賦 靄 呼合切潘岳賦 邁 呼合切左思賦
通 韻三 合入十五 葉入十六 洽入十七

平聲 覃二十八
上聲 感二十七
去聲 勘二十八
入聲 合十五

覃（文七十九）甘 甜也嗜也美也 悏意｜心 감 감
柑 橘屬 鹽 泔 米潘 苷 國老應也觸 ｜草也 감 감
弇 蓋也人名漢 耿｜ 琰 鹽 龕 塔下室 감
堪 任也天地 ｜輿 戡 勝也 嵁 不平 ｜巖
南 火方 古 古 喃 語不了 呢｜ 咸 諵 多言 ｜｜ 咸
枏 似豫章美材 鹽 楠 俗 男 丈夫五等爵
耽 大耳過樂 담 담 酖 嗜酒 沁 眈 視皃 ｜｜
妉 樂也 湛 仝 侵 沁 陷 賺 擔 負也
儋 仝上 仝下 聸 耳垂 耼 耳曼無輪
聃 俗 覃 及也 㴋廣 담 潭 㴋水

感（文六十六）感 動也格也
敢 勇也忍爲
澉 無味 饕｜ 轗 坎壈 ｜軻 감
輡 仝 坎 陷也 仝
埳 仝 陷 欿 不足
膽 肝腑拭治 담 담 礑 石藥 治癉
紞 冕前垂 黕 滓垢
毯 毛席 담 菼 薍也
黮 靑黃 繝 仝
緂 仝 倓 安也

勘（文三十八）紺 靑赤 감 감
淦 水入船中 豫章水名
勘 校也鞫囚 감 瞰 俯視
矙 仝 闞 望也 賺
擔 所負 담 담 担 仝
甔 小甖｜石 [鹵炎] 無味 담
淡 薄味 憺 安也動也
惔 燔也憂也 澹 水流｜淡
恬靜｜泊 凝也仝 [穴炎] 薄而大鑑 ｜
[竹淡] 甘竹 郯 少昊後所封

合（文八十四）合 十龠呼也 蛤 蚌屬
和也 갑 갑 합
韐 士服 韎｜ 洽 閤 小閨 蛙聲 ｜｜
鴿 鳩屬 欱 會也
榼 酒器 개 磕 石聲 泰
溘 奄忽 [尸盍] 閉戶聲
荅 相當 納 入也受也 납 납
內 仝 隊 衲 補也僧衣
軜 驂內轡 [扌納] 打也
答 然也當也報也 麤布 답 답

燂 火爇 (侵)(鹽) 談 語也 譚 大也 仝
痰 水病 餤 進也 惔 燔也 憂也
淡 水皃 ｜｜ 澹 仝 複姓 ｜臺 郯 少昊 後所 封
曇 雲布 佛名 瞿｜ 婪 貪也 (람)(람) 惏 仝
嵐 山氣 藍 染青 草 籃 大篝
襤 敝衣 ｜褸 繿 仝 燷 色焦
三 陽陰 合數 (삼)(삼) 參 仝 (참)(侵)(侵) 毿 毛長 ｜｜
鬖 髮垂 鬑｜ (侵) 諳 記也 (암)(암) 喑 泣無 聲 (沁)(侵)
闇 廬也 諒｜ 鵪 鶉也 鶴 俗非 (洽)
菴 草舍 庵 仝 馣 香也

䀍 肉醢 醢 仝
禫 除服 祭 (땀) 嘾 含淡
醰 長味 萏 葩華 芙蓉 菡｜
窞 坎也 噉 噍也
啗 仝 啖 仝
澹 水皃 ｜淡 憺 恬也
惔 燔也 憂也 淡 薄味 水皃 澹｜
黮 黑也 (寢) 鬖 髮垂
覽 視也 (람)(람) 擥 手取
擥 仝 攬 俗

啗 食也 霮 雲皃 ｜䨴
纜 舟紐 (람)(람) 濫 氾也 叨也
漿也 浴器 (鎌)(陷) 醶 行酒
㦨 貪也 嚂 食皃
三 ｜之 (삼)(삼) 暗 不明 (암)(암)
闇 仝 閉門 暫 不久 (짬)(잠)
蹔 仝 鏨 小鑿
撢 遠取 (탐)(탐) 探 仝
賧 蠻贖 罪財 憾 恨也 (함)(함)
琀 飯含 玉 含 仝上 仝下

盒 仝 荅 小豆
褡 衣蔽 遝 行相 及迨 ｜(따)
沓 重也 仝上 仝下 誻 多言 ｜｜
譅 仝 嗒 仝
涾 沸溢 踏 踐也
蹋 仝 蹹 仝
𩣡 馬行 疾駛 ｜ 篛 牕扉
䳴 飛皃 鶍｜ 臘 歲終 祭 (랍)(랍)
臈 俗 鑞 錫也
蠟 蜜滓 擸 折也 (葉)

覃

噡 不言｜嘿 鐕 釘也 (잠)[잠] 蠶 絲虫 (잠)
蚕 俗非 (銑) 撏 取也 (鹽) 驂 駕三馬 [참](참)
參 厠也與也度也 造也人名曾｜ 仝 (삼)(侵)(侵) 叅 俗
傪 好皃 慙 愧也 (참) 慚 仝
鏨 小鑿 貪 愛財 (탐)[탐] 探 遠取
憨 愚也 (함)[함] 含 銜也 (함) 唅 仝
函 容也 舌也 (咸) 圅 仝上 仝下 (咸) 錎 鎧也
涵 濡也 酣 中酒 增 文二十四
痁 小兒食病 (담)[담] 甔 小甖 (담)[담] 蟫 衣書白魚 (담)(侵)
驔 驪馬黃脊 (琰) 罈 甒屬 罎 仝

感

欖 諫果 橄｜ 壈 失意 坎｜
糝 米粒和羹 (삼)[삼] 糂 仝
唵 手進食 [암](암) 晻 暗也 (琰)
埯 坑也 (琰) 揞 手覆
揜 手掩 (琰) 黭 黑也
昝 姓也 (잠)[잠] 寁 速也
歜 菖蒲菹 (沃)(잠) 黲 青黑 (참)[참]
慘 慼也 毒也 (皓) 朁 曾也
憯 痛也 憯也 仝 (琰) ⿸疒朁 仝
鏨 鐫石 噆 衆聲 (탐)[탐] 襑 衣大 喊 譀聲 (謙)(함)[함]

勘

唅 哺也 莟 花開 ｜萏
增 文九 灨 豫章 水名
(감)[감](送) 墈 險崖 (감)
轗 坎壈 ｜軻 菴 翳薈 ｜藹 (암)[암]
參 鼓曲 (참)[참](侵)(侵) 摻 仝 (鹽)(咸)(謙)
儳 雜言 (咸)(陷) 憛 憂惑 (탐)[탐]
黮 不明 ｜闇 (寢) 叶 無
通 韻三 沁 二十七去
豔 二十九去 陷 三十去

合

拉 折也 擸 仝
搚 仝 (葉) 摺 仝 (葉)
颯 風聲 (사)[삽] 靸 兒履
趿 進足 馺 馬行疾｜騇
鈒 鏤也 (緝) 霅 雨聲｜ (洽)
卅 三十 唈 短氣 嗚｜
(합)[압](緝) 匼 烏巾 繞兒
罨 網也 (琰) 帀 周也 (잡)[잡]
匝 俗 迊 仝
⿺走帀 急走 ⿰口帀 入口

譚 水苔 海藻 錟 長矛 (琰) 爁 火延 (람)[람]

鬖 髮垂 ㅣ鬖 毿 毛長 ㅣ毿 籃 薄而大 ㅣ淡

腤 煑魚肉 (암)[암] 韽 聲小 (陷) 盦 覆蓋

媕 不決 ㅣ阿 鐕 首笄 (잠)[잠](侵) 篸 仝鍼 也(侵) 器蓋(送)

劗 刺也 (잠) 谽 谷空 (함)[함] 䐄 口下 (함)

蚶 蚌屬 欿 或也 邯 趙都 ㅣ鄲

姓也 (寒) 叶 無 通 韻三

侵二十七平 鹽二十九平 咸三十平

顑 不飽 ㅣ頷 闞 聲大 (豏) [illegible] 㶑谷 撼 搖也 (함)

頷 頤也 不飽 顑ㅣ (암) 菡 華未發 芙蓉ㅣ萏

增 文十七 [illegible] 石篋 (감)[감] 橄 諫果 ㅣ欖 [illegible] 箱類 覆頭

湳 西河水名 (남)[남] [illegible] 花名 ㅣ蔄 (담)[담] [illegible] 厚皃 ㅣㅣ (담)(豏)

灠 鹽果 (람)[람] 顉 點頭 (암)[암](侵) 頷 仝 (함) 馣 香也 (암)ㅣ

俺 我也 (黶)(陷) 闇 隱晦 匼 諂諛 阿ㅣ [illegible] 無味 㵐ㅣ (잠)[잠]

劗 刺也 (잠) 槧 削版 (잠)[잠](鹽)(豔) 憾 恨也 (함)[함] 叶 無

通 韻三 寑二十六上 琰二十八上 豏二十九上

[illegible] 仝 (洽) 噆 齧也

雜 參錯 (잡) 襍 仝

榻 床也 (탑)[탑] 榼 仝

塌 地低 [illegible] 大船

闒 意下 ㅣ茸 (답) 傝 仝

搭 摸也 搨 仝

塔 浮圖 鞳 鼓聲 鏜ㅣ

嗒 解體 錔 器物 金冒頭

嚃 大歠 濕 東郡水名 鰈 比目魚 (葉) 盍 何不 (합)[합] 嗑 合也 食也 噬ㅣ 闔 閉也 合 同也 聚也 配也 對也 [합] 盒 盤覆

郃 馮翊縣名 欱 大歠 哈 仝 [illegible] 行相及 ㅣ遝 增 文十六 頜 頤傍 (가)[갑] 蓋 姓也 (합)(泰) 蒳 香名 ㅣ艾 (나)[납] 妠 娶也 兒肥

闒 樓戶 (탑)[답](탑)
鶡 飛皃 ｜鶡 (탑)[답]
邋 不謹 ｜遢
姶 美皃 (합)[압]
[illegible] 藏火
[illegible] 婦人髻飾 ｜葉
[illegible] 罯物 (탑)[답]
遢 不謹 邋｜
毾 毛席 ｜㲪

鞳 革履
蓋 苫覆蒲席 齊邑 (합)[갑](압)(秦)
[illegible] 猥背 ｜伯
叶 無
[illegible] 韻三
緝 入 十四
葉 入 十六
洽 入 十七

平聲 鹽二十九
上聲 琰二十八
去聲 豔二十九
入聲 葉六

鹽 文九十
鈐 轄也鑠也 星名 鈐｜ (겸)[검]
鉆 仝大 犂
黔 黧也 (侵)
鍼 人名 秦｜ 虎(侵)
醃 鹽漬 (엄)[엄]
崦 日所入 ｜嵫
淹 漬也 久畱
閹 寺人
嚴 毅也 (엄)
杴 鍫屬 (험)[험]
兼 幷也 (겸)[겸]
縑 絹也
鰜 比目魚
鶼 比翼鳥
蒹 荻也
謙 恭也 (겸)
嗛 仝(咸)
箝 鐵攝 (겸)
鉗 仝

琰 文六十一
檢 書署 裒籤 校也制也 式也 (검)[검]
撿 束也
儉 約也 歲歉 (검)
芡 水果 雞頭
噞 魚口 ｜喁 (엄)[엄]
奄 忽也 止也 (엄)
掩 閉取
揜 仝(感)
晻 日無光(感)
埯 土覆(感)
崦 日所入 ｜嵫
崄 仝

豔 文五十七
劒 刀兩刃 [검](검)
劍 仝
欠 張口 氣悟
(겸)(陷) 不足
驗 證也 效也 (엄)[엄]
釅 酒味厚
俺 大也 我也 (感)(陷)
弇 鐘中寬(覃)
[illegible] 籠也 (겸)[겸]
歉 食不滿(陷)
傔 使屬 ｜從
念 思也 (념)[념]
店 所以置貨 (뎜)[뎜]

葉 文一百十八
劫 強取 (겁)[겁]
刦 仝
刧 俗非
袷 交領 (洽)
衱 仝 裾也
怯 畏也 (겁)
㤼 仝
胠 發也 脅也 軍右翼 (魚)(語)(洽)
跲 躓也 (겁)
笈 驢上負 (緝)
极 仝
業 事也 敬也

合

鉗 仝足鎖 拑 仝脅持 柑 仝馬銜(겸)
鮎 鰋也(념)(뎜) 拈 指取物 黏 著也
粘 俗 廉 不貪隅也察也檢也(렴)(렴)
鐮 鍥也 鎌 仝 磏 礪石
磏 仝 簾 箔也 熑 火不絶
帘 酒幟 匳 鏡匣盛香器 奩 仝
銛 利也(셤)(셤) 暹 日升 纖 細也
韱 山韭仝 孅 銳細 襳 長帶(咸) 不足(겸)(뎜)(陷)
憸 詖也佞也 苫 草覆(셤) 蟾 蜍屬丨蠩(셤) 上仝下(咸)
撏 挼也取也(졈) 懕 安也(염)(혐) 懨 仝上仝下(嗛) 懕也不滿

[illegible] 商諸侯國 渰 雲皃
弇 蓋也狹路大荒山名丨州(엄)
广 (엄) 巖屋 儼 恭也
隒 厓也 險 危也(험)(험)
崄 仝 譣 詖也
憸 仝 玁 北方丨狁
獫 仝 歛 荒歲不飽
嗛 口貯食仝
慊 恨也饜也
黚 小黑黚也汚也

坫 屛也反爵 玷 玉病缺也丨丨己朕(여)(엄)
埝 溺也 阽 仝
[illegible] 支也(뎜) 殮 殯也(렴)(렴)
斂 仝收也 瀲 水滿泛丨
獫 長喙犬 玁 仝
苫 草覆屋(셤)(셤) 痁 瘧也
閃 躍避 掞 舒也
[illegible] 仝 贍 賙也給也
厭 足也美也斁也(염)(엄)(嗛)
猒 仝上仝下 饜 飽也足也

[illegible] 懼也
嶪 山高岌丨 鄴 魏都縣名
浥 潤也(읍)(緝) 裛 書囊香襲衣(緝)
腌 鹽漬魚肉 脅 腋下(협)(협)
脇 仝 愶 恐迫
嗋 翕氣 熁 火迫
弽 弓強 頰 面傷(협)(협)
脥 仝 鋏 劍也
夾 仝姓也(협)(洽) 筴 箸也(陌)(洽)
袷 仝 莢 瑞草蓂丨

猒 飽也足也 饜 仝 鹽 鹹也(염)
塩 俗 閻 里門 檐 屋四垂
櫩 仝 簷 俗 炎 熏也爓也
阽 臨危 䫇 頰鬚 髯 仝
殲 盡也滅也(셤)(셤) 漸 流入侵染沒也洽也(咸)
韱 麥秀丨丨 熸 火滅 占 視兆問也
候也瞻也(졈) 尖 銳也(졈)(졈) 僉 咸也(쳠)
鑯 幖識 幟 仝 橬 魚所息(侵)(좀)
潛 藏也仝上仝下 灊 巴郡水名(侵) 詹 至也省也
小言丨丨(쳠) 瞻 仰視 譫 多言

滅字動手督夜鼓鉦變丨(뎜)(뎜) 玷 玉病缺也
蒧 人名曾晳丨 扂 戶杜(뎜)
簟 竹席 橝 屋梠
斂 收也(렴)(렴) 閃 闚避(셤)(셤)
瀲 水皃丨泊 剡 會稽縣名(염)
睒 晶瑩丨丨 覢 仝視皃丨丨
陝 弘農縣名 檿 山桑(염)(염)
𧝍 襳也 厭 惡也仝(謙)
黶 黑子(謙) 魘 驚夢丨魅
琰 青玉(염) 剡 削也(셤)

豔 美也(염) 艷 俗
灩 水動瀲丨 灎 俗
爓 光也 焰 仝
錟 仝 染 丨之(염)
僭 擬也差也(쳠)(쳠) 占 擅據著位
口授(졈) 塹 坑也(쳠)(쳠)
壍 仝 嶄 仝
槧 牘也(感) 韂 障泥(쳠)
䠨 馬急行 𩏼 蔽膝
襜 披衣仝 幨 仝

唊 安語 匧 箱也(협)
篋 仝 愜 適意
悏 仝 慊 足也仝
讘 細言詀丨(셥)(셥) 囁 仝(셥)
鑷 鉗也 銸 仝
籋 仝上仝下 躡 蹈也
𩧮 馬行疾 捻 捏也
敜 塞也 苶 疲也(녈)
跕 墮皃丨丨(뎝)(뎝) 蝶 野蛾蝴丨(뎝)
蜨 仝 蹀 履也

霑 漬也 沾 自喜 仝 覘 闚視 (쳠)
佔 仝 惉 不和 |懘 韂 蔽膝 行皃| (셤)
襜 衣皃 仝 幨 車帷 仝 添 益也 (텸)(뎜)
甛 和也 甜 甘也 (텸) 恬 安也
砭 石刺 病 (폄) 砭 仝 嫌 疑也 (혐)(험)
增 文二十 噞 魚口|喁 (엄)(염) 巖 射雉 翳 (엄)
巖 高皃 (암) 忺 悅也 (험)(흠) 薟 辛毒 草
灊 道州 水名 (잠)(졈) 霖 微雨 |霰 霰 微雨 霖| (졈)(셤)
掺 好手|| 勘 (감)(겸) 攕 仝 (감)
燗 湯瀹 肉 (셤) 燂 仝 (담)(침) 痁 瘧也 (졈)

餤 火初 著 冄 毛細 下垂 棪 仝 覘 闚視
冉 仝 忝 辱也 (텸)(뎜) 桥 火杖 風聲| |(염)
苒 侵尋 荏| 染 漬也 柔弱 荏| 砭 石刺 病 (폄) 窆 下棺
漸 稍也 進也 次 也 (졈)(졈)(감) 封 仝 (冬) (宋) 增 文三
斬 苞也 颭 風動 (졈) 噞 魚口 |喁 (엄)(염) 淹 沒也 (엄)
憯 悽也 (감)(참)(慘) 諂 諛也 (쳠) 譫 出言 (텸)(뎜) 叶 無
謟 仝 忝 辱也 累也 (텸)(뎜) 通 韻三 沁 二十 七去
餂 鉤取 貶 損也 (폄)(폄) 勘 二十 八去 陷 三十 去
增 文十 九 瞼 目上 下弦 (검)(검) 臉 頰也 閹 寺人 (엄)(엄)
罨 網也 (암) 曮 日躔 (엄) 䐮 腰左 右 (겸)(겸) 嬐 細皃 (험)(험)

鰈 魚也 (협) 獵 爲田 除害
鬣 鬐也 躐 踰也
躞 行皃 蹀|書 畫軸 心玉|
屧 屐也 攝 兼也 總也 收也
引 持也 假也 鋒也 (셥)(셥) 涉 徒行 渡水
葉 南陽 縣名 (셥) 牒 射決
諜 仝 歙 歛氣 新安
縣名 (섭)(셥) 蘩 花之 對世
也 姓也 (엽)(셥)(셥) 擛 閱持 (셥)(셥)

蚺 大蛇(염)(염) 袡 嫁服 纏丨 柟 似豫章梅 丨(覃)

灊 泉水微出(졈)(졈) 簽 押署(쳠)(쳠) 槧 牘也(感)

讝 病人自語(졈) 叶 無 通 韻三

侵 二十七平 覃 二十八平 咸 三十平

感 二十七上 豏 二十九上

驔 驪馬黃脊(뎜)(뎜)(覃) 薟 藥名。白丨(렴)(렴) 蘞 仝

瀲 水滿 丨灩 濂 黏也 淰 魚驚(념)(념)(寑) 錟 利刃(셤)(셤)(覃)

敥 利耜 扊 戶扃 丨扅 灩 水滿 瀲丨 黶 黑污(졈)(졈)

舔 舌取物(텸)(텸) 叶 無 通 韻三 寑 二十六上

曄 光也 曅 仝

燁 火盛 丨丨 爗 仝

饁 餉田 厭 鎮也 禳也 服也

合也 溼皃 丨浥(謙) 擪 指按(洽)

靨 頰輔 接 交也 近也

續也(져)(졉) ○勝也(쳐) 椄 續木 萋 荇菜 接余 楫 橈也(緝) 檝 仝 浹 洽也 讋 怖也(져) 懾 仝 慴 仝

懾 仝(뎝) 慹 仝 不動(緝) 摺 疊也 敗也(合) 牒 細切 肉(쪄) 聶 仝(녑) 睫 目毛(져)(졉) 映 仝 婕 女官 丨妤 倢 仝○ 疾也(쪄)

妾 不娉(쳐) 緁 緶衣 縫也 捷 勝也 利便(쪄) 謎 多言 輒 每事即然 車相倚專也(쳐) 怗 靜也(텨)(텹) 帖 券也 仝 呫 嘗也 小兒 丨丨

貼 依附。黏置 鉆 鐵鉗 鞊 馬被 具 牒 書版(뎌) 諜 反間 仝 諫 仝 堞 女垣 褺 重衣 蹀 小步

疊 重也 累也 震懼 氎 毛席 協 和也(혀)(협) 叶 古 勰 思也 挾 持也 輔也 懷也 帶也 藏也(洽) 夾 仝(텹)(洽) 俠 權力 輔人

任丨 仝(洽)
綊 縺也
增 文三 十二
蛣 紫貝 石丨 (겁)[겁]
拾 耍也 (겹)(겁)(書)
䕲 蘘上 大版 (협)[협]
搚 折也 (랍)[랍](合)
蛺 野蛾丨蝶 (협)[협](洽)

聶 附耳私語 姓也 (녑)[녑](셥)
攝 持也 靜也 (셥)
躡 足不相過
沾 自喜 丨丨 (텹)[텹]
渫 波皃 浹丨 (쳡)
楪 床版 (뎝)
惵 懼也 (뎝)
揲 摺也 (엽)(屑)

褋 襌衣
艓 小舟
鰈 比目魚(合)
擸 持也 (렵)[렵](合)
儠 長皃 丨丨
拾 涉也丨級 (섭)[섭][겁](緝)
欇 楓也 丨丨
鍱 鍱也 金鐵片

囁 將言丨嚅 (셥)[셥]
殜 病也 (엽)[엽]
魘 惡夢
擖 箕舌 (點)
襵 襞積 (졉)[졉]
踥 往來 (졉)[졉]
㡇 領耑 (졉)
鮿 魚 不鹽
喋 多言 丨丨

(녑)[녑] (洽)
褶 襲也 裌衣 (緝)
㩮 挂也
叶 無
通 韻三
緝 十四 入
合 十五 入
洽 十七 入

平聲 咸三 十
上聲 豏二 十九
去聲 陷三 十
入聲 洽十 七

咸 文五 十
監 察也領也 臨下 (감)[감]
礛 礪石
緘 封也
椷 木篋
瑊 美石
諵 語聲呫丨 (남)[남](覃)
攕 好手 (섬)[섬](鹽)
摻 仝 (삼)(鹽)
縿 旗幅

豏 文二 十四
減 損也 (감)[감]
鹻 醎也
黲 暗也 (암)[암]
鋑 馬首飾
摲 芟也 (삼)[삼]
摻 執也 取也 (삼)(鹽)
黯 深黑 (암)[암]

陷 文二 十八
歛 喙也 (감)[감](珍)(黯)
監 領也視也 臨也宦也
鑑 鏡也 誡也
鑒 仝
欠 張口氣悟 不足 (감)(黯)

洽 文五 十三
鉀 鎧也 (갑)[갑]
甲 十幹首草木初生法令蟲介仝
胛 兩髆間
押 輔也 檢束 (압)
歃 歃也 (삽)[삽]
唼 鳧鴈聚食

咸

幓 仝 纖 仝(鹽) 衫 小襦
雺 微雨 杉 似松 船材 檆 仝
芟 刈草 嵒 石窟 (암)(암) 巖 險也 峻也
高廡｜ 廊仝(鹽) 岩 俗 壧 穴也 仝
嵓 山不齊 詀 譫也 (잠)(잠) 欃 妖星 ｜槍 (참)(참)
攙 刺也 扶也 仝 劖 刻也 鑱 犂鐵 銳也 仝
毚 狡兔 (참) 巉 高峻 ｜嵒 漸 仝(鹽) (점)
嶄 仝 讒 譖也 饞 饕也
嚵 仝 咸 皆也 (함)(함) 鹹 鹽味
醎 俗非 諴 和也 誠也 崡 弘農 ｜關名 ｜谷

豏

黤 青黑 湛 沒也 安也 澄也 露覓｜ 姓也 (감)(감)(侵)(沁)(覃)
斬 截也 (참)(참)
豏 豆半生 (함)(함) 艦 戰船
濫 泉涌 (勘) 檻 襴也 仝上 仝下
轞 車聲 ｜｜ 轞 仝
喊 怒聲 (感) 犯 干也 僭也 (범)(범)
範 法也 笵 仝
𧒒 蠭蟲也 范 姓也 仝
軋 車軾 軓 仝
增 文八 摻 賊疾 (삼)(삼)

陷

釤 大鎌 (삼)(삼) 剡 刈也 ｜煠 仝
俺 大也 (암)(암)(感)(豔) 裺 衣寬
蘸 物淬水 (잠)(잠) 賺 重賣 (잠)
賺 仝 懺 悔過 (참)(참)
𤮯 甖屬 韂 韉也 (참)
陷 地隤 (함)(함) 埳 仝(感)
臽 小阱 甔 大甕
醟 仝 梵 清淨 (범)(범)
訉 多言 帆 船幔
颿 仝上 仝下 馻 馬走

洽

啑 仝(合)
萐 瑞草 ｜莆 箑 扇也
䇲 仝上 仝下 翣 棺飾 如扇
霎 小雨 鴨 鶩也 (압)(압)
䳺 仝 鵪 古(覃)
壓 鎮也 笮也 覆壞 擪 按也 (葉)
劄 錄也 奏事 (차)(잡) 鍤 鍫也 (차)
臿 舂麥 仝上 仝下 插 刺入
扱 取也 收也 舉也 引也 (緝)
煠 瀹也 (자) 牐 閉門具

奎章全韻 下 咸 豏 陷 四三

凾 匱也 鎧也 仝 函 仝 嗛 口有銜
銜 馬勒 官階 仝 衘 俗非 啣 俗非
凡 常也 槩也 凢 俗非 帆 船幔
颿 馬走 仝 杋 水浮木 氾 鄭地名 姓也
增 文十一 鑑 照也 明也 嵌 坎傍孔深
巖 谷丨 喃 語不了呢丨
㺧 犬容頭進也 獸似人山丨 釤 大鐮
纔 帛雀頭色 麙 鹿有力 瀺 水聲 丨灂
儳 陳末整 渢 中庸聲丨丨
𥁊 盃也 叶 無 通 韻三

黶 黑痕 黲 赤黑 閉藏
嵁 豐厚 丨丨
嶃 山峻
巉 仝 闞 虎怒聲
㺝 兩犬爭
叶 無 通 韻三
寑 二十六上 感 二十七上
琰 二十八上
叶 無 通 韻三
豔 二十九去

汎 浮也 泛 仝
氾 濫也 濟陰 水名 增 文十一
擶 芟也 投也 䫲 聲小
湛 澄也 露皃 丨丨
詀 被詎 讝 仝
站 驛也 鑱 土具
儳 輕淺 餡 餅中實味
濫 浴器 𥁊 盃也
沁 二十七去 勘 二十八去

閘 水版 仝設 豬 呷 衆聲 吸丨
匣 箱也 柙 檻也
狎 習也 近也 押 喜也
猲 恐過 法 則也
灋 仝 乏 匱也
泛 水聲 姂 好皃
疺 瘦也 夾 持也 雜也
㥦 兼也 挾 仝
郟 河南邑名 丨鄏 袷 複衣
祫 仝 恰 適當

侵二十七平 覃二十八平 鹽二十九平 咸

恰帽也 帢仝 掐爪刺 洽和也(협)(흡) 祫合祭 狹隘也

陜仝 陿仝 峽山夾水仝 硤夷陵縣名|石 [增]文十一 押署也按也用韻(하)(압)(압) 眨目動(자)(잡) 霅吳興水名(삽)

霅震雷(삽)(잡) 喋鳥鴨聚食唼|(葉) 箑|也(삽)(葉) 俠傍也竝也(葉) 鵊鶡也 韐韋蔽膝韎|(合) 胠脅也開也(거)(魚)(語)(葉)

蛺野蛾|蝶(협)(葉) [叶]無 [通]韻三 緝入十四 合入十五 葉入十六

御定奎章全韻 下

漢 詩 作 法

初版　發 行●1979年　3月　15日
增補版 發 行●1984年　5月　15日
增補重版發行●2008年 12月　24日

共著者●金 信 炯
　　　　金 銀 容
發行者●金 東 求

發行處●明 文 堂(1923. 10. 1 창립)
서울특별시 종로구 안국동 17～8
우체국 010579-01-000682
전화 (영) 733-3039, 734-4798
　　 (편) 733-4748
FAX 734-9209
Homepage : www.myungmundang.net
E - mail : mmdbook1@kornet.net
등록 1977. 11. 19. 제1～148호

값 20,000원
ISBN 89-7270-125-4 03800